Manfred Barthel

Lexikon der Pseudonyme

Über 1000 Künstler-, Tarn- und Decknamen

Vollständig überarbeitete und ergänzte Taschenbuchausgabe
unter Mitarbeit von

Ulrich Dopatka
Dr. Rolf Niemann v. Schmidt auf Altenstadt
Irmgard Kelpinski

WILHELM HEYNE VERLAG
MÜNCHEN

HEYNE SACHBUCH
Nr. 19/68

Copyright © 1986 by Econ Verlag GmbH, Düsseldorf und Wien
Copyright © dieser Ausgabe
1989 by Wilhelm Heyne Verlag GmbH & Co. KG, München
Printed in Germany 1989
Umschlaggestaltung: Atelier Adolf Bachmann, Reischach
Herstellung: Dieter Lidl
Satz: Satz & Repro Grieb, München
Druck und Verarbeitung: Pressedruck Augsburg

ISBN 3-453-073738-3

Inhalt

Der Name als Maske
7

Vorwort zur erweiterten Ausgabe
12

Kleiner Wegweiser durch das große Lexikon der Pseudonyme
13

Die Pseudonyme von A–Z
15

Und so heißen sie richtig
185

Alles über Pseudonyme (Bibliographie)
223

Der Name als Maske

Eine Betrachtung über die Gründe, ein Pseudonym zu wählen

Nur wer so jung und verliebt wie Shakespeares Julia ist, glaubt Wert und Gewicht eines Namens mit den Worten: »Ein Name – was ist das schon?!« wegwischen zu können. Sie und ihr Romeo müssen erfahren, wie groß die Last von Namen sein kann. Die Liebenden finden den Tod, weil ihre Familien verfeindet sind. Woher diese Gegnerschaft stammt, erwähnt Shakespeare mit keinem Wort. Es genügt, als Montague oder Capulet geboren zu sein, um Haß gegen den anderen Namen im Herzen zu tragen.

Shakespeare wußte: der eigene Name ist Schicksal. Man kann ihn sich nicht aussuchen. Selbst bei seinem Vornamen ist man anderen ausgeliefert. Was half es Mozart, daß er sein Leben lang mit Amadé unterschrieb? Unsterblich wurde er als Amadeus.

Anders als Shakespeare dachte Goethe. Er läßt Faust das viel zitierte Wort »Name ist Schall und Rauch« sagen und widerspricht damit den alten Römern, für die »nomen est omen« galt. Auch den Volksmund hat Goethes Faust nicht auf seiner Seite, der davon spricht, daß jeder sich einen Namen machen kann.

Eine Auffassung, die viele Menschen zu allen Zeiten wörtlich genommen haben. Sie haben sich einen neuen Namen »gemacht«, aus freien Stücken die einen, gezwungenermaßen die anderen. Die einen wollten mit dem neuen Namen Flagge zeigen, die anderen sich hinter ihm wie hinter einer Maske verstecken. Manch neuer Name wurde nach langem Grübeln und Überlegen geboren – bei anderen stand der Zufall Pate. Ihm sind muntere Neuschöpfungen zu verdanken.

Im 19. Jahrhundert etwa, als vielen europäischen Einwanderern von amerikanischen Beamten anstelle ihrer für angloamerikanische Zungen schwer aussprechbaren Namen neue gegeben wurden. So verließ ein Deutscher, der die Frage nach seinem Namen mit einem knurrigen »vergessen« beantwortete, das Einwandererbüro als Mister »Ferguson«. Ein polnischer Einwanderer, der seinen schwierigen Namen buchstabieren wollte und »will spell it« sagte, wurde auf »Will Spelly« umbenannt. Jüdische Mitbürger, die sich vor 1914 taufen ließen, mußten im Deutschen Reich und in der k. u. k. Monarchie einen »christlichen« Namen annehmen. Den konnten sie sich zwar aussuchen, doch war es eine Frage des Preises – bar beim Standesbeamten zu begleichen – ob einer zum Saphir wurde oder nur zum Blech.

Solche Namensänderungen, wie auch die durch Heirat oder Eintritt in ein Kloster, sind im strengen Wortsinn keine Pseudonyme. Die wichtigste Voraussetzung eines Pseudonyms, die Täuschung, fehlt. Schließlich setzt sich das Wort aus dem griechischen »pseudos« (»Unwahrheit«, »Täuschung«) und »onyma« (»Name«) zusammen. Aber aufschlußreich über Charakter und Geist sind auch diese Namen.

Von der Antike bis in die jüngste Gegenwart reicht die Liste der Männer und Frauen, denen ein neuer Name Schutz und Schild vor Verfolgung war oder als Tarnkappe diente. Andere wählten ein Pseudonym aus schierer Eitelkeit. Ein ganzes Zeitalter, der Humanismus, machte eine Mode daraus, die guten Elternnamen zu latinisieren oder zu gräcisieren. Eine Mode, gewiß, aber wie jede Mode zugleich Ausdruck einer Zeitströmung, denn zum erstenmal galt damals in Europa Bildung mehr als Adel. So wurde der Name zum Aushängeschild. Aus Andreas Greif wurde ein Gryphius, aus Neumann ein Neander und aus Schwarzert ein Melanchthon.

Nebenbei: es gehört zu den skurrilen Einfällen der Weltgeschichte, daß ausgerechnet in dieser Zeit der Namenlatinisierung das erste bedeutende Schriftwerk in Neuhochdeutsch entstand: Luthers Bibelübersetzung.

Ein zweiter Treppenwitz: Die gelehrten Herren, die ihre Namen ins Griechische übertrugen, wußten nicht, daß sie sich Pseudonyme zulegten. Das Wort taucht in Mitteleuropa erstmals 1706 auf – als Adjektiv.

Lessing, der Vielleser, dürfte es gekannt haben. Er selbst hielt nicht viel von Tarnnamen. Wie die meisten seiner schreibenden Zeitgenossen bevorzugte er statt dessen anonyme, also nicht gezeichnete, Veröffentlichungen. Noch Goethe und Schiller schrieben viele ihrer Kritiken anonym. Zwar kam das Lesen in Mode, aber Schreiben, überhaupt jede Art sich an die Öffentlichkeit zu wenden, galt vielerorts als unschicklich, als nicht vornehm. So schlüpfte man dort, wo Anonymität nicht möglich war, ins Pseudonym.

Während in Deutschland auch in politisch riskanten Zeiten Pseudonyme selten waren und nur spärlich benutzt wurden, wucherten sie seit Jahrhunderten unter den politischen Literaten Frankreichs und vor allem Englands.

160 verschiedene Namen sind von Voltaire in der »Bibliographie voltairienne« von Querard registriert, und auch Voltaire ist bereits ein Pseudonym, eigentlich hieß er François-Marie Arouet. Voltaire, der mehrmals verhaftet und des Landes verwiesen wurde, bediente sich nicht nur vieler Pseudonyme, sondern zwang sogar gelegentlich Männer, die in seiner Schuld standen, ihm ihre Namen für eine seiner vielen Publikationen auszuleihen.

Unter den englischen Schriftstellern brachten es im 17. Jahrhundert Daniel Defoe (ebenfalls ein Pseudonym) und Jonathan Swift auf viele Dutzende von Tarn- und Decknamen. Beide waren politische Hitzköpfe, die ihre erfundenen Namen oft den Themen ihrer Streitschriften anpaßten.

Im 19. Jahrhundert kam als dritter englischer Namensspieler William Makepeace Thackeray hinzu. Bei ihm war nicht die politische Gesinnung Ursache für viele Decknamen, sondern eine notorische Geldnot, bedingt durch seine Spielleidenschaft. Er schrieb so viel für die satirische Zeitschrift »Punch«, daß er immer wieder neue Namen brauchte.

Zu Pseudonymen-Spielern gehört auch der deutsche Hans Jacob Christoffel von Grimmelshausen, der unter mindestens acht verschiedenen Namen geschrieben hat. Alle diese angenommenen Namen hat er durch Buchstabenumstellung seines richtigen Namens gebildet. Dieses Versteckspiel dehnte er auch auf seinen Wohnort Renchen (Renichen) aus, der bei ihm zu Cernheim, Rheinec und Hercinen wird. Mit soviel Namens-Mimikri narrte der Verfasser des »Simplicius Simplicissimus« die Philologen über zwei Jahrhunderte.

Wer ständig von einem Pseudonym in ein anderes schlüpft, gewinnt zwar nach außen an Vielfalt, verliert aber auch leicht dabei einiges von der eigenen Persönlichkeit. Die Strafe folgt auf den Fuß: wer unter vielen Pseudonymen schreibt, muß in Kauf nehmen, daß sich auch andere ihrer bedienen. Voltaire erging es so.

Ein selbstgewähltes Pseudonym, ein eigenständiger »nom de plume«, ein Deck- oder Künstlername verrät oft viel eher, wie und wo der Erfinder sich selbst eingruppiert, als äußerliche Lebensdaten. Schade, daß Sigmund Freud dies nicht untersucht hat. Dafür lieferte er in seinem Privatleben eine hübsche Pseudonymen-Pointe: Er hieß eigentlich Sigismund, da er diesen Namen jedoch nicht mochte, änderte er ihn kurzerhand in Sigmund.

Frauen legten sich oft männliche Pseudonyme zu. So schrieb die unvergessene Marlitt in der »Gartenlaube« nur unter E. Marlitt, was Emil, Erich, aber auch – wie es richtig war – Eugenie heißen konnte. Das änderte sich erst mit zunehmender Emanzipation. Heute sind viele Kriminalroman-Autoren Frauen und schreiben unter ihrem Namen oder einem weiblichen Decknamen. Seltener wählten Männer Frauennamen. Prosper Mérimée, der »Carmen«-Autor, tat es, als er sich Clara Gazul nannte. Aber die Tarnung hielt nicht lange: Goethe entlarvte das Pseudonym.

Der nächstliegende Grund, seinen Namen zu ändern, ist die Absicht, sich klar von anderen zu unterscheiden, die den gleichen Namen tragen. Die Puristen begnügen sich damit, ihrem Namen einen unterscheidungsfördernden Zusatz hinzuzufügen, zum Beispiel den Geburts- oder Wohnort. So wird aus Schmidt Schmidtbonn, aus Müller Müller-Partenkirchen.

Andere Namensänderungen entstehen durch Kürzung. Goethe bewies auch als Theaterdirektor in Weimar viel Verständnis für die weibliche Psyche, als er aus einer seiner Aktricen mit dem Küchengewürznamen Petersilie, eine Demoiselle Silie machte.

Das Bürgerliche Gesetzbuch ist pseudonymenfreundlich. Wer sich einen Deck-, Künstler- oder Tarnnamen zulegt, genießt den vollen Namensschutz des Paragraphen 12. Schreibt jemand unter einem Pseudonym, darf ihn auch das Gericht nicht zwingen, die Maske fallen zu lassen. Sein Verleger kann nach Paragraph 10 des Urheberrechts die Rechte des pseudonymen Verfassers wahrnehmen.

Was aber, wenn einer wirklich so heißt, wie sich ein anderer genannt hat und sich auf gleichem Gebiet künstlerisch versucht?

Auch das haben Juristen geklärt. Für jene, denen die Liebe zum eigenen Namen höher steht als der Verdacht, sie wollten eventuell von einer Verwechslung mit einem prominenten Kollegen profitieren, gilt, was ein Gericht in der Strafsache Peter Alexander gegen Peter Alexander verfügte.

Der berühmte Alexander, der eigentlich Peter Neumayer heißt, mußte gegen einen anderen Sänger klagen, der tatsächlich Peter Alexander hieß und dessen Auftritte zu Verwechslung und Verwirrung bei den Fans des berühmten, aber »falschen« Peter Alexander führten.

Das Urteil besagte: Der echte nicht berühmte Peter Alexander darf weiterhin öffentlich auftreten, jedoch darf sein Name nur so groß gedruckt werden, wie es seinem Bekanntheitsgrad entspricht. Im übrigen gehört es zum Ehrenkodex unter Schauspielern, keinen Künstlernamen zu wählen, den bereits ein bekannter Kollege hat.

Überhaupt kann ein Blick auf die Künstlernamen der Filmstars zu einem kulturhistorischen Streiflicht werden. Zur Zeit der Stars und der Starfilme gab es eine Inflation an Künstlernamen. Zum Glamour der Stars gehörte auch der Wohlklang ihrer Namen. Greta Garbo, Jean Gabin – das klang schon größer, schöner und bedeutender als Lovisa Gustafsson oder Alexis Moncorgé.

Mit dem Starkult verschwanden die Künstlernamen. Ab den siebziger Jahren ändern Schauspieler nur noch ihre Namen, wenn der richtige ungewollt komisch oder unaussprechbar ist. Als Ersatz lieferte die Pop-Szene völlig neue, verrückte Namensschöpfungen.

Jedes Pseudonym – gleich aus welchem Grunde es jemand wählte – reizt dazu, es zu enttarnen und zu ergründen, warum ausgerechnet dieser Name gewählt wurde. Manche konnten erst nach Jahrhunderten

»geknackt« werden, aber enttarnt wurden fast alle. Bei einigen gibt es Zweifel oder verschiedene Mutmaßungen. Molière ist ein solches, noch nicht entschlüsseltes Pseudonym, und auch welcher deutsche Schriftsteller der Romantik unter dem Namen Bonaventura schrieb, ist noch nicht mit Sicherheit geklärt. Vieles spricht dafür, daß sich Friedrich Gottlob Wetzel so nannte, vielleicht aber auch Friedrich Schelling, E. T. A. Hoffmann oder Clemens Brentano. Schwieriger ist es bei B. Traven, dem Schriftsteller mit sozialem Engagement. Trotz vieler Theorien und Behauptungen – ein schlüssiger Beweis, wer unter diesem Namen die Romane »Das Totenschiff«, »Die Rebellion der Gehenkten« u. a. schrieb, liegt bis heute nicht vor.

Über 1000 Künstler-, Tarn- und Decknamen enthält dieses Lexikon, das zu jedem Namen Lebensdaten, Hauptwerke und – soweit möglich – Grund und Herkunft des Pseudonyms nennt. Neben den bekannten Künstler- und Decknamen aus allen Bereichen des öffentlichen Lebens gibt es einige, die nur einmal oder nur gelegentlich benutzt wurden. Auch sie stehen in diesem Lexikon, weil durch diese kurzfristige Namensänderung oft das Lebenswerk der betreffenden Künstler und Schriftsteller eine neue Facette enthält. Oscar Wilde, G. B. Shaw und Hermann Hesse gehören zu diesem Kreis.

Seit Jahrzehnten ist dies die erste Pseudonymensammlung in dieser Form und in diesem Umfang in deutscher Sprache.

Wäre Vollständigkeit unser Ziel gewesen, hätte es den zehnfachen Umfang bekommen müssen. So ist es nicht mehr, aber auch nicht weniger, als ein Anfang mit allen Tücken, aber auch allen Vorzügen eines Beginns. Daß es in relativ kurzer Zeit und in diesem Umfang in Druck gehen konnte, war nur durch das unbürokratische Entgegenkommen von Archiven und Instituten sowie dem Fleiß von Mitarbeitern möglich. Ihnen mein Dank und meine Anerkennung.

Dieses Nachschlagewerk ist – mehr noch als andere Lexikonarbeit – eine Open-end-Beschäftigung, denn jeden Tag wird ein neues Pseudonym geboren, jeden Tag ein anderes fallengelassen. Deshalb steht am Schluß dieses Vorworts, neben der obligatorischen Entschuldigung für eventuelle Lücken, die Bitte an die Leser um Mitarbeit bei der Entlarvung weiterer Pseudonyme.

Manfred Barthel

Vorwort zur erweiterten Ausgabe

Das Vorwort zur ersten Ausgabe schloß mit der Bitte an die Leser, weitere Deck- und Künstlernamen zu nennen.

Das Echo darauf war so groß, daß ich nur auf diesem Wege allen danken kann, die sich an der Namensjagd beteiligt haben. Nicht zuletzt diese anonymen »Mitarbeiter« haben es ermöglicht, daß bereits nach relativ kurzer Zeit eine zweite, wesentlich erweiterte Auflage vorliegt.

Bei den Hunderten von Einsendungen mit weiteren Pseudonymen mußte gesiebt werden. Nicht alle Nennungen entsprachen den Auswahlkriterien, wie sie für die erste Auflage festgelegt wurden und die auch für diese gelten.

So kann man zwar argumentieren, daß das »von« im Namen Herbert *von* Karajan, wie bei allen österreichischen Adelsprädikaten, nicht behördenkorrekt ist, weil seit 1919 in Österreich Adelstitel nicht mehr geführt werden dürfen, aber ein Pseudonym wird ein Name durch das ererbte »von« damit nicht.

Anders liegt der Fall bei Konstanze von Franken, denn diesen durch ein »von« veredelten Namen legte sich eine gutbürgerliche Helene Stöckl zu, um ihr Buch »Der gute Ton« mit der Gloriole des »Adel verpflichtet« zu umgeben.

Den stärksten Wechsel hat es bei den Künstlernamen für Schlager- und Popsänger und -sängerinnen gegeben. Wen wundert's! Namen und Lieder, die vor drei Jahren gleich mehrmals täglich aus den Lautsprechern dröhnten, gehören längst der Vergangen- und Vergessenheit an. Sie mußten neuen Platz machen.

Die vorliegende Bearbeitung bezog sich jedoch nicht nur auf aktuelle Ergänzungen, sondern auch auf die Erweiterung des »klassischen« Teils. So konnten vor allem bei Malern eine große Zahl neuer Künstlernamen hinzugefügt werden. Auch die Schriftsteller-Pseudonyme wurden erweitert, und das Dauer-Rätsel, wer sich hinter dem Namen B. Traven verbirgt, konnte um eine neue Version angereichert werden.

Zum Schluß nochmals meinen Dank an alle Namensjäger, verbunden mit der erneuten Bitte, sich weiterhin an der Ergänzung und der Enttarnung noch nicht »geknackter« Decknamen zu beteiligen.

M. B.

Kleiner Wegweiser durch das große Lexikon der Pseudonyme

1. Als Stichwort ist immer das Pseudonym genannt. Wer aber wissen will, ob jedmand außer seinem richtigen Namen auch ein oder mehrere Pseudonyme benutzte oder benutzt, braucht nur im alphabetischen Namensregister auf Seite 187ff. nachzuschlagen. Dort sind als Stichworte die richtigen Namen angeführt.
2. Hat ein und dieselbe Person mehrere Pseudonyme benutzt, so ist jedes als eigenes Stichwort aufgeführt. Die weiteren Pseudonyme sind nach dem Stichwort-Pseudonym mit »> <«-Zeichen in alphabetischer Reihenfolge erwähnt.
3. Nach dem Pseudonym steht durch »=«-Zeichen verbunden der richtige Name sowie Lebensdaten, Nationalitäts- und Berufsangaben.
4. Bei Schriftstellern sind jene Werke in eckigen Klammern »[ ]« genannt, die sie *nicht* unter dem Pseudonym, sondern unter ihrem richtigen Namen veröffentlicht haben.
5. Bei Filmschauspielern sind nur jene Filme mit deutschen Titeln aufgeführt, die in Deutschland überdurchschnittlich erfolgreich waren. Filme von internationalem Rang sind mit Originaltitel genannt.
6. Bei Personen mit unterschiedlichen Angaben ihrer Lebensdaten, Geburts- und Sterbeorte in verschiedenen Nachschlagewerken wurden jene aufgenommen, die am häufigsten genannt sind.
7. Soweit die Herkunft und/oder die Entstehung eines Pseudonyms ermittelt werden konnte, ist dies im Text zu dem jeweiligen Pseudonym vermerkt. Für Hinweise auf weitere Pseudonyme bin ich dankbar. Allerdings gelten auch für sie die drei Einschränkungen, die als Grenzen dieser Zusammenstellung aufgestellt wurden:

a) Nur bedingt aufgenommen werden Namensänderungen, die durch Heirat entstanden sind.
b) Kirchennamen werden nur aufgenommen, wenn sie auch außerhalb des kirchlichen Lebens benutzt wurden.
c) Schlager-, Pop-, Rocksänger und -musiker müssen mehr als nur einen Tageserfolg vorweisen können.

8. Pseudonyme mit einem Titel, z. B. »Dr.«, sind unter den Anfangsbuchstaben des Titels aufgenommen.

9. Das Wort »Pseudonym« ist im Lexikon-Teil mit Ps abgekürzt. Alle weiteren Abkürzungen entsprechen den in Nachschlagewerken üblichen. Nachstehend die wichtigsten in alphabetischer Reihenfolge:

Kleiner Wegweiser

ägypt.	= ägyptisch	Jh.	= Jahrhundert
alger.	= algerisch	jüd.	= jüdisch
amerik.	= amerikanisch	jug.	= jugoslawisch
a.Q.	= andere Quellen	kan.	= kanadisch
arab.	= arabisch	kath.	= katholisch
argent.	= argentinisch	mex.	= mexikanisch
A.T.	= Altes Testament	Mio.	= Million (en)
austr.	= australisch	monatl.	= monatlich
belg.	= belgisch	Mrd.	= Milliarde (n)
bras.	= brasilianisch	n. Chr.	= nach Christus
bulg.	= bulgarisch	N.T.	= Neues Testament
chil.	= chilenisch	norw.	= norwegisch
chin.	= chinesisch	österr.	= österreichisch
christl.	= christlich	pers.	= persisch
dän.	= dänisch	poln.	= polnisch
d. Gr.	= der Große	port.	= portugiesisch
d. J. (Ä.)	= der Jüngere (Ältere)	rel.	= religiös
		röm.	= römisch
dt.	= deutsch	rum.	= rumänisch
ehem.	= ehemalig	russ.	= russisch
eigtl.	= eigentlich	schott.	= schottisch
engl.	= englisch	schwed.	= schwedisch
ev.	= evangelisch	schweiz.	= schweizerisch
finn.	= finnisch	serb.	= serbisch
franz.	= französisch	sog.	= sogenannt
geb.	= geboren (geborene)	sowj.	= sowjetisch
geistl.	= geistlich	span.	= spanisch
gen.	= genannt	staatl.	= staatlich
griech.	= griechisch	tschech.	= tschechisch
hochdt.	= hochdeutsch	türk.	= türkisch
holl.	= holländisch	U-Musik	= Unterhaltungsmusik
ind.	= indisch	ung.	= ungarisch
ir.	= irisch	u.(v.)a.	= und (viele) andere
isl.	= isländisch	v. Chr.	= vor Christus
isr.	= israelisch	verh.	= verheiratet (e)
ital.	= italienisch	vietn.	= vietnamesisch

A

Aaba Aaba > Roda Roda, Alexander < = Sándor Friedrich Rosenfeld
1872–1945, österr. Schriftsteller. Schrieb Erzählungen. Ältester Mitarbeiter der Zeitschrift »Simplicissimus«. Emigrierte 1938 nach den USA.
Das Ps Aaba Aaba wählte Rosenfeld nur, damit er 1907 in Kürschners Literaturkalender an erster Stelle genannt werden mußte. Er hatte nämlich gewettet, daß er in diesem Jahr an der Spitze aller deutschen Schriftsteller stehen würde. Dadurch gewann er die Wette.

Abelin, Johann Philipp = Johann Ludwig Gottfried
1600–1634, dt. Historiker. Begründer der zeitgeschichtlichen Sammlung »Theatrum Europaeum«

Abraham a Sancta Clara = Johann Ulrich Megerle
1644–1709, österr. Kanzel- und Hofprediger mit urwüchsiger Sprache. Seine Predigt »Auff auff ihr Christen« diente Schiller als Vorlage zur seiner Kapuzinerpredigt in »Wallensteins Lager«.
Das Ps ist sein Name als Augustiner Barfüßer-Mönch.

Abu Nidal = Hassan Sabri al Bannah
*1939, palästinensischer Terroristenführer. Lebt in Libyen und soll sich einer Gesichtsoperation unterzogen haben, um unerkannt zu bleiben.
Sein Ps heißt »Vater des Kampfes«.

Adalbert, Max = Max Krampf
1874–1933, dt. Theater- und Filmschauspieler. »Der müde Tod« (Stummfilm von Fritz Lang); »Der Hauptmann von Köpenick« (Titelrolle, 1931); »Lachende Erben«.
Erst durch den Tonfilm konnte er seine typischen schauspielerischen Qualitäten entfalten. Verständlich, daß ein Schauspieler nicht mit dem Namen Krampf auf dem Theaterzettel genannt werden wollte.

Adamus, Franz = Ferdinand Bronner
1867–1944, österr. Schriftsteller. Romane, Dramen, Lyrik. Erster österr. Naturalist. »Jahrhundertwende« (Roman-Trilogie); »Kinder des Volkes« (Roman).

Adorno, Theodor W. = Theodor Wiesengrund 1903–1969, dt. Philosoph, Soziologe, Musikwissenschaftler, Komponist. Schüler von Alban Berg. Seine Auslegung der Marx-Theorie stieß beim östlichen Kommunismus auf heftige Ablehnung. Sein Ps wählte er nach 1933 auf Anregung seiner Kollegen vom Institut für Sozialforschung in Frankfurt, um seinen jüd. Namen nicht zu sehr in der

Öffentlichkeit herauszustellen. Sein Ps ist der Mädchenname seiner Mutter, einer ital. Sängerin.
Durch das »W.« blieb ein versteckter Hinweis auf seinen richtigen Namen.

Agapida, Friar Antonio >Crayon, Geoffrey> Knickerbokker, Diedrich< = Washington Irving
1783-1859, amerik. Essayist und Erzähler. Seine literarischen Texte, mit denen er alte Sagen neu zu beleben versuchte, schrieb er unter dem Ps, dessen Herkunft unklar ist, möglicherweise hängt es mit dem griech. »agape« für Armenspeisung zusammen.

Agnew, Spiro = Spiro Theodore Anagnostopoulos
*1918, amerik. Politiker, 1969 Vizepräsident unter Richard Nixon. Er vertrat den rechten Flügel seiner republikanischen Partei und verteidigte den Vietnam-Krieg. Korruptionsvorwürfe zwangen ihn 1973 zum Rücktritt.
Sein Ps ist eine amerikanisierte Abkürzung seines griech. Namens, der für Amerikaner kaum aussprechbar ist.

Agricola, Georgius = Georg Bauer
1494-1555, dt. Naturforscher. Schuf die Grundlagen der wissenschaftlichen Mineralogie. »De re metallica« (Handbuch des Bergbaus).
Sein Ps ist die damals übliche Latinisierung seines dt. Namens: »Bauer« = »Landmann« = »Agricola«.

Agricola, Johannes = Johannes Schneider (Schnittger)
1494-1566, aus Eisleben gebürtiger Theologe. Nach dem sog. Antinomismus-Streit mit Martin Luther Hofprediger in Berlin. 1528 gab er die ersten hochdt. Sprichwörtersammlungen heraus.
Sein Ps ist die damals übliche Latinisierung seines dt. Namens »Schnitter« und bedeutet »Kornschnitter«, »Landmann«.

Ahlgren, Ernst = Victoria Maria Benedictsson
1850-1888 (Freitod), schwed. Schriftstellerin. Ihre Romane und Dramen zeichnen sich durch schonungslose Offenlegung der gesellschaftlichen Verhältnisse ihrer Zeit aus.
Das männliche Ps wählte sie, um sich gegen die Vorurteile ihrer Zeit gegenüber schreibenden Frauen zu schützen. Wieso sie gerade dieses Ps wählte, ist ungeklärt.

Aho, Juhani = Johan Brofeldt
1861-1921, finn. Schriftsteller. »Junggesellenliebe u. a. Novellen«; »Das schwere Blut«.
Sein Ps wählte er, als er nach einem Paris-Aufenthalt seinem literarischen Schaffen eine neue, psychologische Richtung gab und er sich damit deutlich von seinem bisher Geschriebenen absetzen wollte.

Aimard, Gustave = Olivier Gloux
1818–1883, franz. Schriftsteller.
Lebte lange in Amerika, nahm an zahlreichen Kämpfen und Abenteuern teil, die in seinen spannenden Romanen ihren Niederschlag fanden. »Die Trapper von Arkansas«; »Die Piraten der Prärie«. Herkunft und Bedeutung seines Ps sind noch unklar.

Aimée, Anouk = Françoise Sorya
*1932, franz. Filmschauspielerin. »Ein Mann und eine Frau«; »Der goldene Salamander«; »Die Reise«. Ihr Ps bedeutet auf deutsch »geliebt«.

Alain = Émile-Auguste Chartier
1868–1951, franz. Philosoph, Pazifist und Radikalsozialist.
Sein Ps ist eine Hommage an Alain de Lille, einem franz. Philosophen Ende des 12. Jahrhunderts. Er benutzte das Ps während der deutschen Besatzungszeit als Deckname.

Alain-Fournier = Henri Alban Fournier
1886–1914 (gefallen), franz. Schriftsteller.
Sein Roman »Der große Kamerad« war der erste, der nur von jener Handlung lebt, die sich im Inneren der Person abspielt. Er begründete eine neue Richtung in der Epik.

Albertus Magnus = Graf von Bollstädt
um 1200–1280, dt. Scholastiker, Heiliger und Kirchenlehrer.
Sein lateinisches Ps bedeutet »Albert der Große«.

Albrecht, H. = Börries Freiherr von Münchhausen
1874–1945 (Freitod), dt. Schriftsteller. Erneuerer der dt. Balladendichtung. Einige Erzählungen und Zeitschriftenartikel schrieb er unter diesem Ps, dessen Herkunft noch nicht geklärt ist.

Alcántara, Francisco José = José Garcìa Hernandez
*1922, span. Schriftsteller. »Wenn alles schief geht«; »... sie kommen, Don Antonio«. Sein Ps bedeutet im Arabischen »Brücke«; außerdem ist es der Name einer Stadt an der span.-port. Grenze, in der Hernandez seine Jugend verbrachte.

Aldanow, Mark Alexandrowitsch = M. A. Landau
1889–1957, russ. Schriftsteller. Schrieb Romane. »Der 9. Thermidor«; »Die Teufelsbrücke«; »Die Verschwörung«; »St. Helena, eine kleine Insel«. Er emigrierte 1919 nach Paris, übersiedelte 1941 in die USA, wo seine Romane großen Anklang fanden. Sein Ps sollte seine russ. Herkunft betonen. Außerdem wollte er Verwechslungen mit dem sowj. Physiker Lew Dawidowitsch Landau (Nobelpreis 1962) vermeiden.

Alexander, Georg = Werner Louis Georg Lüddeckens
1888–1945, dt. Schauspieler und Regisseur. »Alles hört auf mein Kommando«; »Der alte und der junge König«; »Frau Luna« u.a.

Alexander, Peter = Peter Neumayer
*1926, österr. Schlagersänger, Filmschauspieler und Showmaster. Von 1969-1986 eigene erfolgreiche Fernseh-Show. Wurde mit allen Preisen ausgezeichnet, die es für Publikumslieblinge im deutschsprachigen Raum gibt. Spielte in Filmen wie: »Bonjour, Kathrin«; »Im Weißen Rössl«; »Die lustige Witwe«; »Graf Bobby«; »Die Fledermaus« u.a.

Alexandra = Alexandra Doris Nefedov
1944-1969 (Autounfall), dt. Schlagersängerin. Arbeitete als Zeichnerin, um ihre Gesangsausbildung zu finanzieren. Mit den von Udo Jürgens komponierten Schlagern »Zigeunerjunge« und »Sehnsucht« eroberte sie die dt. Hitparaden, bis ihre Karriere durch einen tödlichen Autounfall jäh beendet wurde.

Alexis, Willibald = Wilhelm Häring
1798-1871, dt. Romanschriftsteller. »Die Hosen des Herrn von Bredow«; »Der Roland von Berlin«; »Ruhe ist die erste Bürgerpflicht« u.a. Hatte sich am Beginn seiner Karriere als Übersetzer des Romans »Walladmor« von Walter Scott ausgegeben. In Wahrheit stammte er von ihm. Scott verzieh ihm den Schwindel.
Sein Ps ist eine krampfhafte Latinisierung seines Namens. »Alec« nannten die alten Römer einen gesalzenen Fisch.

Allegoriowitsch >Mystifizinsky >Schartenmeier, Philipp Ulrich < = Friedrich Theodor Vischer 1807-1887, dt. Schriftsteller, Ästhetiker und liberaler Politiker. [»Auch einer«, Roman)].
Dieses Ps wählte er für Verspottung allegorischer Dichtungen, wie er überhaupt sein jeweiliges Ps oft den Themen anpaßte, über die er schrieb.

Allen, Woody = Allen Stewart Königsberg
*1935, amerik. Schauspieler, Regisseur und Autor (zunächst Autor und Gagschreiber für berühmte Kollegen). »Was Sie schon immer über Sex wissen wollten...«; »Woody-der Unglücksrabe« (vier Oscars 1977); »Manhattan«; »The purple rose of Cairo« u.a.
»Woody« bedeutet »holzig«, »der Hölzerne«. Ob er jedoch bei der Wahl seines Ps-Vornamens daran gedacht hat, ist nicht bekannt.

Allyson, June = Ella Geisman
*1917, amerik. Filmschauspielerin und Sängerin. »Die Glenn Miller Story«; »Musik für Millionen«; »Zwei Mädchen und ein Seemann« u.a.
Ihr Ps bedeutet im Alltags-Amerikanisch »Kumpel«, »Bundesgenosse«.

Altenberg, Peter = Richard Engländer
1859-1919, österr. Literat, Bohemien. Gefördert von Karl

Kraus. Machte sich auch als Stammgast in der Wiener Kaffeehausszene einen Namen. Er selbst nannte seine Feuilletons »Extrakte«: »Wie ich es sehe«; »Was der Tag mir zuträgt« u.a. Das Ps legte er sich bereits 1879 zu, nach dem Ort Altenberg in Österreich. Dort hat der junge Richard Engländer mit der 13jährigen Bertha Lechner seine erste - platonische - Liebe erlebt.

Amberg, Lorenz >Fortridge, Allan G. >Jungk, Robert< = Robert Baum
*1913, dt.-amerik. Schriftsteller und Ökologe. [»Die Zukunft hat schon begonnen« und »Heller als tausend Sonnen«.]
Diese u. a. Ps benutzte er für kleinere Arbeiten in Zeitschriften.

Ambesser, Axel von = Axel Eugen Alexander von Oesterreich
1910-1988, dt. Bühnen-, Film-, Fernseh-Autor, -Regisseur und Schauspieler. Erfolgreichstes Stück: »Das Abgründige in Herrn Gerstenberg«; sein letztes: »Omelette surprise«.
Sein Ps verdankt er seinem Vater, der erklärte: »Wenn du schon zum Theater gehst, dann unter anderem Namen! Wähle einen, der mit A anfängt, damit du immer oben stehst.« So lautet auch der Titel seiner Autobiographie »Nimm einen Namen mit A...«.

Ambra, Lucio d' = Renato Eduardo Manganella
1880-1939, ital. Schriftsteller. »Eheglück«; »Argonauten des Himmels« und mindestens 30 weitere Romane.
Sein Ps ist der Name des wohlriechenden Stoffwechselprodukts des Pottwals.

Améry, Carl = Christian Mayer
*1922, dt. Schriftsteller. Kritische Auseinandersetzung mit der kath. Kirche und ökologischen Fragen.

Améry, Jean = Hans Mayer
1912-1978 (Freitod), österr. Schriftsteller (nicht verwandt mit dem dt. Literaturkritiker H. Mayer). Essays über die Persönlichkeit. »Der Freitod als äußerste Form persönlicher Freiheit.« In beiden Fällen ist das Ps durch Umstellung der Buchstaben des Nachnamens gebildet.

Ammer, K.L. = Karl Klammer
1879-1959, österr. Schriftsteller und Übersetzer von Villon, Rimbaud u.a. Brecht benutzte ungefragt Klammers Villon-Verse in der »Dreigroschenoper«, was zum Prozeß führte. Klammer gewann und kaufte von den Tantiemen einen Weinberg. Die Ernte nannte er »Dreigroschentropfen«.
Sein Ps besteht nur aus den Buchstaben seines Familiennamens.

Anders, Christian = August Schinzel
*1945, österr. Schlagersänger. Versuchte sich auch als Romanautor, Texter, Komponist, Verleger, Produzent und Film-

schauspieler. Hits: »Geh nicht vorbei«, »Ein Zug nach nirgendwo« u.a. Romane: »Gobbo«, »Blutschrei« u.a.

Sein Ps drückt den Willen aus, »anders« zu heißen.

Anders, Günther = Günther Stern

*1902, dt. Schriftsteller und Kulturphilosoph. »Die Antiquiertheit des Menschen«; »Philosophische Stenogramme«; »Endzeit und Zeitenende« u.a. Bekannt wurde er vor allem durch seinen Schriftwechsel mit dem Hiroshima-Bomber-Piloten. Bei seiner Bewerbung als Redakteur wurde Stern mitgeteilt, daß bereits ein Journalist gleichen Namens für diese Zeitung arbeite. Darauf Stern: »Dann muß ich eben anders heißen«.

Andersen, Lale = Elisabeth Carlotta Helena Eulalia Bunterberg 1910 (a.Q. 1905)–1972, dt. Schauspielerin und Sängerin. Ihre Nebenbeschäftigung als Volkslieder- und Schlagersängerin brachte ihr bereits während des Zweiten Weltkrieges Weltruhm.

Ihr Lied »Lili Marleen« vom »Soldatensender Belgrad« war bei den Truppen aller Fronten so beliebt, daß der Versuch des Propagandaministeriums scheiterte, das Lied zu unterdrücken.

Der Text stammt von Hans Leip.

Ihr Ps ist aus Eu*lalia* und dem Familiennamen einer Verwandten gebildet.

Andreas, Stephan = Hardy Krüger

*1928, dt. Schauspieler und Schriftsteller. »Wer stehend stirbt, lebt länger«; »Junge Unrast«; »Sibirien Express«. Seine ersten Manuskripte veröffentlichte er unter diesem Ps.

Andree, Ingrid = Ingrid Unverhau

*1931, dt. Theater- und Filmschauspielerin. Von Rolf Thiele 1950 für die Hauptrolle im Film »Primanerinnen« am Hamburger Theater entdeckt. Weitere Filme: »Und nichts als die Wahrheit«, »Peter Voss, der Millionendieb« u.a.

Andrews, Julie = Julia Elizabeth Wells

*1935, engl. Schauspielerin. Spielte in zahlreichen Hollywoodfilmen und am Broadway u.a. in »My Fair Lady«. Bekannt wurde sie durch »The Sound Of Music«, in dem die Geschichte der österr. Baronin Trapp in Musicalform aufbereitet wurde, und »Mary Poppins«, wofür sie 1964 den Oscar erhielt. Jüngere Filme sind »Victor/Victoria« und »The Man Who Loved Women«.

Das Ps bezieht sich auf ihren Stiefvater Ted Andrews, einem kan. Sänger.

Andrézel, Pierre >Blixen, Tania >Dinesen, Isac >Osceola< = Baronin Karen Christence Blixen-Finecke

1885-1962, dän. Schriftstellerin. Lebte von 1913-31 in Kenia. Unter diesem Ps schrieb sie den Thriller »Die Rache der Engel«.

Anet, Claude = Jean Schopfer
1868-1931, franz. Schriftsteller. Schrieb Schauspiele, Augenzeugenberichte von der Russischen Revolution und Romane. Der bekannteste ist »Ariane«.
Sein Ps bedeutet im Französischen »Dill«.

Angeli, Pier = Anna Maria Pierangeli
1932-1971 (Freitod), ital. Filmschauspielerin. Spielte in amerik. Filmen »Teresa«; »The Silver Chalice« (mit Paul Newman in seiner ersten Hauptrolle); »Somebody Up There Likes Me« (»Die Hölle ist in mir«, ebenfalls mit Paul Newman).
Ihr Ps entstand durch Abtrennen der ersten Silbe ihres Familiennamens, wodurch sie sich obendrein in ein »Engelchen« verwandelte.

Angelico, Fra (auch Beato) = Guido di Pietro
um 1420/22-1455, ital. Maler. Seine Bilder haben religiöse Themen und wurzeln stilistisch in der ausklingenden Gotik.
Sein Ps heißt auf deutsch »Bruder Engel«. Er war Mönch im Dominikaner-Kloster in Fiesole.

Angell, Norman Lane = Ralph Norman Angell Lane
1874-1967, engl. Publizist und Schriftsteller. Erhielt 1933 den Friedensnobelpreis für seine Verdienste um Völkerverständigung und seine Publikationen im Sinne des Völkerbundgedankens. Internationale Beachtung fand 1910 sein Buch »The Great Illusion« (»Die falsche Rechnung«).
Sein Ps ist lediglich eine Kürzung und Umstellung seines Namens.

Angelus Silesius = Johann Scheffler
1624-1677, dt. geistl. Dichter. Erst ev. Arzt, dann kath. Priester. Wichtigstes Werk ist die Spruchsammlung »Cherubinischer Wandersmann«.
Sein lateinisches Ps bedeutet »Schlesischer Bote«.

Annabella = Suzanne Charpentier
*1910, franz. Filmschauspielerin. »Der 14. Juli«; »Hotel du Nord«.
Ihr Ps folgte einer Mode, nach der sich Schauspielerinnen einnamige Ps zulegten, wie z.B. auch *Arletty* oder *Colette*.

Annunzio, Gabriele d'=Gabriele Rapagnetta
1863-1938, ital. Schriftsteller, Journalist und Politiker.
»Triumpf des Todes« (Roman); »Die tote Stadt« (Drama). Wurde 1924 zum Fürsten von Montenevoso geadelt.
Sein Ps bedeutet »der Auserwählte vor dem Herrn« - sein Geburtsname »Rübchen«.

Anthes, Eva = Elfie von Kalkkreuth

Geburtsdatum war nicht zu ermitteln, dt. TV-Ansagerin. Unter ihrem Ps war sie als Schauspielerin tätig, u.a. in der Edgar-Wallace-Verfilmung »Der Frosch mit der Maske«.

Antoine = Antoine Muraccioli
*1944, franz. Schlagersänger. »Hallo, bonjour, salut«. Eines der zahlreichen Ps, das durch Weglassen des Familiennamens gebildet wurde, der für Franzosen zu ital. klingt.

Antony, Peter = Peter Levin Shaffer = Anthony Joshua Shaffer
*1926, Zwillingsbrüder; engl. Theaterschriftsteller. Peter Shaffer ist einer der erfolgreichsten Theaterschriftsteller unserer Zeit (»Equus«, »Amadeus«). Die Zwillinge haben drei Krimis unter diesem Ps verfaßt, deren Held der Privatdetektiv Mr. Verity ist.

Apollinaire, Guillaume = Wilhelm Apollinaris de Kostrowitzky-Flugi
1880–1918, franz. Dichter und Kunsthistoriker poln. Abstammung. Entwickelte den surrealistischen Stil und machte durch seine Essays die kubistische Malerei bekannt.
Bei seinem Ps ist Guillaume die franz. Übersetzung von »Wilhelm«, und der abgewandelte Familienname bedeutet »apollonisch«, ist also auf den griech. Gott Apoll bezogen.

Aragon, Louis >François la Colère< = Louis Andrieux
1897–1982, franz. Schriftsteller. Schrieb Gedichte in dadaistischer Manier. Idealisierung der Arbeiterklasse im Sinne des sozialistischen Realismus.
Sein Ps stammt aus dem span. Bürgerkrieg. Aragon heißt der linke Nebenfluß des Ebro.

Arand, Charlotte >Rodenbach, Zoë van< = Leopold Ritter von Sacher-Masoch
1836–1895, österr. Schriftsteller. Gab durch seine späten pervers-erotischen Geschichten [»Venus im Pelz«] einer erotischen Abart den Namen. Er ist einer der wenigen Autoren, die ein weibliches Ps benutzten.

Arden, Elizabeth = Florence Lewis, geb. Graham
1884–1966, kan. Kosmetikerin und Begründerin der gleichnamigen Kosmetik-Weltmarke.
Ihr Ps wählte sie nach dem Titel eines Versepos von Alfred Lord Tennyson »Enoch Arden«.

Arletty = Arlette-Léonie Bathiat
*1898, franz. Theater- und Filmschauspielerin. »Hotel du Nord«; »Le Jour se léve« (»Der Tag erwacht«); »Les enfant du Paradis« (»Kinder des Olymp«). Ihr Ps folgte dem Zug der Zeit, möglichst nur ein Wort als Künstlername zu wählen.

Arminius, Jacobus = Jakob Harmensen
1560–1609, niederl. reformierter Prediger. Begründer der nach ihm benannten »Arminianer«, die eigene Gemeinden in den Niederlanden, England und Nordamerika haben.

Wählte sein Ps in Anlehnung an Armin den Cherusker.

Armstrong, Henry = Henry Jackson
*1912, amerik. Boxer. Sein Ps war gleichzeitig ein Adjektiv, denn welcher Boxer wünschte sich nicht einen »starken Arm«.

Arno, Siegfried = Siegfried Aron
1895–1975, dt. Schauspieler (Komiker). »Um eine Nasenlänge«; »Der große Diktator« (mit Chaplin).
Sein Ps entstand durch das Umstellen eines Buchstabens; so wurde aus dem jüdischen Name Aron der dt. Vorname Arno.
Als er nach USA emigrieren mußte, kürzte er den sehr dt. Vornamen Siegfried in Sig.

Arnoul, Françoise = Françoise Annette Gautsch
*1931, in Algerien geb. franz. Filmschauspielerin. »Paris Palace-Hotel«; »Der Weg ins Verderben« (mit Jean Gabin) u.v.a.
Verständlich, daß sie den so gar nicht franz. Namen Gautsch durch ein Ps ersetzte.

Arthur, Jean = Gladys Greene
*1905, amerik. Fimlschauspielerin. Nach Western und Schwänken der C-Klasse spielte sie mit Gary Cooper in »Mister Deeds Goes To Town«, unter Julien Duvivier in »Tales Of Manhattan« (»Sechs Schicksale«) und unter Billy Wilder in »A Foreign Affair«. Für ihre Rolle in »The More The Merrier« wurde sie 1943 für den Oscar nominiert.

Asmus = Matthias Claudius
1740–1815, dt. Schriftsteller. [»Wandsbecker Bote«].
Unter diesem Ps, das die Kurzform des Namens Erasmus ist, schrieb er während seiner Studienzeit Gedichte, die den Lebensgenuß preisen.

Astaire, Fred = Frederik Austerlitz
1899–1988, amerik. Tänzer und Schauspieler. »Flying down to Rio«; »Top Hat«; »Daddy Langbein« »Broadway-Melody« u.v.a. Autobiographie »Steps in Time« (1960).
Das Ps wurde von seinen Eltern veranlaßt, als er zwei Jahre alt war. Es ist die amerikanische Form der ersten Silbe des Familiennamens. Doch »astir« bedeutet auch »mit den Beinen beweglich sein«, was ja bei ihm nun wirklich zutraf.

Astor, Mary = Lucille Langehanke
1906–1987, amerik. Film- und Fernsehschauspielerin. Für die beste Nebenrolle in dem Film »Die große Lüge« (»The Great Lie«) erhielt sie 1941 den Oscar. »Der Malteser Falke« (mit Humphrey Bogart). Nach Beendigung ihrer Filmkarriere schrieb sie mehrere erfolgreiche Romane.
Ein typisches Hollywood-Ps, das sich an die Geldaristokratie der Astors anhängte.

Atatürk, Mustafa Kemal = Mustafa Kemal (Pascha)

1881–1938, türk. Politiker. Während des Ersten Weltkrieges Befehlshaber der türk. Armee. Organisierte den Widerstand gegen die alliierte und griech. Okkupation. 1920 zum Vorsitzenden der Großen Nationalversammlung gewählt, setzte er den Sultan ab und rief 1923 die Republik aus. 1923 bis 1938 Staatspräsident mit diktatorischen Vollmachten.
Der Beiname Atatürk (=»Vater der Türken«) wurde ihm 1934 verliehen.

Atlas, Charles = Angelo Siciliano
1893–1972, amerik. Bodybuilder. Offenbar mit klassischer Bildung, denn wie wäre er sonst auf dieses griech. Ps gekommen. Atlas war jener Riese, der das Weltgewölbe auf seinen Schultern trug. Sozusagen ein Urahn der Bodybuilder.

Aubépine, M. de = Nathaniel Hawthorne
1804–1864, amerik. Schriftsteller. [»Der scharlachrote Buchstabe«]. Er benutzte sein Ps lediglich für die Einleitung zu »Rappaccinis Tochter«. Es ist das franz. Wort für »Hagedorn«, englisch »Hawthorne«.

Auerbach, Berthold >Chauber, Theobald< = Moses Baruch
1812–1882, dt. Schriftsteller und liberaler Politiker. »Schwarzwälder Dorfgeschichten«; »Barfüßele«; »Spinoza« (Roman);
Wegen seiner Zugehörigkeit zu verbotenen Burschenschaften benutzte er als Schriftsteller dieses Ps, in denen die Buchstaben seines richtigen Namens verwendet wurden.

Avalon, Frankie = Francis Avallone
*1931, amerik. Popsänger. »Venus«. Sein Ps ist die Amerikanisierung seines ital. Namens.

Avatar of Vishnuland = Rudyard Kipling
1865–1936, engl. Schriftsteller. [»Dschungelbuch«; »Kim«]. Er benutzte dieses Ps für Kurzgeschichten, die vor dem Hintergrund des ind. Dschungel spielten. Kipling erhielt 1907 den Nobelpreis.

Aventinus = Johannes Turmair
1477–1534, dt. Geschichtsschreiber. Vom ihm stammt die erste Landkarte Bayerns (1523). Sein Ps ist nach dem südwestlichsten der sieben Hügel Roms, Aventin, gebildet.

Ayckbbourn, Alan = Ronald Allen
*1939, engl. Theaterschriftsteller. »Jeder kann's gewesen sein«; »Schöne Bescherungen«; »Stromaufwärts«.

Aznavour, Charles = Charles Aznavourian
*1924, franz. Sänger und Filmschauspieler armenischer Abstammung. »Schießen Sie auf den Pianisten«; »Die Blechtrommel« u.a. Von Edith Piaf gefördert. Autobiographie »Aznavour über Aznavour« (1971). Sein Ps ist die Anpassung seines

Familiennamens an franz. Sprachgepflogenheiten.

Azorin = José Martinez-Ruiz 1874–1967, span. Autor und Literaturkritiker. Als Kritiker und Essayist erfolgreicher denn als Autor.

Das Ps bezieht sich auf den Helden seiner autobiographischen Novelle »António Azorìn«.

B

Baal, Karin = Karin Blauermel
*1940, dt. Schauspielerin. Wurde für den Film »Die Halbstarken« entdeckt. »Das Mädchen Rosemarie«; »Der Jugendrichter«; »Lili Marleen«.
Bei ihrem Künstlernamen blieben die Initialen ihres Familiennamens erhalten.

Bacall, Lauren = Betty Joan Perske
*1924, amerik. Theater- und Filmschauspielerin. Sie wirkte in zahlreichen Filmen mit. In ihrem ersten Film »To Have And Have not« 1944 (»Haben und nicht haben«, nach Ernest Hemingway) hatte sie Humphrey Bogart um Feuer zu bitten - so begann eine Liebesromanze, in diesem Film und auch im Leben. Daher heirateten sie 1945.
Der Nachname des Ps ist der Mädchenname ihrer Mutter (Bacal), den Vornamen gab ihr der Regisseur Howard Hawks zu Beginn ihrer Filmkarriere.

Bach, Vivi = Vivi Bak
*1940, dän. Filmschauspielerin und Sängerin. Verkörperte in den fünfziger Jahren das lustige blonde Mädchen mit skandinavischem Akzent in vielen dt. Unterhaltungsfilmen. Später mit ihrem Mann Dietmar Schönherr Quizmasterin beim Fernsehen.
Ihr Ps ist lediglich die Anpassung ihres dän. Namens an die dt. Sprache.

Bakst, Léon = Lew Samoilowitsch Rosenberg
1866-1924, russ.-franz. Maler und Bühnenbildner. Er stattete Sergej Diaghilews »Ballets russes« aus. Seine Graphik ist ein Vorläufer des Jugendstils.

Balanchine, George = Georgy Melitonowitsch Balanschiwadse
1904-1983, russ. Ballettänzer; seit 1933 in den USA. Der Begründer des neoklassischen Ballettstils hatte sein Ps geschickt gewählt: es ist sowohl franz. wie engl. gut auszusprechen.

Balázs, Béla = Dr. phil. Herbert Bauer
1884-1949, ung. Schriftsteller und Filmtheoretiker. Schrieb auch Ballettvorlagen und Opernlibretti. Wichtigste filmtheoretische Schrift: »Der sichtbare Mensch oder die Kultur des Films« (1924). Mitarbeit an zahlreichen Drehbüchern u.a. »Die Dreigroschenoper«.

Ball, Lucille = Lucille Hunt
1911-1989, amerik. Theater- und Fernsehschauspielerin und Komikerin. Berühmt wurde sie vor allem durch die Titelrolle der amerik. TV-Serie »I love Lucie«.

Balzac, Honoré de = Honoré Balzac (sein Vater hieß noch Balssa)

1799–1850, franz. Schriftsteller. Hauptwerk: »Comédie humaine«, das nur etwa zwei Drittel des geplanten Umfanges erreichte. B. gilt als Begründer des soziologischen Realismus.
Sein Ps besteht aus einem »de«, durch das er sich selbst adelte – aus stilistischen Gründen, wie er erklärte. Bei der immensen literarischen Produktion (vierzig Romane in fünf Jahren) bemühte B. viele Ps, die bis heute noch nicht alle entlarvt sind.

Bamm, Peter >Clausewitz, Detlev<= Dr. med. Curt Emmrich 1897–1975, dt. Schiffsarzt, im Zweiten Weltkrieg Stabsarzt, seit 1932 freier Schriftsteller. »Die unsichtbare Flagge«; »Frühe Stätten der Christenheit«; »Eines Menschen Zeit« (Autobiographie).
Als ihm der Zeitungsverlag das Ps Clausewitz verbot, wählte er dieses, weil er für die Tänzerin Bambula schwärmte. Paul Fechter erklärte ihm: »Hängen Sie sich die erste Silbe ihres geliebten Namens als Ps um den Hals, und der Vorname ist Peter, so heißt heute sowieso jeder.«

Bancroft, Anne = Anna Maria Louisa Italiano
*1931, amerik. Theater- und Filmschauspielerin. Letzter Film »To Be Or Not To Be« (»Sein oder nicht sein«) 1984, zusammen mit ihrem Ehemann Mel Brooks. 1962 erhielt sie für ihre Rolle in dem Film »The Miracle Worker« den Oscar.
Ihr Ps wählte sie aus einer Namensliste, die ihr der Produzent Darryl F. Zanuck vorlegte, als sie ihren ersten Film »Don't Bother To Knock« (1952) drehte.

Bara, Theda = Thedosia Goodman
1896–1955, amerik. Stummfilm-Schauspielerin. »Es war einmal ein Narr«; »Carmen«. Sie war der erste Vamp im Film. Schon Frühstücksszenen spielte sie im Abendkleid. Da damals dän. Filme als besonders verworfen galten (in ihnen durfte geküßt werden!), erhielt sie einen dän. klingenden Künstlernamen.

Bardot, Brigitte = Camille Javal *1934, franz. Filmschauspielerin. In vielen Biographien wird das Ps als ihr richtiger Name angegeben. Sie verwandte die Initialen B.B. erstmals als »Cover Girl« der Zeitschrift »Elle«. »Das Gänseblümchen wird entblättert«; »Mit den Waffen einer Frau«; »Die Wahrheit« u.v.a.
Ob ihr Ps von »bardeau, bardot«, was im Alltagsfranzösisch »kleiner Packesel« bedeutet, abgeleitet ist?

Barett, C.A. = Curth Flatow *1920, dt. Schriftsteller. [Theaterstücke: »Vater einer Tochter«; »Fenster zum Flur«] »Und abends in die Skala« (Drehbuch).

Dieses Ps hat Flatow nur einmal benutzt. Es erinnert an seine Arbeit für Kabarett, wenn man die beiden Anfangsbuchstaben der Vornamen mit dem Hauptnamen zusammenliest.

Barker, Lex = Alexander Chrichlow Barker jr.
1919-1973, amerik. Filmschauspieler. Spielte in insgesamt fünf »Tarzan«-Filmen die Hauptrolle (1943-53). Nach 1958 begann seine deutsche Karriere als »Old Shatterhand« in den Karl-May-Filmen.
Sein Ps ist lediglich die Reduzierung seines Vornamens Alexander auf Lex.

Barrymore, Ethel = Ethel Blythe
1879-1959, amerik. Theater- und Filmschauspielerin. Tochter von Maurice, Schwester von John und Lionel B. Für die beste Nebenrolle in dem Film »None But The Lonely Heart« erhielt sie 1944 den Oscar.

Barrymore, John = John Blythe
1882-1942, amerik. Theater- und Filmschauspieler. Sohn von Maurice, Bruder von Ethel und Lionel B. »Dr. Jeckyll and Mr. Hyde«; »Dinner at Eight« u.a.

Barrymore, Lionel = Lionel Blythe
1878-1954, amerik. Theater- und Filmschauspieler, zeitweise Direktor beim MGM. Sohn von Maurice, Bruder von Ethel und John B. Für seine Rolle in dem Film »A Free Soul« erhielt er 1931 den Oscar.

Barrymore, Maurice = Herbert Blythe
1847-1905, engl. Schauspieler. Vater von Ethel, John und Lionel B.
Ein Beispiel für das Weiterleben eines Ps über mehrere Generationen. Er entnahm es einem alten Theaterzettel des Haymarket-Theatre in London.

Bartholomew, Freddi = Frederick Llewellyn
*1924, engl. Film-Kinderstar ir. Abstammung. »David Copperfield«; »Der kleine Lord«; »Manuel«; »Oliver Twist« u.a.

Bartok, Eva = Eva Ivanowa Szöke
*1926, dt. Filmschauspielerin aus Ungarn. »Durch die Wälder – durch die Auen«; »Ohne dich wird es Nacht«; »Dunja« (Remake »Der Postmeister«).
Ihr Ps entstand in Anlehnung an den Namen des ung. Komponisten Béla Bartók.

Basie, Count = William Basie
1904-1984, amerik. Jazz-Pianist und Komponist, Dirigent seines Orchesters. Gehörte 1929-1935 der Band von B. Motens an. Nach dessen Tod gründete er seine eigene Band.
Das »Count« in seinem Ps heißt auf deutsch »Graf« und ist eine Bezeichnung, wie sie unter Jazzern als Anerkennung verliehen wird (ähnlich wie »King«).

Bassano, Giacomo Iacopo = G. I. da Ponte
um 1514-1592, ital. Maler. Reli-

giöse Motive, Tier- und Landschaftsbilder.
Sein Ps ist der Name seines Geburtsortes.

Bassermann, Lujo >Bühnau, Ludwig >Molitor, Marc< = Hermann Schreiber
*1920, dt. Schriftsteller. Schreibt Sachbücher und Erzählungen. Unter diesem Ps schrieb er das Sachbuch »Das älteste Gewerbe«.

Beadle, Tom >Bond, William >Defoe, Daniel >Quixota, Donna Arine>Trinkolo, Boatswain< = Daniel Foe
um 1660-1731, engl. Schriftsteller.
Dieses Ps ist das engl. Wort für Kirchendiener. Er benutzte es für eine Streitschrift gegen die Unduldsamkeit der anglikanischen Hofkirche gegenüber Andersgläubigen. Ein Flugblatt in gleicher Sache zeichnete er mit Abigail, dem Namen der Frau Davids.

Beatty, Warren = Warren Beaty
*1937, amerik. Filmschauspieler und Regisseur. »Bonnie und Clyde« u.v.a. Für die Regie des Films »Reds« erhielt er 1981 den Oscar.
Das zusätzliche »t« in seinem Ps verhinderte, daß er als ein »Geschlagener («Beaty») eingestuft wird.

Beaumarchais, Caron de =
Pierre Augustin Caron
1732-1799, franz. Dramatiker, Harfenlehrer der Töchter Ludwig XV. und Geheimagent. Sein Stück »Ein toller Tag« lieferte die Vorlage für das Libretto zu Mozarts Oper »Figaros Hochzeit«, nach seinem »Barbier von Sevilla« entstand Rossinis gleichnamige Oper und Goethe fand den Stoff für »Clavigo« in seinen »Mémoires«.
Die Heirat mit einer reichen Witwe ermöglichte ihm den Kauf des Adelstitels, der sein literarisches Ps wurde.

Beaumont, Susan = Susan Black
*1936, engl. Filmschauspielerin. Ein Ps, das sich 50 Jahre lang besonderer Beliebtheit erfreute. Wörtlich übersetzt, bedeutet es im Französischen »Schönberg«.

Bécaud, Gilbert = François Silly
*1927, franz. Chanson-Sänger. »Monsieur 100 000 Volt« wurde 1952 von Edith Piaf entdeckt. Neben Liedern wie »Nathalie« oder »L'important c'est la Rose« spielte er auch in Filmen und komponierte Filmmusiken.
Sein Ps ist verständlich, »silly« heißt im Englischen »Dummkopf«, »töricht«. Keine Empfehlung für eine internationale Karriere.

Behan, Brendan = Breandain O'Beachain
1923-1964, ir. Schriftsteller und Rebell. Gehörte früh der Jugendorganisation der IRA an. »Bekenntnisse eines irischen Rebellen«; »Borstal Boy« (Roman); »Der Mann von morgen früh« (Theaterstück).

Béjart, Maurice = Maurice-Jean de Berger
*1928, franz. Ballettänzer und Choreograph.
Sein Ps ist die Zusammenziehung von Jean und Berger.

Bekker, Jens >Doerner, Stefan >Konsalik, Heinz Günther >Nikolai, Boris >Pahlen, Henry< = Heinz Günther
*1921, dt. Schriftsteller. Schrieb zwischen 1960 und 1969 unter diesen vier Ps nebenher weitere 20 Romane. Seit 1985 werden sie neu unter seinem bekanntesten Ps, KONSALIK, herausgebracht. Dazu gehören u.a. »Nacht der Versuchung«; »Eine Sünde zuviel«; »Begegnung in Tiflis«.

Bel Geddes, Barbara = Barbara Geddes Lewis
*1922, amerik. Theater- und Filmschauspielerin. Bekannt durch die Rolle der »Miss Ellie« in der TV-Serie »Dallas«. Spielte u.a. aber auch in Hitchcocks Film »Vertigo« (»Aus dem Reich der Toten«).
Ihr Ps entstand durch Weglassen des Dutzendnamens »Lewis«.

Bell, Acton = Anne Brontë
1820–1849, engl. Schriftstellerin. »Agnes Grey« (Roman) u.a. Schrieb zusammen mit ihren beiden Schwestern Currer Bell und Ellis Bell Gedichte unter dem Titel »Poems by Currer, Ellis und Acton Bell«.

Bell, Currer = Charlotte Brontë
1816–1855, engl. Schriftstellerin. Berühmteste der drei Schwestern. Romane: »Jane Eyre, die Waise von Lowood«; »Shirley«; »Villette« u.a. Schwester von Acton Bell und Ellis Bell.

Bell, Ellis = Emily Brontë
1818–1848, engl. Schriftstellerin. »Wutheringshöhe« (Roman) u.a. Schwester von Acton Bell und Currer Bell.
Das lyrische Kollektiv-Ps der drei Schwestern hat im Englischen einen guten Klang, es heißt »Glocke«.

Bendix, Ralf = Dr. Karl Heinz Schwab
*1924, dt. Schlagersänger und U-Musikproduzent. Ein Gesangswettbewerb verhalf ihm zu seinem ersten Schallplattenvertrag (»Mary Ann«, »Buona sera«, »Come prima«, »Babysitter-Boogie«).

Bendow, Wilhelm = Wilhelm Emil Boden
1884–1950, dt. Theater- und Filmschauspieler, Revue- und Kabarett-Darsteller. »Die Fledermaus« (Stummfilm); »Stürme der Leidenschaft«; »Münchhausen« u.a. Viele Sketche auf Schallplatte. Eigenes Theater in Berlin-Kreuzberg: »Bendows Bunte Bühne«. Sein Ps kam durch Verschieben der Buchstaben seines Familiennamens zustande: erst BENDO, später BENDOW.

Ben-Gavriél, Mosde Ya'akov = Eugen Hoeflich
1891–1965, österr.-isr. Schrift-

steller. »Der Mann im Stadttor«; »Das Haus in der Karpfengasse«; »Ein Löwe hat den Mond verschluckt«; »Frieden und Krieg des Bürgers Mahaschavi«.
Wie viele nahm auch er als isr. Staatsbürger einen isr. Namen an.

Ben Gurion, David = David Gruen
1886-1973, isr. Politiker poln. Herkunft. Organisierte als Generalsekretär die Histraduth-Gewerkschaft, 1921-1933 die Landbesiedlung der jüd. Einwanderer und 1935-1948 die illegale Einwanderung jüd. Flüchtlinge. Er proklamierte am 15.5.1948 den selbständigen Staat Israel, dem er 1948-1953 und 1955-1963 als Ministerpräsident und Verteidigungsminister vorstand. Selbstverständlich nahm er als erster Bürger Israels einen isr. Namen an.

Bennett, Bruce = Hermann Brix
*1909, amerik. Olympiateilnehmer 1928 und Filmschauspieler (achter »Tarzan«-Darsteller). Als er in den 40er Jahren aus dem »Tarzan«-Klischee ausbrach, änderte er seinen Namen in Bruce Bennett. Unter diesem spielte er u.a. in »Der Schatz der Sierra Madre« (mit Humphrey Bogart).

Benrath, Henry = Albert Rausch
1882-1949, dt. Schriftsteller. Schrieb historische Romane wie: »Die Kaiserin Galla Placidia«; »Ball auf Schloß Kobolnow«; »Die Kaiserin Konstanze«; »Der Kaiser Otto III.«.
Wieso der den Namen des Rokokoschlosses bei Düsseldorf als Ps wählte, ist nicht bekannt.

Benton, Brook = Benjamin Franklin Peay
*1931, amerik. Rocksänger. »Its just a matter of time«. »Benton« bedeutet »versessen auf«, das klingt für einen Sänger hübscher als Peay, das an Erbse erinnert.

Berck, Marga = Magdalena Pauli
1875-1970, dt. Schriftstellerin. »Sommer in Lesmona«.

Berg, Axel >Dührkopp, Herbert< = Herbert Reinecker
*1914, dt. Schriftsteller.
Schreibt Dramen, Romane, Drehbücher. »Der Hund von Blackwood Castle«; »Die blaue Hand«; »Winnetou und Shatterhand im Tal der Toten« u.a.

Berg, Bengt = Magnus Kristoffer
1885-1967, schwed. Schriftsteller und Ornithologe. »Mein Freund der Regenpfeifer«; »Arizona Charleys Junge«; »Mit den Zugvögeln nach Afrika«; »Der Lämmergeier im Himalaja«.

Berganza, Teresa = Teresa Vargas
*1934, span. Opernsängerin, Mezzosopran. Auch Interpretin für span. Volkslieder. Möglicherweise wollte die seriöse Sängerin durch ihren Namen weder mit dem faschistisch-brasilianischen Politiker noch mit dem Zeichner freizügiger Beau-

ties in Herrenmagazinen in Verbindung gebracht werden.

Berger, André = André Malraux
1901–1976, franz. Schriftsteller und Archäologe; Kultusminister unter de Gaulle. [»Die Zeit der Verachtung«; »Der Kampf mit dem Engel«; »Der Schädel aus Obsidian«].
BERGER war Malraux Deckname während des franz. Widerstands. Diese Zeit, seine Gefangenschaft und Flucht sind die Themen seines Romans »Kampf mit dem Engel«, der in der überarbeiteten Fassung in »Die Nußbäume von Altenburg« umgetitelt wurde. Er tritt darin als »Oberst Berger« auf.

Berger, François >Forez< = François Mauriac
1885–1970, franz. Schriftsteller. [»Térèse Dequeyroux«; »Natterngezücht«].
Das Ps war sein Deckname während seiner Zeit in der Résistance.

Berger, Helmut = Helmut Steinberger
*1944, österr. Schauspieler. Begann als Statist in Cinecitta. Durch Rollen in Visconti-Filmen kam er zu Weltruhm: »Ludwig II.«; »Gewalt und Leidenschaft«.
Sein Ps ist die übliche Verkürzung seines richtigen Familiennamens.

Berger, Ludwig = L. Gottfried Heinrich Bamberger
1892–1969, dt. Theater- und Filmregisseur. Seine Shakespeare-Inszenierungen waren stilbildend. Filme: »Ein Glas Wasser« (1923); »Ich bei Tag und du bei Nacht« u.a.
Sein Ps ist lediglich die Verkürzung seines Familiennamens.

Bergius, C. C. = Egon Maria Zimmer
*1910, dt. Schriftsteller und ehemaliger Zivil-Flugkapitän. Schrieb Romane. »Die Straße der Piloten«; »Sand auf Gottes Mühlen«; »El Commodore«.
Warum er als Ps den Familiennamen des dt. Chemikers (Nobelpreis 1931) wählte, ist nicht bekannt.

Bergner, Elisabeth = Elisabeth Ettel
1897–1986, in Galizien geb., österr. Bühnen- und Filmschauspielerin. »Ariane« (Film); »Hamlet« (Theater, Titelrolle); »Der träumende Mund« (Film); »Der Garten« (Fernsehen). Mußte nach 1933 emigrieren, war verheiratet mit dem Regisseur Paul Czinner.
Ihr Ps wählte sie am Anfang ihrer Karriere, weil »Ettel« an »Vettel« erinnert.

Berlin, Irving = Israel Isidore Baline
1888–1989, in Rußland geb., amerik. Komponist von U-Musik. Musical »Annie, get your gun« (1950).
Sein Ps entstand durch einen Druckfehler bei seinem Namen auf seinem ersten Notenblatt.

Bernhardt, Sarah = Henriette-Rosine Bernard

1844–1923, franz. Schauspielerin, Tragödin. Spielte auch Männerrollen (Hamlet). Warum sie ihren Namen dieser leichten Korrektur unterzog, ist nicht bekannt.

Bickerstaff, Isaac >Drapier, M. B.< = Jonathan Swift
1667–1745, ir. Schriftsteller. [»Gullivers Reisen«].
Das Ps bedeutet frei übersetzt »Fehdehandschuh«. Swift, der Dekan der anglikanischen Kirche war, benutzte es bei Angriffen gegen den Katholizismus.

Bilitis = Pierre Louÿs
1870–1925, franz. Schriftsteller. Als Verehrer heidnischer Sinnenfreudigkeit gab er »Lieder der Bilitis« heraus. Bilitis war eine Erfindung von ihm, er ernannte sie zu einer dichtenden Freundin, der Sappho von Lesbos, und gab sich selbst als deren Übersetzer aus.

Bjarme, Brynjolf = Henrik Ibsen
1828–1906, norw. Dramatiker. [»Peer Gynt«, »Hedda Gabler«, »Nora« u.v.a.]. Sein Ps benutzte er für seine frühen revolutionären Gedichte, die er verfaßte, als er noch Apothekerlehrling war und sich abends auf das Abitur vorbereitete.

Black, Roy = Gerhard Höllerich
*1943, dt. Schlagersänger. »Ganz in Weiß« u.v.a. Zahlreiche goldene Schallplatten, fünfmal den »Goldenen Löwen«, dreimal die »Europa«.
Sein Ps entstand in Anspielung auf seine schwarzen Haare.

Blake, Nicholas = Cecil Day Lewis
1904–1972, engl. Schriftsteller. Neben 20 Bänden Lyrik begann er 1935 unter diesem Ps Detektivromane zu schreiben, in deren Mittelpunkt meistens der Privatdetektiv Strangeways steht.

Blanco, Roberto = Roberto Zerquera
*1937, Schlagersänger. In Tunis geboren, Eltern Kubaner, seit 1971 deutscher Staatsbürger. Er gewann zahlreiche Schlagerfestivals mit Hits wie »Heute so, morgen so«, »San Bernadino«, »Der Weg nach Amarillo« u.a. Sein Ps ist bewußt als Gegensatz zum »Aussehen« des farbigen Sängers gebildet. »Blanco« (span.) = »weiß«.

Blixen, Tania >Andrézel, Pierre >Dinesen, Isac Osceola<=Baronesse Karen Christence Blixen-Finecke
1885–1962, dän. Schriftstellerin. Tochter des Schriftstellers Dinesen. Nachdem sie sich 1913 auf einer Kaffeefarm in Kenia niedergelassen hatte, schrieb sie phantasievolle Erzählungen. In »Schatten wandern übers Gras« hat sie ihre Erinnerungen geschrieben. Für ihr Buch »Afrika, dunkel lockende Welt« wurde sie zum Nobelpreis vorgeschlagen. Durch den Film »Jenseits von Afrika« wurde sie weltweit berühmt.

Bloom, Claire = Claire Blume
*1931, engl. Theater- und Film-

schauspielerin. In »Limelight« (1952) Partnerin von Charlie Chaplin. »Blick zurück im Zorn« (mit Richard Burton) u.a. Ihr Ps ist der engl. Aussprache ihres Familiennamens angepaßt.

Böhme, Margarete = Margarete Schlüter
1869-1939, dt. Schriftstellerin. Der Bericht »Tagebuch einer Verlorenen« aus dem Prostituiertenmilieu war zur Zeit seines Erscheines (1928) so gewagt, daß die Autorin sich ein Ps zulegen mußte.

Böök, Frederik = Martin F. Christofferson
1883-1961, schwed. Schriftsteller. Schrieb Romane und Essays. Romane: »Viktor Lejon«; »Sommerspuk« u.a.

Börne, Ludwig = Löb Baruch
1786-1837, dt. Schriftsteller und Publizist. Seine »Briefe aus Paris« üben leidenschaftliche Kritik an den dt. Zuständen.
Als er 1818 vom jüd. zum christl. Glauben übertrat, nahm er diesen Namen an.

Bogarde, Dirk = Derek van den Bogaerde
*1920, engl. Theater- und Filmschauspieler, holl. Abstammung. »The Servant«; »Der Tod in Venedig«; »Despair« (»Die Reise ins Licht«) u.v.a.
Sein Ps ist die Anpassung seines holl. Namens an die engl. Aussprache.

Bom = F. Cortesi
?-1897, russ. Clown ital. Abstammung.

- = Mechislaw Antonowitsch Stanewsky
1879-1927, russ. Clown poln. Herkunft.

- = Nikolay Josifowitsch Viltzak
1880-1960, russ. Clown tschech. Herkunft.

- = N. A. Kamsky
1894-1966, russ. Clown. Eines der seltenen Ps, das Eigentum einer Institution, hier eines Zirkus, ist. Das Ps BOM darf heute nur von Clowns benutzt werden, die im russ. Staatszirkus auftreten.

Bonaventura = Johannes Fidanza
1221-1274, ital. Scholastiker, 1482 heilig gesprochen.

Bonaventura = vermutlich Friedrich Gottlob Wetzel
1779-1819, dt. Schriftsteller (vielleicht auch F. Schelling, E.T.A. Hoffmann oder C. Brentano). Welcher dt. Romantiker unter diesem Ps »Die Nachtwachen des Bonaventura« geschrieben hat, ist noch immer nicht ganz geklärt.
Das Ps kommt aus dem Spätlateinischen und heißt »der Glückbringende«.

Bond, William >Beadle, Tom >Defoe, Daniel >Quixota, Donna Arine>Trinkolo, Boatswain< = Daniel Foe
um 1660-1731, engl. Schriftsteller. Bond bedeutet im Englischen »Schuldschein«. Er benutzte das Ps für einen Entwurf zu einem neuen Banksystem.

Bonds, Gary (U.S.) = Gary Anderson
*1939, amerik. Rockmusikkomponist. »Quarter to three«. Eines der seltenen Ps, das in Verbindung mit einer Nationalitätenbezeichnung benutzt wird.

Bonney, Graham = Graham Bradley
*1945, engl. Schlagersänger. In Deutschland wurde er u.a. bekannt durch die Moderation der TV-Serie »Hits a gogo«. Sein erster Hit war »Supergirl« (1966).

Boot, William >Stoppard, Tom< = Tom Straussler
*1937, brit. Dramatiker und Theaterkritiker. Schrieb unter diesem Ps seine frühen Theaterkritiken.

Booth, Shirley = Thelma Booth Ford
*1907, amerik. Schauspielerin. 1952 kam sie neben Burt Lancaster mit »Come back, little Sheba« zu Filmruhm. Sie bekam für diese Rolle den Oscar. In diesem Stück hatte sie bereits am Broadway mit Erfolg die gleiche Rolle gespielt.

Borchers, Cornell = Cornelia Bruch
*1925, dt. Filmschauspielerin. »Rot ist die Liebe«; »Istanbul« (mit Errol Flynn); »Arzt ohne Gewissen« u.v.a. Des Wohlklangs und der internationalen Sprechbarkeit wegen wählte sie dieses Ps.

Bornhagen, Adalbert = Paul Alfred Otte
1903-1987, dt. Journalist. Hatte wesentlichen Anteil an der speziellen Form des Berliner Feuilletons.
Er benutze das Ps für Theaterkritiken und literarische Essays. Es ist nach dem Ort Bornhagen im Werratal gebildet. Welche Rolle der Ort in seinem Leben spielte, ist nicht bekannt.

Borromini, Francesco = Francesco Castelli
1599-1667, ital. Architekt. Prägte wesentlich den röm. Hochbarock.

Bosch, Hieronymus = Hieronymus van Aaken
um 1450-1516, holl. Maler. »Der Garten der Lüste«; »Der Heuwagen«; »Das Jüngste Gericht«.
Sein Ps ist aus seinem Geburtsort Hertogenbosch abgeleitet.

Botticelli, Sandro = Alessandro di Mariano Filipepi
1445-1510, ital. Maler. Einer der bedeutendsten Maler des florentinischen Quattrocento. »Die Geburt der Venus«. »Botticelli« heißt »kleines Faß«.

Boumédienne, Houari (Bumedienne, Huari) = Mohammed Bourcharrouba
1925-1978, alger. Politiker. Wurde 1960 Generalstabschef der Befreiungsarmee und Kommandeur der alger. Streitkräfte in Tunesien und Marokko. 1965 wurde er, an der Spitze eines Revolutionsrates, als Staatschef gewählt.

Bourvil = Andre Raimbourg
1917-1970, franz. Schauspieler und Filmkomiker. »Wenn Versailles erzählen könnte...«; »Schweigen ist Gold«; »Der längste Tag« u.v.a. Sein Ps bildete er nach der Stadt Bourville (Normandie), in der er aufgewachsen ist.

Bouverie, B. = William Ewart Gladstone
1809-1898, engl. Premierminister. Benutzte das Ps für seine literarischen Arbeiten. Es bedeutet im Französischen »Ochsenzucht«.

Bowie, David >Stardust, Ziggy< = David Robert Hayward-Jones
*1946, engl. Popsänger. Trat zu Beginn seiner Karriere als Ziggy STARDUST auf. Wechselte oft sein Aussehen, u.a. auch Transvestit. Pophits: »Let's dance«, »China girl«, »Church of time«, »Blue Jean« u.a. Sein Ps legte er sich zu, um nicht mit David Jones von der Gruppe »Monkees« verwechselt zu werden.

Box, Edgar = Gore Vidal
*1925, amerik. Romanautor und Dramatiker. Schrieb unter dem Ps unverbindliche, aber gut bezahlte Unterhaltungsromane. Das Ps bezieht sich ebenfalls aufs »Kasse machen«: »Box« bedeutet im Angloamerikanischen auch »Kasse«.

Boyd, Nancy = Edna St. Millay
1891-1950, amerik. Lyrikerin und Erzählerin. Neben ihren formstrengen, von der Kritik gelobten, Gedichten schrieb sie auch handlungsreiche Kurzgeschichten. Für diese erfand sie ihr Ps.

Boz = Charles John Huffam Dickens
1812-1870, engl. Romanautor. [Hauptwerke: »Oliver Twist«; »David Copperfield«; »Geschichte zweier Städte«]. Einer der beliebtesten Schriftsteller seiner Zeit. Unter dem Ps BOZ veröffentlichte er seine ersten Werke, die »Sketches«, humorvolle Skizzen aus dem Londoner Alltag. Sein Ps war der Babyname von einem seiner Brüder. Dickens benutzte mehrere Ps, am häufigsten aber dieses.

Brackheim, Thomas = Theodor Heuss
1884-1963, dt. Bundespräsident von 1949-1959. Unter dem Ps schrieb er während der Nazi-Zeit Artikel für die »Frankfurter Zeitung«. Das Ps ist nach seiner Heimatstadt, Brackenheim, gebildet.

Brahm, Otto = Otto Abraham
1856-1912, dt. Literaturkritiker und Theaterleiter, Begründer der Volksbühne. Sein Ps ist eine Verkürzung seines Familiennamens.

Bramante, Donato = Donato d'Angelo
1444-1514, ital. Architekt und Maler. Begründete die klassische Architektur der Hochrenaissance. Sein Ps bedeutet im Italienischen »herbeisehnend«, »begehrend«, »verlangend«.

Brand, Christianna = Mary Christianna Milne Lewis
*1907, engl. Kriminalschriftstellerin. War Verkäuferin und schrieb ihren ersten Krimi, um eine bösartige Kollegin zu ärgern, mit dem Titel »Death in high heels« (»Tod in hohen Absätzen«). Ca. 15 weitere Titel.

Brandauer, Klaus Maria = Klaus Steng
*1944, österr. Theater- und Filmschauspieler. »Mephisto« (erhielt als bester ausländischer Film 1982 den Oscar); »Oberst Redl«; »Hanussen«. Sein Ps ist der Mädchenname seiner Mutter Maria Brandauer. Seine Frau, die Regisseurin Karin Brandauer, hat sein Ps übernommen.

Brandes, Georg = Morris Cohen
1842-1927, dän. Literaturhistoriker und -kritiker. Wegbereiter des Naturalismus in der dän. Literatur.

Brandt, Willy >Gaasland, Gunnar< = Herbert Ernst Frahm
*1913, dt. sozialdemokratischer Politiker. Das Ps bekam Frahm von der SAP-Zentrale (Sozialistische Arbeiterpartei) für seine Norwegen-Mission.
1933 emigrierte er nach Skandinavien. 1945 Rückkehr. 1947 Beitritt zur SPD. 1969 Bundeskanzler. Setzte sich für die Unterzeichnung des Atomwaffensperrvertrages durch die BRD ein. 1970 dt.-sowj. und dt.-poln. Vertrag. 1974 Rücktritt. 1971 Friedensnobelpreis. Vorsitzender der Sozialistischen Internationale.

Brasseur, Pierre = Albert Pierre Espinasse
1905-1972, franz. Theater- und Filmschauspieler. »Quai des brumes« (»Hafen im Nebel«); »Les enfant du Paradis« (»Kinder des Olymp«) u.v.a. Sein Ps heißt auf deutsch »Bierbrauer«.

Brennglas, Adolf = Adolf Glaßbrenner
1810-1876, dt. Journalist und Schriftsteller. Erfinder der Figur des Eckenstehers Nante. Feines Gefühl für den typischen Berliner Witz. Sein Ps entstand durch Umstellen der beiden Silben seines richtigen Namens.

Brent, Evelyn = Mary Elizabeth Riggs
1899-1975, amerik. Filmschauspielerin. Spielte 1928 in dem ersten Tonfilm der Paramount: »Interference«.

Brent, Romney = Romulo Larralde
1902-1976, amerik. Theater- und Filmschauspieler, mex. Herkunft. Einsilbige Ps waren bei US-Filmfirmen so beliebt, daß gelegentlich zur gleichen Zeit dasselbe Ps von zwei und mehr Schauspielern benutzt wurde.

Brice, Pierre = Pierre de Bris
*1929, franz. Filmschauspieler. »Winnetou«-Darsteller. Sein Ps ist eine andere Schreibweise seines richtigen Familiennamens.

Bridge, Ann = Mary Dolling O'Malley, geb. Sanders
1889-1974, engl. Schriftstellerin. »Verzauberter Sommer«, »Begegnung am Bosporus« u.a. Romane.

Bridge, Bonar = W.W. Tulloch
1846-1920, schott. Literat und Bibliograph. Dieses Ps das »Brücke« bedeutet, ist seit Jahrzehnten unter Autoren beliebt.

Bridie, James >Henderson, Mary< = Osborne Henry Mavor
1888-1951, schott. Arzt und Dramatiker. Schrieb unter dem Ps Stücke, die sich durch handfesten Realismus und Humor auszeichneten. »Die seltsamen Pläne der Dame Rimmel«; »Sturm im Wasserglas«; »Susanne im Bade« u.a.

Britt, May = Maybritt Wilkens
*1933, schwed. Filmschauspielerin. Wurde von Carlo Ponti entdeckt. »Der blaue Engel« (1959); »Krieg und Frieden« u.a. Ihr Ps ist die Trennung ihres richtigen Vornamens. Wobei man streiten kann, ob »May« ein Vorname ihres Ps ist oder ob »May Britt« als Einzelname gilt.

Bronson, Charles = Charles Buchinsky
*1920, amerik. Filmschauspieler, vorher Bergmann. In »Die glorreichen Sieben« (1960) begann seine Schauspielerkarriere. Als Super-Sado-Maso-Typ trat er in vielen Actionfilmen als Kämpfer für die Gerechtigkeit auf. »Das dreckige Dutzend«; »Ein Mann sieht rot« u.a. Änderte seinen russ. Namen während der McCarthy-Ära, um nicht als »Roter« gebrandmarkt zur werden. Er nannte sich nach der Bronson Street in Beverly Hills.

Brooks, Geraldine = Geraldine Stroock
1925-1977, amerik. Filmschauspielerin.

Brooks, Leslie = Leslie Gettmann
*1922, amerik. Filmschauspielerin.

Brooks, Mel = Melvyn Kaminsky
*1926, amerik. Autor, Schauspieler und Regisseur. »Frankenstein Junior«; »Silent Movie«; »To be or not to be«. 1968 bekam er für die Originalstory und das Drehbuch des Films »The Producers« den Oscar. Um Verwechslungen mit dem Trompeter Max Kaminsky auszuschließen, änderte er 1941 seinen Namen in Mel Brooks.

Brooks, Phyllis = Phyllis Weiler
*1922, amerik. Filmschauspielerin. Ein beliebtes Ps; zur gleichen Zeit wurde es in Hollywood mehrmals verwendet. Nur bei Mel B. ist bekannt, warum er seinen Namen änderte.

Brown, Carter = Alan Geoffrey Yates
*1923, engl. Kriminalautor. Seine Romane sind voller Brutalität und Sex. Der Vorname des Ps stammt von einer berühmten Detektivfigur der Groschenhefte in den 30er Jahren: Nick Carter. »Carter« bedeutet im Englischen »Fuhrmann«.

Browne, Henriette = Sophie de Saux, geb. de Boutellier.
1829-1901, franz. Kupferstecherin. Einer der seltenen Fälle, daß zu dieser Zeit eine Französin ihren Namen ablegte und ein engl. Ps wählte. Möglicherweise, weil damals die Kupferstecherei in England auf höherem Niveau als in Frankreich stand.

Bruckner, Ferdinand = Theodor Tagger
1891-1958, österr. Schriftsteller. Schrieb Dramen, Romane und Lyrik. »Krankheit der Jugend«, »Rassen«; »Verbrecher« u.a. War Leiter des Berliner Renaissance-Theaters. Wählte deshalb für seine literarischen Arbeiten dieses Ps, das er 1930 nach dem Erfolg seines psychoanalytischen Dramas »Elisabeth von England« selbst lüftete.

Bruder Fatalis >Kosmos >Rosenfeld >Stille, C.A.<= Ignaz Franz Castelli
1781-1862, österr. Schriftsteller. Über 200 Unterhaltungsstücke, Dialektromane. Um seine überquellende Produktion zu verbergen, legte er sich ständig neue Ps zu.

Brynner, Yul = Youl Bryner
*1917, amerik. Schauspieler. Er machte Karriere, als er begann, glatzköpfig zu spielen. Für »The King and I« erhielt er 1956 den Oscar; »Die glorreichen Sieben« u.a. Bryner selbst behauptet, er sei Taidje Khan jr., aber niemand konnte bis jetzt herausfinden, wer er wirklich ist (nicht einmal seine Ehefrauen) und aus welchem Land er kommt: aus Rußland, der Schweiz oder Mandschurei?

Bucer, Martin (auch Butzer) = Martin Kuhhorn
1491-1551, dt. Reformator. Emigrierte nach England und wurde Professor in Cambridge. Daher auch die engl. Schreibweise seines Ps mit c. Eine Butze ist im Dialekt ein Kobold oder Knirps.

Buchela (MADAME) = Margarethe Goussanthier
1899-1988, dt. Hellseherin, Zigeunerin. Sagte vielen Prominenten die Zukunft voraus. Sie wurde unter freiem Himmel, »unter einer Buche«, geboren, da Zigeuner ihren Wagen verbrennen müssen, wenn darin ein Kind zur Welt kommt. Nach ihrem Tod erstattete eine ungenannte Person Anzeige bei der Bonner Staatsanwaltschaft gegen eine Familienangehörige der Buchela, die diese angeblich getötet haben soll. Ihre Leiche wurde nicht exhumiert.

Buchholz, Wilhelmine >Valmy, Alfred de<= Julius Stinde
1841-1905, dt. Schriftsteller. [»Die Familie Buchholz«]. Das Ps benutzte er, bevor er den Namen als Romantitel berühmt machte. Als er ein Buch über Wäschebehandlung (er war Chemiker) schrieb, benutzte er den Namen einer bekannten,

verstorbenen Hamburger Waschfrau. Später schrieb er unter dem Ps fingierte Leserbriefe.

Bühnau, Ludwig >Bassermann, Lujo >Molitor, Marc< = Hermann Schreiber
*1920, dt. Schriftsteller. Schreibt Sachbücher und Erzählungen. Unter diesem Ps veröffentlichte er seine See- und Piratengeschichten.

Bürger, Berthold >Kurtz, Melchior >Neuner, Robert< = Erich Kästner
1899-1974, dt. Schriftsteller. [»Fabian«; »Drei Männer im Schnee«; »Notabene«; Kinderbücher]. Unter diesem Ps schrieb Kästner das Drehbuch zu dem Ufa-Jubiläumsfilm »Münchhausen« (1942). Da er Schreibverbot hatte, brauchte er dazu eine Sondergenehmigung.
Er wählte das Ps Bürger, weil der Übersetzer der »Münchhausen«-Geschichten aus dem Englischen so hieß. Der Vorname ist eine Verbeugung vor Brecht.

Buffalo Bill = William Frederick Cody
1846-1917, war als amerik. Kavallerieoffizier 1868-1872 und 1876 bei den Feldzügen gegen die Indianer beteiligt. Seinen Namen verdiente er sich durch sein Geschick beim Erlegen von Büffeln als Versorgungsleiter beim Bau der Pazifikbahn. Ab 1883 zog er mit einer »Wildwestshow« durch die USA und Europa. Seine Abenteuer wurden mehrfach verfilmt.

Burg, Lou van = Loetje van Weerdenburg
1917-1986, holl. Schauspieler und Showmaster. Nach dem Ende des Zweiten Weltkrieges trat er als Sänger und Tänzer im Cabaret »Lido« in Paris auf, zusammen mit Marlene Dietrich und Josephine Baker. Populär wurde er durch die Fernsehsendung »Der goldene Schuß« und als »Mister Wunnebar«.

Burns, George = Nathan Birnbaum
*1896, amerik. Schauspieler. Eigene TV-Shows. Für seine Leistung in dem Film »Sonny Boys« erhielt er 1975 den Oscar. Eines der beliebten einsilbigen Hollywood-Ps.

Burns, Tommy = Noah Brusso
1881-1955, kan. Schwergewichtsboxer. Dies ist einer der Fälle, bei denen man bedauert, daß der ursprüngliche Name nicht beibehalten wurde. Noah als Boxer - welche Perspektiven!

Burte, Hermann = Hermann Strübe
1879-1960, dt. Schriftsteller. Schrieb expressionistische und völkische Literatur. »Wiltfeber, der ewige Deutsche«; alemannische Gedichte, Dramen. Wählte das Ps, um sich von seinem Vater Friedrich Strübe zu unterscheiden, der als badischer Dialektdichter einen Namen hatte.

Burton, Richard = Richard Walter Jenkins
1925–1984, engl. Schauspieler. Erste Erfolge in Shakespeare-Rollen. Zahlreiche US-Filme; sechsmal zum Oscar nominiert, doch nie erhalten. Zweimal mit Elisabeth Taylor verheiratet. »Blick zurück im Zorn«; »Cleopatra«; »Wer hat Angst vor Virginia Woolf«; »1984« (seine letzte Rolle).
Das Ps geht auf den Namen seines Englischlehrers zurück, der in ihm allerdings mehr einen künftigen Politiker als einen Schauspieler sah.

Bustamente, (Sir) Alexander = William Alexander Clarke
1884–1977, jamaikanischer Premierminister.

Butterworth, William = Henry Schroeder
1774–1853, engl. Kartograph, dt. Abstammung. Das Ps sollte wahrscheinlich seine dt. Herkunft verbergen. Es bedeutet »Butterwert«.

C

Caballero, Fernán = Cecilia de Arrom, geb. Böhl de Faber
1796–1877, span. Schriftstellerin. »Die Möwe«; »Die Familie Alvareda«; »Spanische Dorfgeschichten« u.a. Romane und Erzählungen. Der Autorin war nicht nur ein männliches Ps wichtig -es mußte auch noch »Edelmann« bedeuten.

Cagliostro, Allesandro Graf von = Giuseppe Balsamo
1743–1795, ital. Abenteurer und Alchimist. Spielte in Paris in der berüchtigten Halsband-Affäre, in die Marie Antoinette und Ludwig XVI. verwickelt waren, eine undurchsichtige Rolle. In Rom auf Befehl des Papstes zum Tode verurteilt, dann zu lebenslanger Festung begnadigt.

Caine, Michael = Maurice Joseph Micklewhite
*1933, engl. Film- und Fernsehschauspieler. »Revanche« (mit Laurence Olivier); »Zwei hinreißend verdorbene Schurken«) u.v.a. Der Vorname seines Ps kommt aus seiner Kindheit, während der er »Mike« genannt wurde; der Nachname ist nach den Film »Meuterei auf der Caine« gewählt.

Calhern, Louis = Carl Henry Vogt
1895–1956, amerik. Theater- und Filmschauspieler. »Asphalt Dschungel«; »Julius Cäsar« (Titelrolle) u.v.a. Das Ps kam auf Druck seines Onkels zustande, der keinen Schauspieler in der Familie haben wollte. Der Nachname des Ps ist eine Kombination aus seinen beiden Vornamen, den Vornamen wählte er nach der Stadt St. Louis (geboren ist er jedoch in New York).

Caligula = Gaius Iulius Caesar Germanicus
12 n.Chr.-41 n.Chr., röm. Kaiser seit 37 n.Chr. Nach der Rückkehr einer gegen Britannien gerichteten Expedition wurde er durch Prätorianer in Rom ermordet.
Sein Ps bedeutet »Soldatenstiefelchen«, was etwa dem heutigen »Kommißstiefel« entspricht. Es wurde ihm wegen seiner Gewalttaten angehängt.

Callas, Maria = Cecilia Sophia Anna Meneghini, geb. Kalogeropoulos
1923–1977, griech. Opernsängerin. Feierte zum erstenmal 1947 bei den Festspielen in Verona Triumphe, denen viele folgten. Ab 1971 unterrichtete sie an der Juilliard School of Music in New York. Die Namensänderung veranlaßte ihr Vater nach der Emigration in die USA. Sie ist die Anpassung des griech. Namens an amerik. Sprachgewohnheiten.

Calvert, Phyllis = Phyllis Bickle
*1915, engl. Theater- und Film-

schauspielerin. »Der Mann in grau«; »Madonna der sieben Monde« u.v.a. Der Produzent und Regisseur Herbert Wilcox veranlaßte ihre Namensänderung.

Campana, Pedro de = Peter de Kemperer
1503-1580, belg. Bildnis- und Altarmaler, Architekt, Bildhauer und Astronom. Da er lange in Sevilla tätig war, übersetzte er seinen flämischen Namen – er ist in Brüssel geboren – ins Spanische.

Canadas = Henry Higgins
1944-1978, in England geb. span. Stierkämpfer. Verständlich, daß ein span. Stierkämpfer nicht mit einem engl. Namen zum Matador aufsteigen wollte. Noch dazu mit diesem Namen, der seit »My Fair Lady« in der ganzen Welt ein Begriff ist.

Canaletto = Giovanni Antonio Canale
1697-1768, ital. Maler. Sohn und Schüler des Theaterdekorationsmalers Bernardo Canale. Malte architektonisch getreue Stadtansichten, besonders von Venedig.

Canaletto = Bernardo Bellotto
1720-1780, ital. Maler und Radierer. Neffe von Giovanni Antonio Canale. Nannte sich wie sein Onkel, weil er im gleichen Stil malte.
Das Ps ist die Verkleinerungsform von »Canale«.

Cannon, Freddie = Frederick Anthony Picariello
*1940, amerik. Popsänger. »Palisades Park«. Sein Ps bedeutet »Kanone«.

Cantinflas = Mario Moreno Reyes
*1913, mex. Stierkämpfer, Filmkomiker und Clown. Kam durch den Film »In 80 Tagen um die Welt« zu internationaler Anerkennung.

Capone, Al = Alphonso Caponi
1895-1947, amerik. »König der Gangster« (in Chicago). Sein Ps ist die Anpassung seines ital. Namens an den amerik. Sprachgebrauch.

Capote, Truman = Truman Streckfus-Persons
1924-1984, amerik. Schriftsteller. »Grasharfe«; »Frühstück bei Tiffany«; »Kaltblütig«. Erst nach seinem Tode wurde bekannt, daß »Capote« ein Ps war.

Capucine = Germaine Lefebvre
*1933, franz. Theater- und Filmschauspielerin. »Der rosarote Panther«; »Satyricon« u.v.a. Eines der zahlreichen Ein-Wort-Ps, die franz. Schauspieler und Schauspielerinnen gerne wählen.

Carco, Francis = François Carcopino-Tusoli
1886-1958, in Neukaledonien geb. franz. Schriftsteller. 1922 Großer Literaturpreis der Académie française. Seine Romane schildern die Boheme und die Unterwelt in Paris vor dem Ersten Weltkrieg.
Sein Ps ist die Verkürzung seines Familiennamens und ent-

spricht seinem knappen und harten Schreibstil.

Carlo, Yvonne de = Peggy Yvonne Middleton
*1922, kan. Filmschauspielerin. Begann beim Varieté. »Schlüssel zum Paradies« (mit Alec Guinness); »Lied des Orients«. Ein Ps, das franz. Temperament signalisiert und zu der feurigen Schwarzhaaarigen mit Sex bis in die Fingerspitzen paßt. Benutzte es bereits als Varieté-Künstlerin.

Carlos = Illich Ramirez Sánchez
*1946, in Venezuela geb., international gesuchter Terrorist.

Carmen Sylva > Wedi, E. < = Elisabeth, Königin von Rumänien, geb. Pauline E. Ottilie Luise, Prinzessin von Wied
1843-1916, dt. Prinzessin. Schrieb als rum. Königin Gedichte für die eigene Schublade. Als sie dennoch bekannt wurden, ließ sie sie unter dem Titel »Stürme« und dem Ps drucken, das sie so gedeutet hat: »Carmen das Lied, und Silva der Wald/Von selbst gesungen, das Waldlied schallt.«
Das Ps sollte an die heimatlichen Wälder bei Neuwied erinnern.

Carol, Martine = Maryse Mourer
1921-1967, franz. Filmschauspielerin. »Lola Montez« (Regie Max Ophüls). Eine frühe Sex-Bombe, die durch die Kostümfilme »Caroline, Cherie« bekannt wurde, die Vorläufer der »Angelique«-Filme waren. Da ihr Familienname an »mourir« = »sterben« anklang, war die Wahl eines Ps dringend geboten.

Carol, René = Gerhard Tschierschnitz
*1921, dt. Schlagersänger. Wirklich, einen solchen Familiennamen kann man einem Schlagersänger nicht zumuten, das Ps ist aus verständlichem Grund gewählt. Im Englischen bedeutet es »Jubellied«.

Carr, Vikki = Florencia Bisenta Casillas Martinez Cardona
*1938, amerik. Popsängerin. »It must be him«. Ihr Ps ist die erste Silbe ihres letzten Familiennamens.

Carrell, Rudi = Rudolf Wijbrand Kesselaar
*1934, holl. Showmaster im deutschen Fernsehen.

Carroll, Lewis = Charles Lutwidge Dodgson
1832-1898, engl. Schriftsteller und Mathematiker. »Alice im Wunderland«; »Alice hinter den Spiegeln«; märchenhafte Erzählungen.
Der seriöse Mathematiker schrieb unter strengster Wahrung seines Ps für die Kinder eines Oxforder Freundes seine Märchen.

Carter, Nick = Verlags-Ps für den Helden von Kriminalgeschichten, die in Ich-Form geschrieben wurden.
Der erste, der unter diesem Ps schrieb, war der amerik. Schriftsteller John R. Coryell (1848 bis

1924). Bis 1922 setzten zwei weitere Autoren die Serie fort.

Cartesius, Renatus = René Descartes
1596-1650, franz. Mathematiker, Naturwissenschaftler und Philosoph. Dem Zug der Zeit folgend hat Descartes seinen Namen latinisiert.

Casarés, Maria = Maria Casares Quiroga
*1922, franz. Filmschauspielerin. »Les enfants du Paradis« (»Kinder des Olymp«); »Orphee«.
Spanierin, die vor dem Franco-Regime nach Frankreich floh und ihr Ps durch Weglassung des für Franzosen kaum aussprechbaren Namens Quiroga bildete.

Caspari, Tina >Jonas, Claudia< = Rosemarie Eitzert von Schach
*1939, dt. Schauspielerin, jetzt Schriftstellerin. [»Tochterliebe«]; »Das rote Fohlen« (Roman).
Dieses Ps erhielt sie vom Verleger Franz Schneider (Kinderbücher).

Cassidy, Butch = Robert Le Roy Parker
1866-1909, amerik. Bankräuber.
Da Parker als Metzger (= »butcher«) gearbeitet hatte, erhielt er den Spitznamen »Butch«.

Castle, William = William Schloss
*1914, amerik. Regisseur von Horrorfilmen. »Der Nachtwandler«; »Makaber« u.v.a.
Sein Ps ist die direkte engl. Übersetzung seines dt. Familiennamens

Caudwell, Christopher = Christopher St. John Sprigg
1907-1937 (gefallen in Spanien), engl. marxistischer Autor und Journalist.
Da auch sein Vater Journalist war und unter seinem Namen schrieb, legte sich Christopher dieses Ps zu, zumal er eine andere politische Richtung vertrat als sein Vater. Die Herkunft ist nicht bekannt.

Cavalli, Pier Francesco = P. F. Caletti Bruni
1602-1676, ital. Opernkomponist. Er schrieb 42 Opern. Warum er sich als Ps ausgerechnet das ital. Wort für »Pferde« wählte, ist nicht bekannt.

Cebotari, Maria = Maria Cebutaru
1910-1949, österr. Opernsängerin und Filmschauspielerin. Operndebüt 1932 als Mimi in Puccinis »La Boheme« an der Staatsoper Dresden. Filme: »Mädchen in Weiß«; »Melodie der Liebe«; »Starke Herzen im Sturm«.
Ihr Ps ist eine klangvollere Form ihres rum. Familiennamens.

Celan, Paul = Paul Ancel (eigtl. Antschel)
1920-1970 (Freitod in der Seine), rum., deutschsprachiger Schriftsteller, der in Frankreich lebte.

Er bildete sein Ps aus der anagrammatisch veränderten Buchstabenreihenfolge seines Namens, der wiederum eine Französisierung des eigtl. Geburtsnamens Antschel ist.

Céline, Louis-Ferdinand = Louis Fuch Destouches
1894–1961, franz. Arzt und Schriftsteller. Berühmtestes Werk ist der Roman »Voyage au bout de la nuit« (1932). Nach Rußland-Aufenthalt Hinwendung zum Antisemitismus und Faschismus. Als Kollaborateur zum Tode verurteilt, dann aber begnadigt. Sein Ps ist der Vorname seiner Mutter.

Celtes (auch Celtis), Konrad = Konrad Pickel (auch Bickel)
1459–1508, dt. Humanist. In Nürnberg zum Dichter gekrönt.
Sein Ps ist unverständlich. »Celtes« (Celtis) heißt im Lateinischen ein Ulmengewächs.

Cendrars, Blaise = Frédéric Sauser-Hall
1887–1961, franz. Schriftsteller. Sohn eines Schweizers und einer Schottin. Führte ein abenteuerl. Leben; war Anreger des Kubismus.
Sein Ps ist möglicherweise aus dem franz. »cendre« abgeleitet, was »Asche« bedeutet.

Ceram, C. W. = Kurt W. Marek
1915–1972, dt. Schriftsteller. »Götter, Gräber und Gelehrte«; »Enge Schlucht und schwarzer Berg«; »Der erste Amerikaner« u.a.
Er wählte das Ps, um seine neuen literarischen Sach-Themen gegen jene abzusetzen, die er früher behandelt hatte (»Wir hielten Narvik«).

Cetto, Gitta von = Brigitta Seuffert
*1908, dt. Schriftstellerin. Schreibt Unterhaltungsromane: »Blumen für Eva«; »Die drei von nebenan«; »Lenas besonderer Sommer«.

Chambers, Peter >Chester, Peter< = Dennis John Andrew Phillips
*1924, engl. Schriftsteller.
Unter diesem Ps schrieb er die meisten seiner Krimis. Beide Ps haben den gleichen Vornamen und die gleichen Anfangsbuchstaben.

Chandler, Gene = Eugene Dixon
*1937, amerik. Popsänger und Plattenproduzent. »Duke of Earl«.

Chandler, Jeff = Ira Grossel
1918–1961, amerik. Theater- und Filmschauspieler. »Broken Arrow« (»Der gebrochene Pfeil«); »Return to Eton Place« u.v.a. Sein Ps wurde von dem Kriminalautor Raymond Chandler abgeleitet, da er in seinen Rollen ähnlich harte Typen verkörperte, wie sie Raymond Chandler in seinen Romanen beschrieb.

Chanois, Jean-Paul le = Jean-Paul Dreyfus
*1909, franz. Filmregisseur. »Les Miserables« (»Die Elenden«); »Der Fall des Dr. Lau-

rent«; »Die Französin und die Liebe« u.a.

Das Ps war ursprünglich sein Deckname in der Résistance, den er dann für seine Regiearbeit beibehielt.

Chardonne, Jacques = Jacques Boutelleau

1884–1968, franz. Romancier. Erhielt für seinen ersten Roman, »Hochzeitsgedicht«, den Prix Femina, für »Claire« den Grand Prix du roman der Académie française.

Sein Ps ist eine Anspielung. »Chardon« heißt auf deutsch »Distel«.

Charell, Marlene = Angela Mieps (a. Q. Miebs)

*1945, dt. Revuestar. War u.a. Star am Pariser »Lido«. Marlene, weil ein Revuedirektor ihre Beine toll fand; Charell, weil ihr Vater Eric Charell verehrte.

Charisse, Cyd = Tula Ellice Finklea

*1923, amerik. Filmschauspielerin und Tänzerin. »Singing in the rain«; »Silk Stockings« (ein »Ninotschka«-Remake).

Das Ps wurde aus dem Nachnamen ihres ersten Ehemannes Nico Charisse und aus der Baby-Sprache ihres kleinen Bruders, »Cyd« = »Sid« = »Sister«, gebildet.

Charles, Ray = Ray Charles Robinson

*1932, amerik. Popmusiker. »I can't stop loving you«. Sein Ps ist lediglich der Verzicht auf seinen Familiennamen.

Charteris, Leslie = Leslie Charles Bowyer-Yin

*1907, engl. Kriminalautor. Sohn eines Chinesen und einer Engländerin. Held seiner Krimis ist »The Saint«, eine Art moderner Robin Hood, der durch sein nicht immer gesetzlich einwandfreies Eingreifen den Armen hilft.

Sein Ps ist ein Kunstwort ohne direkten Bezug.

Chase, James Hadley = René Raymond

1906–1985, engl. Kriminalautor der harten Linie. Schrieb auch unter dem Ps: James L. Docherty, Ambrose Grant, Raymond Marshall. In der BRD erscheinen jedoch alle seine Romane unter »Chase«.

Chauber, Theobald >Auerbach, Berthold< = Moses Baruch

1812–1882, dt. Schriftsteller und liberaler Politiker.

Dieses Ps benutzte er nur gelegentlich, als er als Kalender-Redakteur arbeitete. In beiden Ps sind die Buchstaben seines richtigen Namens enthalten.

Chaval = Yvan Francis LeLouarn

1915–1968 (Freitod), franz. Karikaturist.

Checker, Chubby = Ernest Evans

*1941, amerik. Popmusiker. »The Twist«.

Cher = Cherilyn Sarkasia la Piere

*1946, amerik. Popsängerin und Filmschauspielerin. »Dark Lady«; »Mondsüchtig« (für ihre Rolle erhielt sie 1988 den Oscar); »Suspect«.

Die erste Silbe ihres ersten Vornamens wurde ihr Ps.

Chester, Peter >Chambers, Peter< = Dennis John Andrew Phillips
*1924, engl. Schriftsteller. Unter diesem Ps schrieb er sechs Krimis. Beide Ps haben den gleichen Vornamen und die gleichen Anfangsbuchstaben.

Chevalier, Maurice = Maurice Edouard Saint-Léon Chevalier
1888–1972, franz. Chansonier und Schauspieler. 1958 erhielt er einen speziellen Oscar für seinen Beitrag zum internationalen Entertainment – fast ein halbes Jahrhundert lang.
Sein Ps ist lediglich die Verkürzung seines richtigen Namens.

Chian Ch'ing >Lan P'in< = Li Yun-ho
*1914, chin. Politikerin und Filmschauspielerin. Seit 1937 Mitglied der KPCh, seit 1939 mit Mao Tse-tung verheiratet. Unter diesem Ps wurde sie die führende Propagandistin der Kulturrevolution. Nach Maos Tod 1976 als Anführerin der »Vierer-Bande« angeklagt und 1977 aus der KPCh ausgeschlossen. 1981 zum Tode verurteilt, die Vollstreckung wurde jedoch ausgesetzt.
Ihr zweites Ps war ihr Künstlername als Filmschauspielerin.

Chlumberg, Hans von = Hans Bardach Edler von Chlumberg
1897–1930 (Sturz bei Bühnenprobe), österr. Dramatiker. »Wunder um Verdun« u.a.
Er wählte den letzten Teil seines richtigen Namens zu seinem Ps, weil er glaubte, daß der Name »Bardach« zu leicht mit »Barlach« verwechselt werden könnte.

Christian-Jacque = Christian Albert Fançois Maudet
*1904, franz. Filmregisseur. »Blaubart«; »Fanfan der Husar«; »Lady Hamilton« u.v.a.
Sein Ps wählte er, weil sein Familienname an »Maudit« = »der Böse« anklingt.

Christie, Agatha >Westmacott, Mary< = A. Mary Clarissa Miller, verh. Mallowan
1890–1976, engl. Kriminalschriftstellerin.
Die Helden ihrer Romane sind der belg. Detektiv Hercule Poirot und die schrullige Amateurdetektivin Miss Marple. Ihr Bühnenstück »Die Mausefalle« hatte 1952 in London Premiere und erreichte die längste Spielzeit aller Schauspiele der Welt.
Genau genommen kein Ps, sondern der Name ihres ersten Ehemannes.

Christie, Lou = Lugee Salo
*1943, amerik. Popmusiksänger. »Lightnin' Strikes«.

Christo = Christo Javachoff (oder Javacheff)
*1935, in USA lebender bulg. Verpackungskünstler. Verpackte u.a. die älteste Seine-Brücke Pont Neuf in Paris.

Cicciolina = Ilona Staller
*1951, ital. Pornodiva und Par-

lamentarierin. Ihr Ps bedeutet »Schnuckelchen«.

Cimabue = Bencivienti (auch Cenni) di Pepo
um 1240-1302, ital. Maler. Vorläufer Giottos. Erfüllte die von der byzantinischen Kunst überlieferten Formen mit neuem Leben und kraftvollem Ausdruck.
Ein seltsames Ps. »Cima« heißt »Berg« und »Bue« »Ochse«.

Clair, René = René Chaumette
1898-1981, franz. Filmregisseur (Mitglied der Académie française 1960). »Unter den Dächern von Paris«; »Die Schönen der Nacht«; »Der 14. Juli«.
Sein Ps bedeutet »klar«, »hell«.

Clarin = Leopoldo Alas y Ureña
1852-1901, span. Autor und Literaturkritiker, Prof. für röm. Recht und Wirtschaftspolitik. »Die Präsidentin« (Roman).
Unter dem Ps, das »Horn« bedeutet, prangert er mit satirisch geschärften Artikeln die geistigkulturelle Rückständigkeit seines Landes an, für dessen Lethargie er die Klerikal-Konservativen verantwortlich machte.

Clarke, Arthur Charles = Nigel Calder
*1917, engl. Wissenschaftler. Träger des Kalinga-Preises der UNESCO. Zahlreiche Bücher über Kosmologie, z. B. »Einsteins Universum« (1980).
Als Autor von einigen Siencefiction-Romanen verwendet er das Ps.

Clauren, Heinrich = Karl Gottlieb Samuel Heun
1771-1854, dt. Schriftsteller. Schrieb Unterhaltungsromane wie »Mimili« u.v.a.
Unter dem gleichen Ps schrieb Wilhelm Hauff den Roman »Der Mann im Mond«. Heun verklagte ihn deshalb. Hauff führte zu seiner Entschuldigung an, daß er Heuns sentimentallüsterne Romane habe parodieren wollen.

Clausewitz, Detlev > Bamm, Peter < = Dr. med. Curt Emmrich
1897-1975, dt. Schiffsarzt, im Zweiten Weltkrieg Stabsarzt, seit 1932 freier Schriftsteller.
Dieses Ps benutzte der cand. med. C. E. für seine ersten Feuilletons in der »DAZ«. Die Verlagsleitung erhob Einspruch, denn »jeder preuß. Offizier muß sich verletzt fühlen, wenn der ihm heilige Name für Feuilletons mißbraucht wird«. Als neues Ps wählte C. E. Peter BAMM.

Clavius, Christoph = Christoph Klau
1538-1612, dt. Jesuitenpater und Astronom. »Der Euklid« seiner Zeit. Entdecker mehrerer Mondkrater (einer ist nach ihm benannt) und einer der Wissenschaftler, die die von Papst Gregor XIII. veranlaßte Kalenderreform durchführten. Sie war erforderlich, da im Laufe der Zeit der Kalender der röm. Kaiser zu größeren Abweichungen geführt hatte.

Claydermann, Richard = Phillipe Pagès
*1953, franz. Konzertpianist. Bekannt durch seinen sehr persönlichen Anschlag. Ein Ps, das sowohl für franz., wie dt. und engl. Zungen geeignet ist.

Cleisbotham, Jedediah = Walter Scott
1771–1832, schott. Schriftsteller. Schrieb als einer der ersten historische Romane.
Dieses Ps verwendete er als angeblicher Herausgeber von vier Serien der von ihm selbst verfaßten »Tales of my Landlord«.

Cliburn, Van = Harvey Lavan Cliburn
*1934, amerik. Konzertpianist. Tschaikowsky-Preis-Träger.
Sein Ps ist aus seinem texanischen Namen abgeleitet und nicht, wie oft vermutet wird, holl. Ursprungs.

Cliff, Jimmy = James Chambers
*1948, jamaikanischer Pop-Sänger. »Reggae's erster Superstar«.

Cloots, Anacharis = Jean Baptiste du Valde-Grâce (Baron de Cloots)
1755–1794, franz. Revolutionär. In dem Vornamen des Ps – nur er ist eines – steckt bereits das politische Programm dieses Kopfes der Französischen Revolution.

Clucher, Enzo B. = Enzo Barboni
Geburtsdatum war nicht zu ermitteln, ital. Filmregisseur. »Django – die Nacht der langen Messer«; »Die rechte und die linke Hand des Teufels«; »Vier Fäuste für ein Halleluja«. Als Kameramann arbeitete er noch unter seinem richtigen Namen.

Cobb, Lee J. = Leo Jacob
1911–1976, amerik. Theater- und Filmschauspieler. »Die Faust im Nacken«; »Die zwölf Geschworenen«; »Das war der Wilde Westen« u.v.a.
Sein Ps ist lediglich eine andere Schreibweise seines richtigen Namens unter Hinzufügung eines »b«. In den 30er Jahren gab es bereits einen berühmten Charakterschauspieler namens Irving S. Cobb.

Coccajo, Merlino = Teofilo Folengo
1491–1544, ital. Dichter und Benediktinermönch. Wurde berühmt mit dem Epos »Baldus«; beeinflußte Rabelais und Fischart. Interessant, daß sich ein Mönch den Vornamen Merlino zulegte, schließlich ist dieser Zauberer des Artuskreises aus der Verbindung des Teufels mit einer Jungfrau entstanden.

Colbert, Claudette = Lily Claudette Chaucoin
*1905, franz. Filmschauspielerin. Spielte hauptsächlich in amerik. Filmen. »It happened one Night« (1934 Oscar als beste Darstellerin); »Cleopatra«; »Blaubarts achte Frau« u.v.a.
Kein Amerikaner hätte ihren Geburtsnamen aussprechen können, deshalb wählte sie als Ps den Namen des berühmten franz. Staatsmannes.

Cole, Nat King = Nathaniel Adams Coles
1917–1965, amerik. Jazzpianist und Sänger. So wie sich Basie zum »Count« (»Graf«) machte, fügte der farbige Jazzpianist Cole seinem Ps ein »King« hinzu. Jazzfans sagen: er hat sich mit Recht gekrönt.

Colère, François la >Aragon, Louis< = Louis Andrieux
1897–1982, franz. Schriftsteller. Gedichte in dadaistischer Manier, Idealisierung der Arbeiterklasse im Sinne des sozialistischen Realismus.
Dieses Ps benutzte er als Deckname während seiner Zeit in der Résistance. Es heißt auf deutsch »Zorn«.

Colette = Gabrielle-Sidonia Colette
1873–1954, franz. Schriftstellerin. Bekannteste Romane: »Chéri« und »Gigi«.
Dieses Ein-Wort-Ps ist eigentlich keines, sondern nur die Auslassung ihrer Vornamen.

Collins, Corny = Gisela Szymanski
*1936, dt. Filmschauspielerin. »Italienreise – Liebe inbegriffen«; »Immer die Radfahrer«; »Der Maulkorb«. Sie wählte das Ps wegen des damals modernen engl. Wohlklangs.

Collins, Tom = Joseph Furphy
1843–1912, austr. Romanautor. Begann erst mit 40 Jahren zu schreiben, z. B. »Such is life«.
Sein Ps zeugt von guter Kenntnis der Mixgetränke. »Tom Collins« ist der Name eines Cocktails.

Collodi, Carlo = Carlo Lorenzini
1826–1890, ital. Schriftsteller. Schuf in seinen Erzählungen mit der aus Holz geschnitzten Figur »Pinocchio« eine neue Art von Kinderhelden. Da er Beamter bei der staatlichen Zensurbehörde war, mußte er für seine literarischen und journalistischen Arbeiten ein Ps wählen.

Connery, Sean = Thomas Connery
*1930, schott. Schauspieler. Gilt als *der* James-Bond-Darsteller. Zur Betonung seiner schott. Herkunft wählte er für sein Ps den schott. Vornamen Sean, gesprochen »Schon«.

Connington, J. J. = Alfred Walter Stewart
1880–1947, engl. Wissenschaftler und Kriminalschriftsteller. Der international bekannte Chemiker schrieb seit 1926 Krimis unter diesem Ps. In den meisten seiner Romane ist Sir Clinton die Zentralfigur.

Conrad, Joseph = Theodor Josef Konrad Nalęcz-Korczeniowski
1857–1924, engl. Schriftsteller russ.-pol. Abstammung. »Der Verdammte der Inseln«; »Lord Jim«; »Mit den Augen des Westens« u.a. Romane.
Sein Ps sind zwei seiner drei Vornamen. Diese Vereinfachung war notwendig, da kein Engländer seinen Familiennamen aussprechen kann.

Cooper, Alice = Vincent Damon Furnier
*1948, amerik. Rocksänger der gleichnamigen Gruppe. »Muscle of love«; »Billion Dollar Baby«; »Killer«; »Welcome to my nightmare«.
Wählte dieses weibliche Ps zur Untermauerung seiner Theorie, nach der er biologisch beide Geschlechter verkörpere.

Cooper, Gary = Frank J. Cooper
1901-1961, amerik. Filmschauspieler. Erhielt als bester Darsteller 1941 in »Sergeant York« und 1952 in »12 Uhr Mittags« den Oscar.
Seinen Vornamen verdankt er seiner Agentin Nan Collins, die aus Gary in Indiana kam und meinte, daß Gary Cooper einen poetischen Klang hätte. Gary wurde der populärste Vorname in Amerika in den 50er Jahren.

Cordes, Alexandra = Ursula Schaake, verh. Horbach
1935-1986 (erschossen), dt. Schriftstellerin. 70 Trivialromane.

Corinth, Lovis = Franz Heinrich Louis
1858-1925, dt. Maler. Neben Liebermann Hauptvertreter des deutschen Impressionismus. Malte Landschafts- und Blumenbilder in pastosen, leuchtenden Farben. Warum er dieses Ps wählte, ist nicht bekannt.

Corneille = Cornelius van Beverloo
*1922, belg. Maler. Mitbegründer der »Cobra«-Gruppe.
Erstaunlich, daß er als Ps den Namen des franz. Dramatikers Pierre Corneille (1606-1684) wählte.

Corno di Bassetto = George Bernard Shaw
1856-1950, ir. Dramatiker und Literaturkritiker. Erhielt 1925 den Nobelpreis. Shaw benutzte dieses Ps für seine Musikkritiken in »The Star« und »The World« von 1888-1894. Es bedeutet »Basset-Horn«, ein heute kaum noch benutztes Blasinstrument, das aber z. B. Mozart oft einsetzte.

Correggio = Antonio Allegri (gen. il Correggio)
1498-1534, ital. Maler. »Leda mit dem Schwan«; »Zyklus über die Liebschaften Jupiters«.
Sein Ps bezieht sich auf seine Vaterstadt.

Cortez, Ricardo = Jake Kranz
1899-1977, amerik. Filmschauspieler der Stummfilmzeit. Keine seiner Verehrerinnen ahnte, daß sich hinter dem Liebhaber mit dem verschleierten Blick und dem Namen des brutalen span. Eroberers ein biederer Mr. Kranz verbarg.

Cortona, Pietro da = Pietro Berrettini
1596-1669, ital. Maler und Architekt. Berühmt durch seine illusionistischen Fresken im Palazzo Barberini in Rom und im Palazzo Pitti in Florenz, die für die gesamte französische und deutsche Monumentalmalerei

des 17. Jahrhunderts vorbildlich wurden.
Das Ps bezieht sich auf den Geburtsort, wie so oft in jener Zeit.
Corvinus, Jakob = Wilhelm Raabe
1831-1910, dt. Schriftsteller. [»Der Hungerpastor«; »Unsers Herrgotts Kanzlei« u.a. Romane]. Ein Humorist aus pessimistischer Grundhaltung.
Sein Ps benutzte er bis 1857 nur für seine Beiträge in »Westermanns Monatsheften«. »Corvinus« heißt auf lateinisch »Rabe«.
Cosimo, Piero di = Piero di Lorenzo
1462-1521, ital. Maler. Meist religiöse Motive und Landschaftsbilder.
Sein Ps wählte er aus Verehrung für seinen Lehrer Cosimo Rosselli.
Costello, Lou = Louis Cristillo
1906-1959, amerik. Filmkomiker. Spielte zusammen mit Bud Abbott in einer Serie von Schwankfilmen in den 50er Jahren.
Courteline, Georges Victor Marcel = Georges Victor Marcel Moineaux
1858-1929, franz. Theaterschriftsteller. »Boubouroche« u.v.a. Seine Stücke - meist Farcen - sind in Frankreich auch heute noch beim Publikum beliebt und von der Kritik geschätzt.
Wählte das Ps, da sein Vater ebenfalls Schriftsteller war und unter seinem richtigen Namen veröffentlichte.
Cranach, Lukas d. Ä. = Lukas Müller
1472-1553, dt. Maler, Graphiker und Kupferstecher. »Kreuzigung« (München); »Katharinenaltar« (Dresden); Lutherbilder.
Er nannte sich nach seiner Geburtsstadt Cranach (heute Kronach, BRD).
Crawford, Joan = Lucille le Sueur
1904-1977, amerik. Filmschauspielerin. »Miss Cheneys Ende«; »A Woman's Face«; »Was geschah mit Baby Jane?«. Für ihre Rolle in »Mildred Pierce« erhielt sie 1945 den Oscar.
Da ihr richtiger Name nach Ansicht der Hollywood-Bosse zu »erfunden« und »theatralisch« klang, wurde ihr Ps am Beginn ihrer Karriere 1925 durch ein Preisausschreiben ermittelt.
Crayon, Geoffrey >Agapida, Friar Antonio >Knickerbokker, Diedrich< = Washington Irving
1783-1859, amerik. Essayist und Erzähler. Dieses Ps benutzte er für »The Sketch Book«, dessen eleganter Stil ihm Weltruhm einbrachte. Es bedeutet im Französischen Bleistift. Irving dürfte einer der ersten Amerikaner gewesen sein, der seinen Vornamen nach dem Präsidenten der USA erhielt.
Criblecoblis, Otis >Fields, W. C. >Jeeves, Mahatma Kane< = William Claude Dukinfield

Crispin, Edmund

1879-1946, amerik. Filmkomiker und Drehbuchautor.
Unter diesem Ps und Mahatma Kane JEEVES schrieb der amerik. Filmkomiker seine Drehbücher, in denen er immer seiner Aggression gegen Kinder, Tiere und einer heilen Welt freien Lauf ließ. Allerdings sind viele seiner Slang-Dialoge unübersetzbar.

Crispin, Edmund = Bruce Montgomery
1921-1978, engl. Musiker und Kriminalschriftsteller. Held seiner Krimis, die er unter diesem Ps schrieb, ist der Oxford-Literaturprofessor Gervas Fan. »Crispin« ist im klassischen franz. Lustspiel der kecke Diener, der immer zu Streichen aufgelegt ist.

Crosby, Bing = Harry Lillis Crosby
1904-1977, amerik. Sänger (»White Christmas«) und Filmschauspieler. Für die Rolle (eines Priesters) in »Going my Way« erhielt er 1944 den Oscar. Autobiographie »Call me lukky« (1963).
Seinen Ps-Vornamen erhielt er nach der Comic-Figur »Bing«.

Cross, Henri-Edmond = Henri-Edmond Delacroix
1856-1910, franz. Maler. Wurde durch Monet für den Impressionismus gewonnen, schloß sich aber gegen 1890 dem Neoimpressionismus an.
Ein verständliches Ps, schließlich gab es bereits den franz. Maler Eugène Delacroix (1798 bis 1863).

Cruze, James = Jens Cruz-Bosen
1884-1942, amerik. Filmregisseur dän. Abstammung. Kam zu filmhistorischen Ehren, weil er für den Saubermann des amerik. Films, Will A. Hays, der nach etlichen Sexskandalen der Stars die Zensur auch für deren Privatleben einführte, einen Film mit dem schlichten Titel »Hollywood« drehte, in dem ein junges Mädchen in die Filmstadt kam und kein Star wurde. Der Film wurde prompt ein Mißerfolg. Sein Ps ist die Anpassung seines dän. Namens an die amerik. Sprechweise.

Curtis, Tony = Bernard Schwartz
*1925, amerik. Filmschauspieler. »The Defiant Ones« (1958 für Oscar nominiert); »Unternehmen Petticoat«; »Manche mögen's heiß«; TV-Serie »Die Zwei«.
Der Hollywood-Produzent Bob Goldstein änderte seinen Namen, weil er meinte: »Schwartz ist keine Name, um dich großen Zeiten entgegenzuführen, das wäre nicht einmal mit George Bernard Schwartz möglich«.

Curtiz, Michael = Mihaly Kertesz
1888-1962, amerik. Filmregisseur aus Ungarn. Drehte u.a. die Humphrey-Bogart-Filme »Angels With Dirty Faces«; »Casablanca« (dafür erhielt er 1943 den Oscar); »Wir sind keine Engel«.

Sein Ps ist sein ung. Name – so geschrieben, wie ihn Amerikaner aussprechen.

Cusanus, Nikolaus = Nikolaus Krebs (auch Nikolaus von Kues, Nikolaus Chrypffs) 1401–1464, dt. Philosoph und Theologe (Bischof, später Kardinal). Lehrte die »Einheit der Gegensätze« in Gott. Kontakt zur dt. Mystik.

Sein Ps ist die lat. Form des Namens seines Geburtsortes Kues a. d. Mosel.

D

Dagover, Lil = Marta Maria Lilitte (a.Q. Marie Antonia Sieglinde Martha Seubert)
1897-1980 dt. Schauspielerin, Star der Stummfilmzeit. »Das Kabinett des Dr. Caligari«; »Schloß Hubertus«; »Die Buddenbrooks«. Ihr Geburtsjahr beruht auf eigenen Angaben, wird jedoch eher ins Jahr 1887 statt 97 datiert.
Der Vorname im Ps ist aus ihrem Geburtsnamen abgeleitet, ihr Hauptname aus dem Namen ihres Ehemannes, des Schauspielers Daghofer.

Dalida = Yolande Christina Gigliotti
1933-1987 (Freitod) in Kairo geb. franz. Schlagersängerin »Am Tag, als der Regen kam«; »Bambino«.
20 Millionen verkaufte Schallplatten.
Ihr Ein-Wort Ps ist ein Kunstwort ohne Sinn.

Danella, Utta = Uta Deneller
keine Angaben über ihr Geburtsjahr, dt. Schriftstellerin. Schreibt hauptsächlich Frauenschicksalsromane und Familiensagas u.v.a. »Tanz auf dem Regenbogen«; »Der dunkle Strom«; »Flutwelle«; »Hotel im Park«.
Ihr Ps gibt ihrem Familiennamen etwas mehr Wohlklang.

Daniel, Jens = Rudolf Augstein
*1923, dt. Publizist, seit 1947 Herausgeber des Wochenmagazins »Der Spiegel«.
Unter diesem Ps schrieb er Leitartikel für sein Blatt.

Daniel-Rops = Henri Petiot
1901-1965, franz. Schriftsteller. Mitglied der Académie française 1955. Schrieb Romane und Essays. »Das flammende Schwert«; »Geschichte des Gottesvolkes«; »Die Kirche im Frühmittelalter«; »Er kam in sein Eigentum«.
Sein Ps ist ein Doppelname mit Bindestrich und nicht, wie häufig angenommen ein Vor- und ein Familienname.

Darin, Bobby = Walden Robert Cassotto
1936-1973, amerik. Popsänger. »Mack the Knife«.

Darío, Rubén = Félix Rubén García-Sarmiento
1867-1916, nicaraguanischer Dichter kreolischer Abstammung.
Seine Lyrik war richtungsweisend für den span. Modernismus.

Darlton, Clark > MCPATTERSON, Fred < = Walter Ernsting
*1920, dt. Science-fiction-Schriftsteller. Durch seine Hefte mit dem Romanhelden »Perry Rodan« ist er einer der bekanntesten Science-fiction-Autoren.

Davidson, Lawrence Herbert = David H. Lawrence

1885–1930, engl. Schriftsteller. Romane und Essays. Seine psychoanalytischen Liebesromane haben ihn berühmt gemacht. Sein »Pornography und Obscenity« ist ein Standardwerk zu diesem Thema.
Sein Ps wählte er, um sich von T.E. Lawrence (»Die sieben Säulen der Weisheit«) zu unterscheiden.

Davis, Skeeter = Mary Frances Penick
*1931, amerik. Countrysängerin. »The end of the world«. Der Vorname ihres Ps heißt im Umgangsamerikanisch »Moskito«.

Day, Bobby = Robert Byrd
*1934, amerik. Popsänger. »Rock-in Robbin«.

Day, Doris = Doris Kappelhoff
*1924, amerik. Sängerin und Filmschauspielerin. Die »blonde Frau Saubermann« des Hollywood-Films der 50er Jahre. Viele Filmkomödien wie »Bettgeflüster«; »Ein Pyjama für zwei«. Auch als Sängerin populär (»Que sera...«).
Das Ps bekam sie von dem Kapellmeister Barney Rapp, nach ihrem erfolgreichen Lied »Day After Day«.

Dean, Jimmy = Seth Ward
*1928, amerik. Country-Sänger. »Big bad John«. Bei diesem Ps ist die Anlehnung an James Dean nicht zu übersehen.

Dee, Joey = Joe Dinicola
*1940, amerik. Pop-Musiker. »Peppermint Twist« und »The Starliters«. Sein Ps ist nach dem ersten Buchstaben seines Familiennamens gebildet.

Dee, Kiki = Pauline Matthews
*1947, engl. Popmusikerin und Sängerin. »Don't go breaking my heart«.

Defoe, Daniel >BEADLE, Tom >BOND, William >QUIXOTA, Donna Arine >TRINKOLO, Boarswain <= Daniel Foe
um 1660–1731, engl. Schriftsteller. »Robinson Crusoe«. Sein Ps stammt aus seiner Kindheit. Um Verwechslungen mit seinem Vater zu vermeiden, wurde er D. (für Daniel) Foe genannt – daraus wurde Defoe. Später hat er daraus ein weiteres Ps abgeleitet: Daniel de Foe, was einen franz. Adelstitel vortäuschte. Als politischer Publizist und Hitzkopf kam er oft mit der Obrigkeit in Konflikt und benutzte über 50 Ps für seine Schriften.

Dekobra, Maurice = Ernste Maurice Tessier
1885–1973, franz. Schriftsteller. Seine Romane waren in den 20er Jahren Bestseller. »Die sprechende Sphinx«; »Parfümierte Tiger«.
Sein Ps ist ein Kunstwort, in das »Dekadenz« ebenso hineinspielt wie »Kobra«.

Delorme, Danielle = Gabrielle Girard
*1926, franz. Schauspielerin. »Die schwarze Akte«; »Der Engel, der ein Teufel war«; »Gigi« u.a. Ausgesprochen kann ihr Ps als »de Lorme« verstanden wer-

Deneuve, Catherine = Catherine Dorléac
*1943, franz. Filmschauspielerin. »Ekel«; »Die Schönen des Tages«; »Die letzte Metro« u.a. Sie benutzt den Mädchennamen ihrer Mutter als Ps, da ihre Schwester unter dem Familiennamen ebenfalls Schauspielerin war.

Denver, John = John Henry Deutschendorf
*1943, amerik. Folkmusiksänger. »Game of Love« mit der Band »Mindbenders«.

Derek, John = Derek Harris
*1926, amerik. Filmschauspieler und Regisseur. Als er 1980 den Film »Tarzan, Herr des Urwalds« inszenierte, war erstmals nicht Tarzan, sondern Jane die Hauptdarstellerin: Bo Derek, seine Frau, spielte diese Rolle.
Er machte nicht nur seinen richtigen Vornamen zum Hauptnamen seines Ps, sondern übertrug sein Ps auch auf seine Ehefrau Bo Derek.

Derème, Tristan = Philippe Huc
1889–1942, franz. Schriftsteller. Schrieb hauptsächlich Kindergeschichten.
Interessant ist die Wahl des Ps-Vornamens, schließlich ist Tristan der Held einer Brautwerbungs- und Ehebruchsgeschichte. Aber vielleicht ist es auch nur eine Verbeugung vor Richard Wagner, wodurch sie geadelt würde.

Desny, Ivan = Ivan Desnitzky
*1922, in Peking geb. franz.-dt. Filmschauspieler. »Weg ohne Umkehr«; »Die ehrbare Dirne«; »Die Damen ohne Kamelien«; »Die Ehe der Maria Braun« u.v.a.
Sein Ps ist aus seinem Familiennamen abgeleitet.

Deutsch, Nikolaus Manuel = Nikolaus Manuel
um 1484–1530, schweiz. Maler. Malte vorwiegend farbenprächtige Szenen aus dem Landsknechtsleben sowie biblische und mythologische Darstellungen.

Deval, Jacques = Jacques Boularan
1890–1972, franz. Schriftsteller, in den USA tätig. Boulevardkomödien (»Towaritsch«). Möglicherweise ist sein Ps von dem franz. Verb »dévaler« abgeleitet. Es bedeutet »unterkriechen«, »hineinschlüpfen«.

Dietrich, Marlene = Maria Magdalena von Losch
*1901, amerik. Filmschauspielerin dt. Herkunft. »Der blaue Engel«; »Shanghai Express«; »Destry Rides Again« u.a. Seriöse Nachschlagewerke nennen »Dietrich« als ihren Künstlernamen. Marlene behauptet in ihrer Autobiographie jedoch, er sei ihr richtiger Name. Filmhistoriker zweifeln dies an, genau wie manche andere Angaben in ihrem Lebensbericht.

Dine, S. S. van = Willard Huntington Wright

1888-1939, amerik. Detektivromanautor und Literaturkritiker. In seinen Krimis brilliert der Detektiv Philo Vance, ein Sherlock-Holmes-Epigone. (In den Verfilmungen von William Powell dargestellt.)
Das Ps benutzte er nur für Kriminalromane. Unter seinem richtigen Namen schrieb er u.a. »Zwanzig Regeln für das Schreiben von Detektiv-Geschichten«.

Dinesen, Isac >ANDRÉZEL, Pierre >BLIXEN, Tania >OSCEOLA< = Baronin Karen Christence Blixen-Finecke.
1885-1962, dän. Schriftstellerin. Lebte von 1913-31 in Kenia.
Sie benutzte dieses männliche Ps, wenn sie - eine leidenschaftliche Großwildjägerin - über Jagderlebnisse schrieb.

Dion = Dion DiMucci
*1939, amerik. Rocksängerin.
»Runaround Sue«.

Distich, Dick = Alexander Pope
1688-1744, engl. Schriftsteller. Hauptvertreter des engl. Klassizismus. Verfaßte zwischen dem 13. und 15. Lebensjahr bereits über 4000 Verse.
Auch sein Ps, das er nur für seine ersten Gedichte benutzte, ist eine Verbeugung vor einer Versform: ein Distichon ist eine Strophe aus zwei verschiedenen Versen.

Diz = Edward Jeffrey Irving Ardizzone
1900-1979, engl. Karikaturist und Buchillustrator. Sein Ps ist aus seinem Familiennamen herausdestilliert.

Dobrowen, Issay = Ischok Israelewitsch Barabeytschik
1891-1953, russ. Dirigent und Pianist. In seinem Ps ist das russ. »dobrowje« = »gut« versteckt.

Doerner, Stefan >BEKKER, Jens >KONSALIK, Heinz Günther >NIKOLAI, Boris >PAHLEN, Henry< = Heinz Günther
*1921, dt. Schriftsteller

Doesburg, Theo van = Christian E.M. Küpper
1883-1931, holl. Maler und Architekt. Gehörte mit seinem Landsmann Mondriaan zu den Begründern der holl. abstrakten Kunst. Malte strenge geometrische Kompositionen.
Holl. Maler standen damals hoch im Kurs, daher das Ps mit »van«.

Dr. Kuan-Sue >RAMPA, Lobsang< = Cyris Henry Hoskins
?-1981, engl. Schriftsteller, war zunächst Klempner. Unter diesem Ps gründete er eine kultische Sekte, die sich an tibetanischen Religionsformen orientierte.

Dr. Obern >DREAMER, John >VOLTAIRE<= François Marie Arouet
1694-1778, franz. Philosoph und Schriftsteller. Unter diesem deutschen Ps veröffentlichte er »Gott und die Menschen, eine theologische, doch vernünftige Schrift«.

Donatello = Donato di Niccolo di Betto Bardi
um 1386–1466, ital. Bildhauer. Vielseitigster Meister der Frührenaissance.
Sein Ps heißt frei übersetzt »der Begnadete«.

Donovan = Danovan Philip Leitch
*1946, schott. Folksänger. »Sunshine Superman«; »Atlantic«. Sein Ps ist sein geringfügig veränderter Vorname.

Dor, Karin = Kätherose Derr
*1936, dt. Filmschauspielerin. Darstellerin in vielen Edgar-Wallace- und Karl-May-Verfilmungen, aber auch in dem James-Bond-Film »Man lebt nur zweimal« und in dem Hitchcock-Film »Topas«.

Dor, Milo = Milutin Doroslovac
*1923, in Budapest geb. serb. Schriftsteller. Schreibt hauptsächlich Romane. »Nichts als Erinnerung«; »Salto Mortale«; »Romeo und Julia in Wien«; »Othello von Salerno«; »Die weiße Stadt«.
Sein Ps ist die erste Silbe seines Familiennamens. Schrieb viele Bücher gemeinsam mit Reinhard Federmann.
Ihr gemeinsames Ps war dann »Fedor«.

Doren, Mamie van = Joan Lucille Olander
*1933, amerik. Filmschauspielerin. Bekannt: ihre große Oberweite. »Guns, Girls and Gangsters«; »Der Kandidat« u.v.a.

Dorgelès, Roland = Roland Lécavelé
1886–1973, franz. Romanschriftsteller. »Die hölzernen Kreuze«; »Das Wirtshaus zur schönen Frau«.

Dorian, Ernest = Ernst Deutsch
1890–1969, dt. Theater- und Filmschauspieler. Spielte profilierte Rollen in Stumm- und Tonfilmen (»Der Golem«; »Der Prozeß«) *Der* »Nathan der Weise« auf dt. Bühnen.
Das Ps benutzte er nach seiner Emigration 1933 in die USA.

Dorn, Philip = Frits van Dongen
1905–1975, holl. Schauspieler. In deutschen Filmen war er Partner von La Jana (»Das indische Grabmal«), Kristina Söderbaum (»Verwehte Spuren«; »Die Reise nach Tilsit«) und Maria Schell (»Der träumende Mund«).
Versuchte in Hollywood unter diesem Ps eine neue Karriere.

Dors, Diana = Diana Mary Fluck
1931–1984, engl. Film- und Fernsehschauspielerin. Sex-Idol und »Busenkönigin«.
Laut ihrer Biographie »Behind Closed Dors« wählte sie das Ps nach dem Mädchennamen ihrer Großmutter.

Dossi, Dosso = Giovanni di Lutero
um 1479–1542, ital. Maler. Sein Ps ist aus seinem (wahrscheinlichen) Geburtsort Dosso abgeleitet.

Douglas, Kirk = Yssur Danielowitsch Demsky

*1916, amerik. Theater- und Filmschauspieler russ. Herkunft. »Die Glasmenagerie«; »Vincent von Gogh«; »Reporter des Satans«; »Spartacus« u.a.
Sein Ps wählte er aus Bewunderung für den Schauspieler Douglas Fairbanks Jr., dessen Filme mit ausschlaggebend waren, daß er Schauspieler wurde. Sein Sohn Michael Douglas (»Die Straßen von San Francisco«) übernahm Vaters Ps und Talent; er erhielt als Produzent des Films »Einer flog übers Kukucksnest« 1975 den ersten, 1988 für seine Rolle in »Wallstreet« den zweiten Oscar.

Douglas, Melvin = Melvyn Hesselberg
1901–1981, amerik. Theater- und Filmschauspieler. »Ninotschka«; »Die Frau mit den zwei Gesichtern« (beide mit Greta Garbo). Für »Hud« 1963 und »Being There« (»Willkommen, Mr. Chance«) 1979 erhielt er den Oscar, jeweils für die beste Nebenrolle.

Doyle, Lynn = Leslie Alexander Montgomery
1873–1961, ir. Schriftsteller. Humoristische Romane und Stücke.
Ganz schön verwegen, sich als Ps einen so berühmten Autorennamen zuzulegen, auch wenn man keine Kriminalromane schreibt. Oder war gerade der Anklang an den berühmten Namen beabsichtigt?

Drapier, M.B. >BICKERSTAFF, Isaac< = Jonathan Swift
1667–1745, ir. Schriftsteller. [»Gullivers Reisen«]. Dieses Ps heißt im Französischen »Tuchhändler«. Er benutzte es für eine Streitschrift gegen Handelsbeschränkungen, die England Irland, besonders auf dem Textilsektor, auferlegte. Swift bediente sich oft franz. Ps, weil er seine Angriffe gegen England so darstellte, als sollten sie Frankreich gelten. Eines lautete »Jack Frenchman«. Seine Proteste gegen die Ausbeutung seiner irischen Heimat schrieb er unter zahlreichen Ps.

Drawcansir, Alexander Sir = Henry Fielding
1707–1754, engl. Schriftsteller. [Bekanntester Roman: »Tom Jones«]. Als Chef des Londoner Haymarket-Theatre führte er scharfe Satiren auf, die er unter diesem Ps verfaßt hatte. Sie richteten sich gegen den Premierminister Welpole. Die Tarnung half nichts, der Minister ließ das Theater schließen.

Dreamer, John >DR. OBERN >VOLTAIRE< = François Marie Arouet
1694–1778, franz. Philosoph und Schriftsteller. Er benutzte dieses Ps für Berichte aus England, in denen er die Zustände in Frankreich kritisierte. Ein anderes Ps für diese Berichte war »Lord Bolingbroke«.

Dschingis Chan = Temüjin Temüdzin

1155–1227, Heerführer des nordchin. Reiches. Ab 1206 Herrscher über die Mongolei, was ihm den Titel »Dschingis Chan« einbrachte. Blutige Feldzüge gegen Nordchina, Korea und Südrußland führten zur Ausbreitung des Mongolenreiches.

Dührkopp, Herbert >BERG, Axel< = Herbert Reinecker
*1914, dt. Schriftsteller.
Schreibt Dramen, Romane, Drehbücher.
Unter diesem Ps schrieb er zahlreiche Hörspiele.
Eines davon wurde unter dem Titel »Vater braucht eine Frau« 1952 verfilmt. Das Drehbuch schrieb er unter seinem richtigen Namen, zusammen mit Christian Bock und Herbert Witt.

Dunn, Michael = Gary Neil Miller
1934–1973, amerik. Zwerg (kein Liliputaner) und Schauspieler. Bühnenerfolg als »Grumio« in Shakespeares »Der Widerspenstigen Zähmung«; Filmerfolg in »Das Narrenschiff« (mit Heinz Rühmann).

Durieux, Tilla = Ottilie Godeffroy
1880–1971, dt. Schauspielerin. Sie wurde nicht nur auf der Bühne und im Film gefeiert. Auch als Autorin war sie mit dem Roman »Eine Tür fiel ins Schloß« erfolgreich.
Die Eltern bestanden darauf, daß sie den Namen ändere, wenn sie unbedingt zur Bühne wolle. In ihren Erinnerungen »Meine ersten neunzig Jahre« schreibt sie: »Ich übernahm den Mädchennamen der Mutter meines Vaters.«

Durtain, Luc = André Nepveu
1881–1959, franz. Schriftsteller. »Im vierzigsten Stock« (drei Novellen); Reiseberichte.

Dylan, Bob = Robert Alan Zimmermann
*1941, amerik. Sänger und Komponist. Beeinflußt von Blues und Westernmusik. In seinen Liedern klagt er Rassismus und Krieg an. 1964 war er Mitbegründer des sog. »Folk Rock«. Sein Ps wählte er aus Bewunderung für den walisischen Dichter Dylan Thomas.

E

Ebstein, Katja = Karin Witkiewicz
*1945, dt. Schlagersängerin. »Wunder gibt es immer wieder«; »Theater«.
Ihr Ps wählte sie in Anlehnung an die Berliner »Epenstein«-Straße, in der sie damals wohnte.

Eck, Johannes = Johannes Mai(e)r aus Egg
1486-1543, dt. Theologe. Hauptgegner Martin Luthers, hatte maßgeblichen Einfluß auf die Formulierung der kath. Antwort gegen Luthers Thesen.
Sein Ps ist aus seinem Geburtsort Egg an der Günz gebildet.

Edschmid, Kasimir = Eduard Schmid
1890-1966, dt. Schriftsteller. Gilt als Mitbegründer des dt. Expressionismus. »Die sechs Mündungen«; »Das rasende Leben«; »Wenn es Rosen sind, werden sie blühen«. Seine Bücher wurden während der Nazizeit verboten, und er erhielt Schreibverbot. Nach dem Zweiten Weltkrieg wurde er zum Vizepräsident des deutschen PEN-Zentrums und der Deutschen Akademie für Sprache und Literatur ernannt.
Sein Ps bildete er durch das Anfügen der ersten zwei Buchstaben seines Vornamens an den Familiennamen.

Effel, Jean = François Lejeune
1918-1982, franz. Zeichner. »Die Erschaffung der Erde«.
Sein Ps sind seine Initialen F. L., ergänzt durch den populärsten franz. Vornamen.

Egalité, Philippe = Louis Philippe Joseph Herzog von Orléans
1747-1793, franz Politiker und Staatsmann. Wählte nach der Revolution dieses programatische Ps »Egalité« heißt »Gleichheit« und ist eine der drei Forderungen der Revolution, die außerdem »Freiheit« und »Brüderlichkeit« propagierte.

Egerton, George = Mary Chavelita Dunne
1859/60-1945, austr. Romanschriftstellerin. Sie wählte ein männliches Ps, obwohl (oder weil?) ihre Bücher oft Frauenfragen zum Thema hatten.

Egestorff, Georg = Georg Freiherr von Ompteda
1863-1931, dt. Romanschriftsteller. [»Drohnen«; »Herzeloyde«; »Der jungfräuliche Gipfel«]. Da die Skala seiner Themen vom Berg- über den Gesellschafts- bis zum Liebesroman reichte, wählte der ehem. sächsische Kammerherr für einige Titel dieses Ps.

Egk, Werner = Werner Mayer
1901-1983, dt. Komponist. »Abraxas« (Ballett); »Die Zaubergeige«; »Peer Gynt«; »Verlobung in San Domingo«. Sein

Ps hatte er sich aus den Namensinitialen seiner Frau, der Geigerin Elisabeth Karl, zurechtgebastelt.

Eis, Egon = Egon Eisler
*1910, österr. Schriftsteller. Schreibt Theaterstücke und Drehbücher. Nach 1945 Sachbücher: »Illusion der Sicherheit«, »Illusion der Gerechtigkeit«.
Sein Ps, die Verkürzung seines Namens, wählte er, um weder mit Gerhard Eisler, dem SED-Politiker, noch mit Hanns Eisler, dem Brecht-Komponisten, verwechselt zu werden.

Eisner, Kurt = Kurt Kosmanowski
1867–1919, dt. Publizist und Politiker (USPD). Sohn eines russ. Vaters. Wurde von dem bayerischen Offizier Graf Arco-Valley auf der Fahrt in den Landtag in München erschossen.

El Greco = Domenikos Theotokopulos
1541–1614, span. Maler griech. Herkunft. Schüler von Tizian. »Toledo im Gewitter«; »Mater Dolorosa«. Sein Ps heißt auf span. »der Grieche« und bezieht sich auf seinen Geburtsort Phodele auf Kreta.

Eliot, George = Mary Ann Evans
1819–1880, engl. Schriftstellerin.
Hauptsächlich Romane. »Silas Marner, der Weber von Raveloe«; »Middlemarch«; »Bilder aus dem kirchlichen Leben Englands«.
Sie wählte dies männliche Ps lange bevor Thomas Stearns Eliot (kein Ps) seinen ersten Gedichtband veröffentlichte. Der Nobelpreisträger für Literatur sah in der Vorläuferin gleichen Namens keinen Anlaß, seinen Namen zu ändern. Mit Recht.

Ellington, Duke = Edward Kennedy Ellington
1899–1974, amerik. Jazzpianist, Orchesterleiter und Komponist. Hatte mit seinem Orchester große Erfolge mit dem sog. »Jungle Style«.
Als Komponist beeinflußte Ellington zahlreiche Musiker, auch des modernen und Free Jazz.
»Duke« ist eine Ehrenbezeichnung unter Jazzern, genau wie »King«.

Eluard, Paul = Eugène Grindel
1895–1952, franz. Lyriker. War in der Resistance tätig. Gehörte zum Kreis um Picasso.
Seinen ersten Gedichtband veröffentlichte er noch unter seinem richtigen Namen. Erst später wählte er das Ps, das wahrscheinlich von »éluder« abgeleitet ist, was soviel wie »ausweichen«, »eine klare Antwort vermeiden« bedeutet.

Elvin, Violetta = Violetta Prokhorowa
*1925, russ. Ballettänzerin. Einer der seltenen Fälle, daß eine Tänzerin auf ihren russ. Namen verzichtet.

Emin Pascha, Mehmet = Eduard Schnitzer

1840–1892 (ermordet), dt. Reisender und Afrikaforscher. »Emin« heißt im Türkischen »der Zuverlässige«.

Emmeran, Eusebius > HAFIS <= Georg Friedrich Daumer
1800–1875, dt. relig. Schriftsteller. »Das Christentum und seine Urheber«. Während er unter dem pers. Ps HAFIS eigene Gedichte veröffentlichte, benutzte er Emmeran für religionsphilosophische Aufsätze. Eventuell sollte das Ps an den zu Tode gemarterten Wanderbischof Emmeram erinnern, der um 700 lebte.

Emo, E.W. = Emerich Josef Wojtek
1898–1975, österr. Filmregisseur. »Im Prater blühn wieder die Bäume« (Stummfilm); »Der liebe Augustin«; »Melodie aus Wien«; »K. u. K. Feldmarschall« u.v.a.

Engelbert = Gerry Dorsey
*1936, engl. Schlagersänger. »Please release me…« u.v.a. Am Anfang seiner Karriere nannte er sich Engelbert Humperdinck, dies wurde ihm jedoch von den Erben des dt. Komponisten Engelbert Humperdinck (1854–1921) untersagt.

Epheyre, Charles = Charles Richet
1850–1935, franz. Mediziner, Prof. der Physiologie an der Universität von Paris. Erhielt 1913 den Nobelpreis für Medizin.

Für seine schöngeistigen Schriften und für seine Dramen benutzte er das Ps.

Erasmus, Desiderius = Gerhard Gerhards (a. Q. Geert Geerts) um 1466–1536, holl. Humanist. Besser bekannt als »Erasmus von Rotterdam«.
Auf ihn geht die heute noch gültige Aussprache des Altgriechischen zurück. Luther benutzte die griech. Ausgabe des Erasmus für seine Übersetzung des N.T. »Desiderius« heißt »voller Sehnsucht«.

Erastus, Thomas = Thomas Lieber (auch Liebler)
1524–1583, dt.-schweiz. Humanist und Mediziner. Als Zwinglianer bekämpfte er die calvinistischen Kirchenbannbestrebungen.
Sein Ps bedeutet im Lateinischen »Liebhaber«, »Freund«, ist also die Übersetzung seines dt. Namens.

Erich, Otto > IPSE, Henrik <= Otto Erich Hartleben
1864–1905, dt. Schriftsteller, Lyriker und Dramatiker. [»Rosenmontag« (Drama); »Die Erziehung zur Ehe« (Roman); »Meine Verse«].
Das Ps ist aus seinen beiden Vornamen gebildet. Er benutzte es bis 1890, da er bis dahin im Staatsdienst tätig war.

Ernst, Otto = Otto Ernst Schmidt
1862–1926, dt. Schriftsteller, vorher Volksschullehrer. »Asmus Sempers Jugendland« (Kindergeschichten); »Semper

der Jüngling« (Roman); »Semper der Mann« sowie Komödien.
Ein Ps, das durch den Wegfall des Allerweltsfamiliennamens entstand.

Esmond, Carl = Willy Eichberger
*1905, österr. Filmschauspieler. »Liebelei« nach Schnitzler mit Luise Ullrich und Wolfgang Liebeneiner (1933). Als er 1934 nach den USA emigrierte, legte er sich dieses amerik. klingende Ps zu.

Espina, Concha = Consepción Espina de Serna
1877–1955, span. Schriftstellerin. »Die Aphinx der Maragatos«; »Das Metall der Toten«; »Das Mädchen aus der Mühle«. Interessant an diesem Ps ist der Vorname: aus »Consepción« »Empfängnis« wurde »Concha« »Muschel«

Estang, Luc = Lucien Bastard
*1911, franz. Schriftsteller. Schreibt Romane und Lyrik. »Die Stunde des Uhrmachers«; »Mögen diese Worte meine Antwort sein«; »Das Glück und das Heil«. Verständlich, daß ein Schriftsteller mit solchem Familiennamen sich ein Ps zulegt.

Eusebius >FLORESTAN< = Robert Schumann
1810–1856, dt. Komponist und Musikschriftsteller. Nachdem eine Fingerlähmung die geplante Pianistenlaufbahn zunichte gemacht hatte, widmete sich Schumann nur noch Kompositionsaufgaben. In der von ihm 1834 gegründeten »Neue Zeitschrift für Musik« setzte er sich in vielen Beiträgen, die er unter diesen beiden Ps schrieb, für neue Komponisten (Brahms) ein.

F

Faber, Jakob = Jacques le Fèvres d'Estaples
1450–1537, franz. Theologe. Vorreformator; hatte Einfluß auf Luther. Sein Ps ist die Übersetzung des franz. »Fèvre.«

Fabricius, Georg = Georg Goldschmied
1516–1571, dt. Scholastiker. Er latinisierte seinen dt. Namen, wie es damals unter Gelehrten üblich war. »Fabricius« = »Kunsthandwerker«.

Fabricius, Hildanus = Wilhelm Fabry
1560–1634, dt. Chirurg. Erprobte neue chirurgische Instrumente, verbesserte die Technik der Amputation.
Das Ps ist die latinisierte Form seines Familiennamens; Hildanus die latinisierte Form seines Geburtsortes Hilden im Rheinland.

Fabrizius, Leopold = Albert Thelen
*1903, dt. Schriftsteller und Übersetzer. [Hauptwerk: »Die Insel des zweiten Gesichts« Roman]. Erhielt 1954 den Fontane-Preis.
Unter diesem Ps schrieb er von 1933 bis 1940 für die in Holland erscheinende dt. Emigrantenzeitschrift »Vaterland« Glossen und Buchbesprechungen.

Färber, Gottlieb >Lebrecht, Peter< = Ludwig Tieck
1773–1853, dt. Dichter der Frühromantik und Shakespeare-Übersetzer. [»Der gestiefelte Kater«; »Vittoria Accorombona« u.a.]. Dieses Ps »verpaßte« ihm der verärgerte Buchhändler Nicolai, weil Tieck in einem Roman soviel satirisch-phantastischen Unsinn anhäufte, daß er keine Verkaufs-Chancen hatte. Nicolai gab dem Werk, das Tieck später selbst als »Fehlgeburt« bezeichnete, den reißerischen Titel »Die sieben Weiber des Blaubart« von Gottlieb Färber, um Käufer anzulocken.

Fair, A. A. = Erle Stanley Gardner
1889–1970, amerik. Kriminalschriftsteller. Während Gardner unter seinem richtigen Namen die Fälle von seinem Detektiv Perry Mason lösen ließ, erfand er für das Detektiv-Paar Bertha Cool und Donald Lam dieses Ps.

Fairbanks, Douglas = Douglas Ulman
1883–1939, amerik. Filmschauspieler. War vorher als Anwalt tätig. »Die drei Musketiere«; »Robin Hood«; »Das Privatleben von Don Juan« u.a. Als Ps nahm er den Namen des ersten Ehemanns seiner Mutter an.

Falco = Johann Hölzl
*1957, österr. Sänger. »Der Kommissar«; »Rock me Amadeus«; »Wiener Blut«.

Falkberget, Johan = J. Petter Lillebakken

1879–1967, norw. Schriftsteller. Schrieb hauptsächlich Romane. »Brandopfer«; »Im Zeichen des Hammers«; »Brot der Nacht«; »Die Pflugschar« u.a.

Falla, Manuel de = Manuel Maria de Falla y Matheu
1876–1946, span. Komponist. Erster Erfolg mit der Oper »La vida breve«. »Amor als Zauberer«; »Der Dreispitz«; »Meister Pedros Puppenspiel«.
Sein Ps ist lediglich die Verkürzung seines Familiennamens.

Fallada, Hans = Rudolf Ditzen
1893–1947, dt. Romanschriftsteller. Vorher Journalist und Verlagslektor. »Kleiner Mann was nun?«; »Wer einmal aus dem Blechnapf frißt« u.v.a. Bei der Lektüre von Grimms Märchen hat ihm der Name des Schimmels »Falada« so gefallen, daß er ihn fortan als Ps verwandte, allerdings mit einem »l« mehr.

Farrell, Suzanne = Roberta Sue Ficker
*1945, amerik. Ballerina.

Farrère, Claude = Frédéric-Charles-Pierre-Édouard Bargone
1876–1957, franz. Romanschriftsteller. »Opium«; »Der Mann, der einen Mord beging«; »Der letzte Gott«.

Fast, Howard Melvin = Walter Ericson
*1914, amerik. Romanschriftsteller. »Spartacus«; »Versuchung der Macht«; »Die Affäre Winston«. Welche der vielen Bedeutungen, die »fast« im Englischen hat, mag ihn zu diesem Ps veranlaßt haben? »Fast« kann bedeuten: »fest«, »treu«, »schnell«, »luxuriös«, »fasten«.

Faulkner, William = William Harrison Falkner
1897–1962, amerik. Schriftsteller. Schrieb Romane und Lyrik. Mit seinem Roman »Der Freistaat« kam er 1931 zu literarischem Ansehen. Weitere Werke: »Wendemarke«; »Licht im August«; »Requiem für eine Nonne« u.a. Erhielt 1949 den Nobelpreis für Literatur.
Sein Ps entstand durch ein zusätzliches »u« in seinem Familiennamen.

Fender, Freddy = Baldemar Huerta
*1936, amerik. Rocksänger. »Before the next tear-drop falls« Ein »fender« ist im Englischen ein Kamingitter.

Ferber, Christian >Glas, Simon<= Georg Heinrich Balthasar Seidel
*1919, dt. Schriftsteller und Journalist. Er mußte ein Ps wählen, da sein Großvater Heinrich, sein Vater Heinrich Wolfgang, seine Mutter Ina und sein Bruder Willy schriftstellerisch unter dem Namen Seidel tätig waren.
Dieses Ps benutzte er für seine journalistischen Arbeiten. Außerdem schrieb er Glossen unter Lisette Mullére (franz. Form für »Lieschen Müller«).

Fernandel = Fernand Joseph Désiré Constandin

1903-1971, franz. Schauspieler. Begann als Varietésänger und Operettenbuffo. Spielte grotesk-komische Rollen in mehr als hundert Filmen. »Camillo und Peppone«; »Reise in die Vergangenheit«. Seine Schwiegermutter nannte ihn »Fernand d'elle« = »ihr Fernand« (gemeint war der »Fernand ihrer Tochter«).

Fernau, Rudolf = Andreas R. Neuberger
1898-1985, dt. Theater- und Filmschauspieler. Wurde mit dem Film »Dr. Crippen an Bord« über seine Theatererfolge hinaus bekannt. Seine Autobiographie »Als Lied begann's...« gibt ein gutes Bild des Theaterlebens seiner Zeit. Ps nach dem Conférencier Rudolf Fernau, der in den 20er Jahren im Münchner Künstlerkabarett »Café Siegestor« auftrat und den der junge Andreas Neuberger bewunderte.

Ferrer, José = José Vincente Ferrer Otero y Cintrón
*1912, amerik. Theater- und Filmschauspieler. Für die Rolle in »Cyrano de Bergerac« erhielt er 1950 den Oscar; in »Moulin Rouge« spielte er den verkrüppelten Maler Toulouse-Lautrec; »Fedora« u.v.a.
Sein Ps ist eine Verknappung seines langen Familiennamens.

Ferry, Gabriel = Eugène Louis Ferry Gabriel de Bellemare
1809-1852, franz. Schriftsteller. »Der Waldläufer« (Roman). Sein Ps ist eine Verkürzung und Umstellung seines Familiennamens.

Feuillère, Edwige = Edwige Caroline Cunati
*1907, franz. Theater- und Filmschauspielerin. Die »Grande Dame« des franz. Films. »Lucrezia Borgia«; »Doppeladler«; »Die Herzogin von Langeais«. Am Beginn ihrer Karriere benutzte sie für kleinere Rollen das Ps Cora Lynn. Feuillère ist der Name ihres Ehemannes.

Feyder, Jacques = Jacques Frédérix
1887-1948, franz. Filmregisseur aus Belgien. »Fahrendes Volk«; »Anna Christie«; »Thérèse Raquin« u.a.

Field, Michael = Katharine Harris-Bradley
1848-1914 und Emma Cooper 1862-1913, engl. Lyrikerinnen. Zwei Lyrikerinnen mit einem männlichen Ps-da kann man nur mit Fontane sagen: »Das ist ein weites Feld«.

Fields, W.C. >Criblecoblis, Otis >Jeeves, Mahatma Kane< = William Claude Dukinfield
1879-1946, amerik. Schauspieler (Komiker) und Drehbuchautor. Spielte (immer sich selbst) in zahlreichen Stumm- und Tonfilmen.

Filarete = Antonio di Pietro Averlino (a. Q. Averalino)
um 1400-1469, ital. Architekt und Bildhauer. Schuf die reliefgeschmückte Bronzetür von St. Peter in Rom.

Finch, Peter = William Mitchell
1916-1977, engl. Theater- und Filmschauspieler. »Der Prozeß um Oscar Wilde«; »Geschichte einer Nonne«; »Network« (1976 Oscar für den besten Darsteller) u.v.a.
Sein Ps heißt auf deutsch »Fink«.

Fleming, Joy = Erna Strube
*1944 dt. Jazzsängerin.

Florens = Joseph Frhr. von Eichendorff
1788-1857, dt. Dichter der Romantik [»Aus dem Leben eines Taugenichts« u.a.] Er benutzte das Ps (»der Blühende«) lediglich für seine ersten lyrischen Versuche.

Florestan >Eusebius<=Robert Schumann
1810-1856, dt. Komponist und Musikschriftsteller. Nachdem eine Fingerlähmung die geplante Pianistenlaufbahn zunichte gemacht hatte, widmete sich Schumann nur noch Kompositionsaufgaben. In der von ihm 1834 gegründeten »Neue Zeitschrift für Musik« setzte er sich in vielen Beiträgen, die er unter diesen beiden Ps schrieb, für neue Komponisten (Brahms) ein. »Florestan« heißt »Blumenfreund«.

Florizel = George IV.
1762-1830, engl. König (1820 bis 1830). Unter diesem Ps veröffentlichte er seine Gedichte.

Fock, Gorch = Hans Kinau
1880-1916 (gefallen), dt. Schriftsteller. Erzählungen aus der Welt der Waterkant: »Seefahrt ist not«; »Hein Godenwind«; »Ein Schiff! Ein Schwert! Ein Segel!« Nach ihm wurden und werden die Segelschulschiffe der deutschen Kriegsmarine benannt. Sein Ps kommt aus der Seemannssprache: »focken« bedeutet »Segel hissen«.

Foerster, Eberhard >Munk, Christian<=Günther Weisenborn
1902-1969, dt. Schriftsteller und Dramaturg. [»U Boot S 4«; »Das Mädchen von Fanö« (Roman); »Der 20. Juli« (Drehbuch; Bundesfilmpreis)]. Als er bei den Nationalsozialisten Schreibverbot hatte - zeitweise Zuchthaushaft - veröffentlichte er kleinere Arbeiten unter diesem Ps, das er auch zur persönlichen Tarnung benutzte.

Fontaine, Joan = Joan de Beauvoir de Havilland
*1917, amerik. Theater- und Filmschauspielerin. »Rebecca«; »Die Waise von Lowood«; »Verdacht« (»Suspicion«; 1941 Oscar als beste Darstellerin).
Das Ps war notwendig, da ihre Schwester Olivia de Havilland bereits ein Hollywoodstar war. Sie nahm den Nachnamen ihres Stiefvaters an.

Fonteyn, Margot = Margot Foneyn de Arias, geb. Margaret Hookham
*1919, engl. Ballerina. Trat in allen klassischen Partien auf, zuletzt mit Rudolf Nurejew.

Sie nannte sich zuerst Margot Fontes, nach dem bras. Mädchennamen ihrer Mutter. Auf Anraten von Ninette de Valois änderte sie ihn später in das jetzige Ps.

Ford, John = Sean Aloysius O'Fearna
1895-1973, amerik. Filmregisseur ir. Herkunft. »Der Verräter« (»The Informer«, 1935); »Früchte des Zorns« (»The Grapes of Wrath«, 1940); »So grün war mein Tal« (»How green was my Valley«, 1941); »Der Sieger« (»The quiet Man«, 1952). Für diese Filme erhielt er jeweils einen Oscar für die beste Regie.

Ford, Leslie >Frome, David< = Zenith Jones Brown
*1898, amerik. Kriminalschriftstellerin. Unter diesem Ps schrieb sie über 15 Krimis, die in den USA spielen und deren Haupthelden Grace Latham und Colonel John Primerose sind.

Forestier, George >Jontza, Georg > weitere noch nicht entschlüsselte Ps< = Dr. Karl Emerich Krämer
1918-1987, dt. Schriftsteller. Unter diesem Ps erschien 1952 der Gedichtband »Ich schrieb mein Herz in den Staub der Straße«. Angeblich von »einem Elsässer, der als Fremdenlegionär in Indonesien verschollen ist«. Autor war jedoch er, Lektor des Diederichs-Verlags. Die Kritik feierte die Gedichte als Bereicherung der dt. Sprache. Der Verlag zog den Gedichtband zurück, als das Ps enttarnt wurde, veröffentlichte aber erneut unwissentlich Arbeiten von Krämer, die dieser unter anderem Ps eingereicht hatte.

Forez >Berger, François< = François Mauriac
1885-1970, franz. Schriftsteller. [»Thérèse Dequeyroux«; »Natterngezücht«]. Das Ps war ein weiterer Deckname während seiner Zeit in der Résistance. Es ist die Befehlsform von »durchbohren«.

Forst, Willi = Wilhelm Froß
1903-1980, österr. Schauspieler, Regisseur und Drehbuchautor. Führte Regie in: »Mazurka«; »Wiener Blut«; »Maskerade«; »Bel ami« (auch Hauptrolle); »Burgtheater«; »Die Sünderin«.

Forster, Friedrich = Waldfried Burggraf
1895-1958, dt. Dramatiker und Schauspieler. »Der Graue«; »Robinson soll nicht sterben«; »Die Liebende«. Um die Doppeltätigkeit als Schauspieler, Dramaturg und Schauspieldirektor einerseits und Schriftsteller bühnenwirksamer Stücke andererseits voneinander abzusetzen, wählte Burggraf sein Ps, das er nur für literarische Arbeiten benutzte.

Forsythe, John = John Lincoln Freund
*1918, amerik. Theater- und Filmschauspieler. Bekannt als

Blake Carrington in der Fernseh-Serie »Der Denver Clan«.
Das Ps hat literarischen Ursprung. Es stammt aus dem Titel des Romans »Die Forsyte Saga« von John Glasworthy, lediglich ein »h« kam hinzu.

Fortridge, Allan G. >Amberg, Lorenz >Jungk, Robert< = Robert Baum
*1913, dt.-amerik. Schriftsteller und Ökologe. Unter dem Ps Robert Jungk erschien: »Die Zukunft hat schon begonnen«; »Heller als tausend Sonnen«. Schrieb unter diesem Ps Artikel für den »Observer« (London).

Forzano, Andrea >Hanbury, Victor >Walton, Joseph< = Joseph Losey
1909–1984, amerik. Filmregisseur. »Imbarco a Mezzanotte« (»Abreise um Mitternacht«). Da er während der Kommunistenverfolgung in den USA auf die »schwarze Liste« gesetzt wurde, drehte er Gebrauchsfilme in Italien und England unter drei verschiedenen Ps.

Fox, Emerson = Rolf (eigentlich Rudolf) Olsen
*1919, österr. Filmregisseur, Autor und Schauspieler. Sein Ps benutzt er für internationale Dokumentarfilme: »Shocking Asia«; »Journey into the Beyond«; »The last Taboos«; »Ekstase«.
Den Vornamen Emerson übernahm er von dem bras. Rennfahrer Emerson Fitipaldi. »Fox« wählte er, weil er ein kurzes Wort suchte, das man sich leicht merken kann.

Fox, William = William Fiedman
1879–1952, in Ungarn geb. amerik. Filmverleiher.
Hätte er sich kein Ps zugelegt, hieße die große amerik. Film-Verleihorganisation jetzt wahrscheinlich »20th Century Fiedman«.

France, Anatole = Jacques François Anatole Thibault
1844–1924, franz. Schriftsteller. Vertrat die literarische Strömung des »Fin de Siècle« in geistreicher, ironischer, skeptischer und humorvoller Art. »Thais«; »Das Leben der heiligen Johanna« u.a. Erhielt 1921 den Nobelpreis für Literatur. Sein Ps wählte er nicht aus Patriotismus, sondern aus Verehrung zu seinem Vater, der ein Antiquariat leitete und den die Kunden »Monsieur France« nannten.

Francis, Connie=Concetta Franconera
*1938, amerik. Schlagersängerin. War Anfang der 60er Jahre eine der erfolgreichsten (neun goldene Schallplatten).
Ihr Ps ist eine Amerikanisierung ihres ital. Namens.

Franken Konstanze von = Helene Stöckl
Geburtsdaten waren nicht zu ermitteln, dt. Schriftstellerin. »Der gute Ton« (1951). Man mußte schon adelig sein, um über dieses Thema schreiben zu können.

Frauenlob = Heinrich von Meißen
um 1250-1318, fahrender Sänger. Sang an vielen deutschen Höfen Minnelieder.
Sein Ps wurde ihm wegen seines Preisliedes auf die Jungfrau Maria verliehen.

Freed, Arthur = Arthur Grossman
1894-1973, amerik. Filmproduzent. »Ein Amerikaner in Paris« (1951); »Gigi« (1958). Für beide Filme erhielt er den Oscar.

Fregosus, Fredericus >Junker Jörg< = Martin Luther
1483-1546, dt. Reformator. Luther benutze das Ps für Steitschriften, die er schrieb, als er in Reichsacht war.

Freier, Gustav = August Heinrich Julius Lafontaine
1758-1831, dt. Schriftsteller. Verfaßte trivial-sentimentale Familienromane. Aus Respekt vor dem großen franz. Namensvetter, den Fabelerzähler La Fontaine, legte er sich dieses Ps zu.
Er benutzte außerdem noch mehrere andere Ps für seine zahlreichen Romane.

Fresnay, Pierre = Pierre Jules-Louis Laudenbach
1897-1975, franz. Theater- und Filmschauspieler. »Marius«; »Die Hand des Teufels«; »Der Reisende ohne Gepäck« u.v.a. Der in Straßburg geborene Laudenbach wählte ein Ps, das franz. Augen und Ohren angenehmer war als sein dt. Name.

Frey, William >Ivanow, Konstantin Petrowitsch >Kuprianow, B.V.>Lenin W.I.>Tulin, K.< = Wladimir Iljitsch Uljanow
1870-1924, russ. Revolutionsführer. s. Lenin. W.I.

Friedell, Egon = Egon Friedmann
1878-1938, österr. Schriftsteller, Theaterkritiker und Schauspieler. »Kulturgeschichte der Neuzeit«; »Die Judastragödie«; »Die Reise mit der Zeitmaschine«. Er änderte seinen Namen, um nicht mit seinem älteren Bruder Oscar verwechselt zu werden, der mittelmäßige Lustspiele schrieb.
Die Endung »ell« übernahm er vom Namen seines Studienfreundes Bruno Graf zu Castell-Rüdenhausen.

Frome, David >Ford, Leslie< = Zenith Jones Brown
*1898, amerik. Kriminalschriftstellerin. Unter diesem Ps schrieb sie Krimis, die in England spielen und deren Held der engl. Detektiv Evan Pinkerton ist.

Fry, Christopher = Christopher Harris
*1907, engl. Dramatiker. War zunächst als Schauspieler tätig, schrieb dann Dramen wie: »Ein Phönix zuviel«; »Die Dame ist nicht fürs Feuer«; »Venus im Licht«.
Er erfand dies Ps, um sich als Dramatiker vom Schauspieler zu unterscheiden.

Fugshaim, Melchior Sternfels von >Greifensholm, Erich Stainfels von >Hartenfels, Simon Lenfrisch von >Hirschfelt, Samuel Greifensohn von >Sehmstorff, Michael Reghulin von >Signeur Messmahl >Sulsfort, German Schleifheim von <= Hans Jacob Christoffel von Grimmelshausen 1622-1676, dt. Schriftsteller. [»Der abentheurliche Simplicissimus Teutsch«]. s. HIRSCHFELT, Samuel Greifensohn von

Funk, Kurt = Herbert Wehner *1906, dt. Politiker. Der damalige KPD-Politiker (jetzt SPD) benutzte dieses Ps als Abgesandter des KPD-Zentralkomitees im Saarland vor der Wahl über den Anschluß an Deutschland.
Die KPD plädierte für Beibehaltung des Status quo. »Ich habe damals viel von ihm gelernt«, schrieb der DDR-Staatsratsvorsitzende Honecker 1980 in seinen Memoiren.

Fussenegger, Gertrud = Gertrud Dietz, verh. Dorn
*1912, österr. Romanschriftstellerin. »Geschlecht im Advent«; »Die Brüder von Lawasa«; »Maria Theresia« u.a.

G

Gaasland, Gunnar >BRANDT, Willy <= Herbert Ernst Frahm
*1913, dt. sozialdemokratischer Politiker. Zu Tagungen der Exilzentrale der Sozialistischen Arbeiterpartei (SAP) in Paris fuhr er nach 1933 mit einem gefälschten Paß auf den Namen G.G.

Gabin, Jean = Jean Alexis Moncorgé
1904-1976, franz. Filmschauspieler. Begann als Sänger und Tänzer in Variétés.
Spielte in: »Hafen im Nebel«; »Die große Illusion«; »Mit den Waffen einer Frau«; »Die Katze« u.v.a.

Gabo, Naum = Naum Neemia Pevsner
1890-1977, russ. Bildhauer. Abstrakte Gebilde aus Plastik, Glas und Metall.
Das Ps war notwendig, da auch sein Bruder Antoine unter dem Familiennamen als Bildhauer erfolgreich arbeitete.

Gabor, Zsa Zsa = Sari Gabor
*1919, in Ungarn geb. amerik. Filmschauspielerin. »Moulin Rouge«. Der Ps-Vorname sollte das Zungenschnalzen ausdrükken, daß Männern entschlüpft, wenn sie eine aufregende Frau sehen. Es paßt zu ihr, die mehr Ehemänner hatte als Filmrollen.

Galina, Anna = Evelyne Cournand
*1936, amerik. Ballettänzerin. Ein Beispiel mehr, daß Ballettänzerinnen sich gern russ. Ps zulegen.

Gan, Peter = Richard Moering
1894-1974, dt. Schriftsteller und Lyriker. Seine Gedichte sind virtuose Spielereien mit vielen Stilen.
Warum er ein Ps wählte, erklärte er so: »Ich wollte von Anfang an unbekannt bleiben und nur für wenige Seelen (auch die meine) schreiben; eine boshafte Kritik (vor der ich mich immer gefürchtet habe) würde – das fühlte ich – mir alle, zum Schreiben nötige, Unbefangenheit genommen haben«.
Warum er gerade dieses Ps wählte, verriet er nicht.

Ganconagh = William Butler Yeats
1865-1939, ir. Dramatiker. Erhielt 1923 den Nobelpreis für Literatur. 1886 nahm er Verbindung zur irischen revolutionären Bewegung auf, zur Tarnung benutzte er dabei das ir. Ps.

Garbo, Greta = Greta Lovisa Gustafsson
*1905, schwed. Filmschauspielerin; genannt »Die Göttliche«. Erster Film in Schweden »Gösta Berling«, zweiter in Deutschland »Die freudlose Gasse«. Bekannteste Filme: »Königin Christine«, »Kameliendame«, »Ninotschka«. 1942

zog sie sich vom Filmgeschäft zurück.

Ihr Ps soll sie von Regisseur Mauritz Stiller bekommen haben, auf die Frage, was es bedeute, sagte er: »Ich weiß es wirklich nicht. Aber es ist gut, nicht wahr?«. Sie benutzte im Privatleben später weitere Ps, um dem »Garbo-Rummel« zu entgehen.

Gardner, Ava = Lucy Johnson
*1922, amerik. Filmschauspielerin. Der Film »Die Killer« (nach Hemingway) machte sie zum Star. »Der Schnee vom Kilimandscharo«; »Die barfüßige Gräfin« u.v.a.

Garfield, John = Julius Garfinkle
1913–1952, amerik. Filmschauspieler. »Vier Töchter« (1938 zum Oscar nominiert); »Immer wenn der Postmann 2 × klingelt«; »Gentleman's Agreement«.

Garland, Beverly = Beverly Fessenden
*1926, amerik. Film- und Fernsehschauspielerin.
Bewundernswert an ihr ist nur der Mut, sich das gleiche Ps zuzulegen wie die nun schon legendäre Judy Garland.

Garland, Judy = Frances Ethel Gumm
1922–1969, amerik. Filmschauspielerin. War seit 1936 der große Kinderstar Hollywoods, der durch Gesangs-und Tanzszenen Erfolg hatte. Glänzende Karriere als Sängerin. Nach Alkohol- und Drogenproblemen schaffte sie mit dem Remake »A Star is born« 1955 ein Comeback; allerdings nur für kurze Zeit.
Ihr Ps bekam sie mit 12 Jahren nach dem Theaterkritiker Robert Garland und dem damals populären Lied »Judy«.

Garner, James = James Baumgartner
*1928, amerik. Film- und Fernsehschauspieler. Bekannt durch die »Rockford«-TV-Serie. Spielte in Filmen wie »Victor/Victoria« u.v.a.
Sein Ps heißt auf deutsch »Kornspeicher«.

Garrick, John = Reginald Doudy
*1902, engl. Theater- und Filmschauspieler.
Ein Ps, das verpflichtet. David Garrick (1716–1779) war ein epochemachender engl. Schauspieler, dessen realistischer Darstellungsstil für die deutschen Shakespeare-Aufführungen maßgebend wurde.

Gary, Romain = Romain Kacev
1914–1980, franz. Romanschriftsteller. »General Nachtigall«; »Lady L.«; »Erste Liebe – Letzte Liebe« u.a.

Gast, Lise = Elisabeth Richter
*1908, dt. Romanschriftstellerin. »Junge Mutter Randi«; »Eine Frau allein«.

Gast, Peter = Heinrich Köselitz
1854–1918, dt. Schriftsteller und Komponist. 1900 bis 1908 Kustos des Weimarer Nietzsche-Archivs. »Der Löwe von Venedig« (komische Oper).

Gavarni, Paul = P. Sulpice Chevalier
1804–1866, franz. Zeichner der »feinen Gesellschaft« und der »Slums«. Sein Ps entstand durch eine Schlamperei beim Druck des Katalogs zum Pariser Salon 1828. Statt »Chevalier« wurde »Gavarni« gedruckt.

Gayle, Crystal = Brende Gayle Webb
*1951, amerik. Popsängerin. »Don't it make my brown eyes blue«.

Gazul, Clara >L'ETRANGE, Joseph >MAGLANOWITSCH, Hyazinth<= Prosper Mérimée
1803–1870, franz. Schriftsteller und Historiker. Unter dem Ps Joseph L'Etrange gab er »Das Theater der Clara Gazul« heraus. Das Buch enthielt Dramen einer span. Schauspielerin, die auf dem Titelblatt abgebildet war – es war Prosper Mérimée in Verkleidung. Es handelte sich also um ein Doppel-Ps.
Die Buchstaben des Namens Gazul müssen es Mérimée angetan haben, er verwendete sie in anderer Reihenfolge noch einmal – s. MAGLANOWITSCH, Hyazinth.

Gedda, Nicolai = Nicolai Ustinow
*1925, schwed. Opernsänger russ. Herkunft. Ein an allen Opernbühnen der Welt bekannter Tenor.
Er wählte das Ps, um Verwechslungen mit Peter Ustinow, dem Schauspieler und Autor, zu vermeiden.

George, Gorgeous = George Raymond
1915–1963, amerik. Ringer. Bei diesem Ps zeugt der Vorname von bewundernswertem Selbstgefühl. »Gorgeous« heißt auf deutsch »herrlich«, »prächtig«.

George, Heinrich = Georg Heinrich Schulz
1893–1946, dt. Schauspieler. Unvergessen ist er in »Götz von Berlichingen« und als »Miller« in »Kabale und Liebe« auf der Bühne. Er beeindruckte aber auch in vielen Filmen wie z.B. »Der Postmeister«, »Heimat« u.v.a. Sein Sohn Götz George, ebenfalls Schauspieler, übernahm sein Ps.

Gérard, Danyel = Gérard Daniel Kherlakian
*1941, franz. Schlagerkomponist und Sänger. Komponierte für Johnny Hallyday, Sylvie Vartan, Dalida, Richard Anthony, Caterina Valente und Udo Jürgens. Mit »Butterfly« gelang ihm 1971 auch als Sänger der Durchbruch.

Gerron, Kurt = Kurt Gerson
1897–1944 (ermordet in Auschwitz), dt. Theater- und Filmschauspieler und Regisseur. Er war sowohl in komischen wie in zwielichtigen Rollen erfolgreich, u.a. auf der Bühne in der »Dreigroschenoper«. Filme: »Varieté«; »Der blaue Engel« u.a.

Gershwin, George = Jacob Gerschovitz

Gert, Valeska

1898–1937, amerik. Komponist. Berühmt durch seinen sinfonischen Jazz. »Rapsody in blue«; »Ein Amerikaner in Paris«; »Porgy and Bess« u.a.

Gert, Valeska = Gertrude Samosch
1892–1978, dt. Kabarettistin, Filmschauspielerin und Vertreterin des modernen Grotesk-Tanzes.
Der Ps-Vorname war eine Konzession an das Rußland-begeisterte Publikum der 20er Jahre.

Geva, Tamara = Tamara Gevergeyewa
*1908, russ. Ballettänzerin in den USA.
Der amerik. Aussprache zuliebe, verkürzte sie in ihrem Ps ihren Familiennamen.

Ghirlandaio, Domenico = Domenico di Tommaso Bigordi (a. Q. Bigardi)
1449–1494, ital. Maler. Ist berühmt durch seine Fesken und Tafelbilder von blühender Farbigkeit.
Sein Ps erinnert an seinen Vater, der Goldschmied war und goldene Schmuckgirlanden anfertigte.

Giehse, Therese = Therese Gift
1898–1975, dt. Schauspielerin. Begann beim Kabarett, kam 1925 zu den Münchner Kammerspielen, mußte 1933 emigrieren. Erst 1945 kehrte sie nach Berlin und München zurück. Verständlich, daß eine Schauspielerin nicht als »Gift« auf der Bühne stehen wollte.

Gierer, Berchtold = Walter Scheidt
*1895, dt. Romanschriftsteller. »Geschlechter am See«; »Im Troß der Reiter«; »Die Geige«.

Gilbert, Anthony >MEREDITH, Anne< = Lucy Beatrice Malleson
1899–1973, engl. Schriftstellerin. Unter diesem Ps hat sie ca. 60 Krimis geschrieben. In den meisten ist der Rechtsanwalt Arthur Crook der Hauptheld.

Gilbert, Jean = Max Winterfeld
1879–1942, dt. Operettenkomponist. »Die keusche Susanne«; »Die Kinokönigin«; »Die Frau im Hermelin«. Typischer Vertreter der Berliner Operette.
Sein Sohn Robert übernahm das Ps, das durch den Vornamen dazu verlockt, es franz. auszusprechen.

Gilbert, John = John Pringle
1897–1936, amerik. Filmschauspieler. »Die lustige Witwe«; »Die große Parade«; »Königin Christine« (mit Greta Garbo). Dieses Ps wurde in der Folge gern in Hollywood benutzt.

Gildo, Rex = Ludwig Alexander Hirtreiter
*1939, dt. Schlagersänger. »Dauerbrenner« unter den deutschen Schlagersängern. Etwa 200 Schlager, darunter »Speedy Gonzales«; »Fiesta Mexicana«; »Memories«. Er legte sich das Ps während seiner Tanz-, Schauspiel- und Gesangsausbildung zu. »Rex« wurde er bereits in der Schule genannt.

Gillespie, Dizzi = John Burns
*1917, amerik. Jazztrompeter.

Giorgione = Giorgio da Castelfranco
1477/78–1510, ital. Maler. Führte die venezianische Malerei der Hochrenaissance zur Blüte und wählte als einer der ersten auch weltliche Motive. Sein Ps bedeutet »großer Giorgio«. Es ist also die Steigerung seines Vornamens.

Gisander = Johann Gottfried Schnabel
1692–1752, dt. Schriftsteller. »Insel Felsenburg« und andere vielgelesene Romane.

Gish, Dorothy = Dorothy de Guiche
1898–1968, amerik. Filmschauspielerin der Stummfilmzeit. »Orphans of the storm«.
Schwester von Lillian, mit der sie auch im Film Schwesternrollen spielte. Deren Berühmtheit erreichte sie jedoch nicht.

Gish, Lillian = Lillian de Guiche
*1896, amerik. Filmschauspielerin franz. Abstammung. Star der Stummfilmzeit, sie kreierte als erste die Naive auf der Leinwand. »Geburt einer Nation«; »Duell in der Sonne«; »Die Nacht des Jägers« u.a. Sie bildete ihr Ps nach der amerik. Aussprache ihres Namens. 1971 erhielt sie einen Ehren-Oscar.

Glas, Simon >FERBER, Christian< = Georg Heinrich Balthasar Seidel
*1919, dt. Schriftsteller und Journalist. Unter diesem Ps schrieb er die Romane: »Das Netz«; »Die schwachen Punkte«; »Jeder wie er kann«. Er mußte ein Ps wählen, da sein Großvater Heinrich, sein Vater Heinrich Wolfgang, seine Mutter Ina und sein Bruder Willy schriftstellerisch unter dem Namen Seidel tätig waren.

Glasgow, Ellen = Anderson Gholson
1874–1945, amerik. Schriftstellerin. »Die eiserne Ader« (Roman); »So ist das Leben« (Pulitzerpreis 1942).

Glodoci, Loran = Carlo Goldoni
1707–1793, ital. Komödienautor. Er schrieb nach eigenen Angaben 150 Stücke. [»Diener zweier Herren«; »Mirandolina«; »Das Kaffeehaus«].
Sein Ps bildete er durch die Verschiebung einiger Buchstaben seines richtigen Namens. Er benutzte es für Gelegenheitsarbeiten und Bearbeitungen.

Gobbi, Tito = Tito Weiss
1915–1984, ital. Opersänger (Bariton).

Goddard, Paulette = Marion Levy
*1911, amerik. Filmschauspielerin. Erste Erfolge in den Chaplin-Filmen »Moderne Zeiten« und »Der große Diktator«. Ihre beste Rolle spielte sie in dem Film »Das Tagebuch einer Kammerzofe« (1946). Nach ihrer Heirat mit Erich Maria Remarque zog sie sich vom Film zurück.

Godden, Rudi = Rudolf Lißbauer

1907–1941, dt. Schlagersänger und Filmschauspieler. Gründete 1935 das Kabarett »Die acht Entfesselten« in Berlin. Erste Filmrolle in »Truxa« (1937), weitere in »Robert und Bertram«; »Hallo, Janine«; »Es leuchten die Sterne«.
Das Ps geht auf den Namen seines Stiefvaters Goddeng zurück.

Golaw, Salomon von = Friedrich von Logau
1604–1655, dt. Schriftsteller und Lyriker. Gilt als bedeutenster Verfasser von Sinngedichten im Barock. Für seine satirischen Gedichte benutzte er dieses Ps.

Goldwyn, Sam = Samuel Goldfish
1882–1974, amerik. Filmproduzent poln. Abstammung. Für die Produktion des Films »Die besten Jahre unseres Lebens« erhielt er 1946 den Oscar.
Als er mit A. Selwyn eine Filmproduktion gründete, wollte er, daß sie »Goldfish-Production« hieß. Doch Selwyn wollte seinen Namen ebenfalls, wenigstens zum Teil, verankert wissen. So einigten sie sich auf »Goldwyn«. Am nächsten Tag änderte Goldfish seinen Namen in Goldwyn.

Golon, Anne = Simone Golonbinoff, geb. Changense
*1921, und Serge G. Golonbinoff 1903–1972, franz. Autorenehepaar der »Angélique«-Romane.

Goodrich, William = Roscoe (»Fatty«) Arbuckle
1887–1933, amerik. Filmkomiker. Nach seinem Skandalprozeß 1921/22 war seine Schauspielerkarriere beendet. Buster Keaton, einer der wenigen, die zu ihm hielten, riet ihm, das Ps »Will B. Good« (will gut sein») anzunehmen. Arbuckle entschied sich für W. G. Er benutzte das Ps als Tarnung bei seiner Arbeit als Gagman und Lustspielregisseur.

Gordon, Glenn = Fritz Habeck, Dr. jur.
*1916, österr. Schriftsteller. [»Das Boot kommt nach Mitternacht«].
Da er vom Kinderbuch über den historischen Roman bis zu Hörspiel und Drama so ungefähr alles schreibt, hat er sich für einige Arbeiten dieses Allerwelts-Ps zugelegt.

Gordon, Richard = Gordon Ostlere
*1921, engl. Arzt und Schriftsteller. »Doktor ahoi« u.a. Seine heiteren Bücher aus seiner Arztpraxis waren so erfolgreich, daß er seit 1952 nur noch schriftstellerisch tätig ist.
Er wählte das Ps zu einer Zeit, als er unter seinem richtigen Namen hauptsächlich als Arzt praktizierte.

Gordon, Ruth = Ruth Jones
1898–1985, amerik. Theater- und Filmschauspielerin. »Rosemary's Baby« (1968 Oscar für beste Nebenrolle); »Harold and

Maude« (auf der Bühne und im Film).

Gorki, Maxim = Alexej Maximowitsch Peschkow
1868–1936, russ. Schriftsteller. »Nachtasyl« (Drama); »Das Werk der Aramonows« (Roman). Identifizierte sich mit der Armut und den harten Lebensbedingungen des russ. Volkes (schon vor der Bolschewistischen Revolution) und nannte sich deshalb »Gorki«, zu deutsch »bitter«. Seine Geburtsstadt Nischnij Nowgorod heißt seit 1932 nach seinem Ps Gorki.

Gott, Karel = Karal Gottar
*1939, tschech. Schlagersänger. 1971 gewann er zum siebtenmal die »Goldene Nachtigall« (höchste Popmusik-Auszeichnung des Ostblocks).

Gotthelf, Jeremias = Albert Bitzius
1797–1854, schweiz. Schriftsteller und Theologe. »Der Bauernspiegel oder Lebensgeschichte des Jeremias Gotthelf, von ihm selbst beschrieben«; »Elsi, die seltsame Magd«; »Uli, der Knecht«. Da es der Kirchenbehörde nicht gefiel, daß ein Pfarrer Romane schrieb, wählte er den Namen des Helden in seinem ersten Roman als Ps.

Gracq, Julien = Louis Poirier
*1910, franz. Schriftsteller. Schrieb die Romane »Das Ufer der Syrten«; »Ein Balkon im Wald«. Poirier ist Geschichtslehrer an einem Gymnasium. Er hielt es für besser, seine romantisch-surrealistischen literarischen Arbeiten unter Ps erscheinen zu lassen.
Sein Ps wählte er aus Verehrung für die römischen Gracchen.

Grandville = Ignace Isidore Gérard
1803–1847, franz. Zeichner und Karikaturist.
Illustrierte die Werke klassischer Schriftsteller. In seinen Karikaturen versah er oft Menschen mit Tierköpfen.

Granger, Stewart = James Lablache Stewart
*1913, engl. Theater- und Filmschauspieler. »Scaramouche«; »Madonna der sieben Monde«; »Old Shurehand« u.v.a.
Nachdem ein James Stewart bereits zu Filmstarruhm aufgestiegen war, mußte er sich ein Ps zulegen. Ein »granger« ist der Besitzer eines kleinen Gutshofs.

Grant, Cary = Archibald Alexander Leach
1904–1986, amerik. Filmschauspieler engl. Herkunft. Begann in England bei einer Artistengruppe. Spielte in den Filmen »Arsen und Spitzenhäubchen«; »Verdacht«; »Charade« u.v.a. Erhielt 1969 einen Sonder-Oscar für seine Verdienste um den amerik. Film.
Sein Ps legte er sich erst zu, nachdem er in den USA eingebürgert wurde.

Grau, Franz = Paul Gurk
1880–1953, dt. Schriftsteller.

Schrieb 40 Dramen, 25 Romane. Bis 1924 war er im öffentlichen Dienst des Berliner Magistrats tätig und wählte deshalb in dieser Zeit für seine literarischen Arbeiten ein Ps.

Gray, Nadia = Nadia Kujnir-Herescu
*1923, ital. Filmschauspielerin rum. Abstammung.
Unvergessen ihr salonfähiger Striptease in Fellinis »La dolce vita«. Verständlich, daß sie sich ein Ps zulegte, das leichter auszusprechen ist als ihr Familienname.

Greifensholm, Erich Stainfels von >FUGSHAIM, Melchior Sternfels von >HARTENFELS, Simon Lenfrisch von >HIRSCHFELT, Samuel Greifensohn von >HUGENFELS, Israel Fromschmit von >SEHMSTORFF, Michael Reghulin von >SIGNEUR MESSMAHL >SULSFORT, German Schleifheim von< = Hans Jacob Christoffel von Grimmelshausen
1622–1676, dt. Schriftsteller. [»Der abentheurliche Simplicissimus Teutsch«]. s. HIRSCHFELT, Samuel Greifensohn von

Grey, Joel = Noel Katz
*1932, amerik. Schauspieler. Ist erfolgreich am Broadway; wurde als Conférencier »Emcee« in dem Film »Cabaret« berühmt und erhielt dafür 1972 den Oscar für die beste Nebenrolle.

Grin, Alexander Stepanowitsch = Alexander Stepanowitsch Grinewskij
1880–1932, russ. Schriftsteller. Schrieb die Romane »Das Purpursegel«; »Wogenleiter« und märchenhafte Erzählungen.
Sein Ps ist die erste Silbe seines Familiennamens.

Gris, Juan = José Victoriano Gonzalez
1887–1927, franz. Maler span. Herkunft. Lebte seit 1906 in Paris; Bekanntschaft mit Picasso und Braque. Schuf Kompositionen im Sinne des analytischen Kubismus.
Sein Ps bedeutet »grau«.

Grock = Dr. Adrian Wettach
1880–1959, schweiz. Clown. Seit 1951 leitete er seinen eigenen Zirkus. Sein Erkennungssatz: »Nit m-ö-ö-ö-glich«. Trat anfangs mit einem Partner namens Brick auf, deshalb das dazu passende Ps »Grock«.

Gruber, Ludwig = Ludwig Anzengruber
1839–1889, österr. Dramatiker und Erzähler. [»Der Pfarrer von Kirchfeld«; »Der Meineidbauer«].
Er benutzte dieses Ps lediglich für seine ersten Dramen.

Grün, Anastasius = Anton Alexander von Auersperg
1806–1876, österr. Schriftsteller (Romane, Lyrik) und Staatsmann. »Nibelungen im Frack«; »Spaziergänge eines Wiener Poeten«. Der liberale Politiker, der sich gegen die Metternich-Richtung wandte und für ein Zusammengehen mit Deutschland war, veröffentlichte seine

literarischen Werke unter diesem Ps.

Gründgens, Gustaf = Gustav Gründgens
1899-1963, dt. Theater- und Filmschauspieler und Regisseur. Stilbildend und unübertroffen seine »Mephisto«-Darstellung und seine »Faust«-Inszenierung, die er auch für den Film aufbereitete. Als junger Schauspieler vertauschte Gründgens 1923 das »v« in seinem Vornamen mit einem »f«, um durch diese unübliche Schreibweise aufzufallen.

Grünewald, Matthias = Mathis (Matthäus) Gothart, gen. Nithart (Neidhardt)
ca. 1475/80-1528, dt. Maler. Sein berühmtestes Werk: »Der Isenheimer Altar«, in dessen »Sebastian« viele eine Selbstdarstellung sehen. Die Namens- und Lebensdaten sind nicht belegt. Unsere Angaben beruhen auf der am stärksten vertretenen Theorie, andere sehen in ihm den 1516 in Mainz geb. Matthias Gothart, wieder andere glauben, hinter dem Ps verberge sich Mathis (Matthäus) Nithart oder Gothart, der 1528 in Frankfurt starb.

Gryphius, Andreas = Andreas Greif
1616-1664, dt. Schriftsteller des Barock, Dramatiker und Lyriker. Sein Ps ist die damals übliche Latinisierung seines Namens.

Guercino, Giovanni Francesco = Giovanni Francesco Barbieri
1591-1666, ital. Maler und stilbildender Zeichner. Sein Ps ist eigentlich ein Spitzname. »Il Guercino« heißt auf deutsch »der Schielende«.

Guétary, Georges = Lambros Worloou
1915-1983, franz. Sänger und Schauspieler griech.-ägypt. Herkunft. »Ein Amerikaner in Paris«; »Der Zigeunerbaron« (spielte in der franz. Version dieses dt. Films die Hauptrolle, die in der dt. Fassung Gerhard Riedmann verkörperte).

Gütersloh, Albert Paris = A. Conrad Kiehtreiber
1887-1973, österr. Schriftsteller. »Die tanzende Törin«; »Die Fabel von der Freundschaft«. Bevor er zu schreiben begann, war er Schauspieler und Maler. Für die Bühne legte er sich dieses klangvolle Ps zu, das die westfälische Kleinstadt Gütersloh mit der Weltstadt Paris vereint.

Guevara, Che = Ernesto Guevara de la Serra
1928-1967 (erschossen), argent. Arzt, marx. Politiker, Guerillaführer in Kuba.
Lediglich die Silbe »Che« ist ein Ps. Es ist sein Spitzname, den er erhielt, weil er statt »que« immer »che« sagte.

Guitry, Sacha = Alexandre Pierre Searges
1885-1957, franz. Schriftsteller, Schauspieler und Filmregis-

seur. »Der Roman eines Schwindlers« (auch von ihm verfilmt); »Nicht zuhören, meine Damen« (Komödie); »Die Straße der Liebe« (Film) u.v.a. Er wählte ein Ps, da sein Vater ein bekannter Schauspieler war und er nicht in dessen Schatten seine Karriere aufbauen wollte. Der Sinn seines Ps ist unklar.

Gundolf, Friedrich = F. Gundelfinger
1880–1931, dt. Philologe, gehörte zum Kreis um Stefan George. Er war Prof. für Literaturgeschichte in Heidelberg. Sein Ps ist die Germanisierung seines jüdischen Familiennamens.

Gutenberg, Johannes = Johannes Gensfleisch zur Laden
um 1397–1468, dt. Buchdrukker. Gilt als Erfinder des Buchdrucks mit beweglichen Metalllettern. Das technisch und ästhetisch hervorragendste Werk ist die sog. »Gutenbergbibel«.

Sein Vater, ein Mainzer Patrizier, wurde bereits nach seinem Haus »zum Gutenberg« genannt, daher das Ps.

H

Habe, Hans = János Békessy
1911–1977, dt. Schriftsteller und Journalist ung. Abstammung. Schrieb die Romane: »Die Tarnowska«; »Das Netz«; »Im Namen des Teufels«; »Ilona« u.a. Sein Ps bildete er aus *Ha*ns (-János) *Be*kessy.

Haffner, Sebastian = Raimund Pretzel
*1907, dt.-engl. Schriftsteller und Publizist.
»Anmerkung zu Hitler« und »Überlegungen eines Wechselwählers«.

Hafis >EMMERAN, Eusebius< = Georg Friedrich Daumer
1800–1875, dt. relig. Schriftsteller. [»Das Christentum und seine Urheber«]. Unter dem Ps eines persischen Dichters ließ der Pflegevater von Kaspar Hauser eigene Gedichte erscheinen. Johannes Brahms war davon so beeindruckt, daß er ca. 50 davon vertonte. Daumer schrieb über seine »Übersetzungen«: »Mein Hafis ist...eine, wenn auch freie Nachbildung der alten Gedichte des Persers.« Er lebte ca. 1320 bis 1386 in Persien.

Hafis, = Schemseddin Muhammed
1320–1386, pers. Dichter

Halévy, Fromental = Jacques Fromental Elie Lévy
1799–1862, franz. Komponist. Komponierte über 30 Opern, am bekanntesten: »Die Jüdin«.

Hallé, Charles Sir = Karl Halle
1819–1895, engl. Pianist und Dirigent dt. Abstammung. So kann man mit einem kleinen Strich seinem biederen dt. Namen einen internationalen Touch geben.

Halliday, Brett = David Dresser
1904–1977, amerik. Schriftsteller. Unter diesem Ps schrieb er Krimis mit Mike Shayne als Helden. Er war dreimal verheiratet. Seine Ehefrauen schrieben ebenfalls Krimis; oft mit ihm gemeinsam, dann allerdings unter anderen Ps.
Außerdem verwendete er während seiner Zeit als Journalist viele Ps.

Halliday, Johnny = Jean Philippe Smet
*1943, franz. Schlagersänger. »L'Amour violent«; »Je si seul«; »Mon p'tit«; »Nashville«. Nicht nur mit seinen Liedern, sondern auch durch seine politischen Kommentare in der von ihm herausgegebenen Zeitschrift »Les Copains« hatte er Einfluß auf die Jugend.

Halm, Friedrich = Eligius Franz-Josepf Freiherr von Münch-Bellinghausen
1806–1871, österr. Schriftsteller und Generalintendant der Wiener Hoftheater. Mit seinen prunkvollen, bühnenwirksamen Stücken war er zu seiner Zeit einer der beliebtesten

Theaterautoren. Hauptwerke: »Griseldis«, »Wildfeuer« u.a. Sein Ps wählte er, um seine literarischen Arbeiten von seiner offiziellen Position abzusetzen.

Hammond, Albert = Lazlo Luis Perez
*1944, engl. Schlagersänger. »It never rains in Southern California«. Es ist unklar, ob er mit seinem Ps dem Erfinder der gleichnamigen Orgel huldigen wollte oder der gleichnamigen Stadt am Michigansee.

Hamsun, Knut = Knud Pedersen
1859–1952, norw. Schriftsteller. Erhielt 1920 den Nobelpreis. »Hunger«; »Segen der Erde«; »Auf überwachsenen Pfaden« u.a. Seine ersten beiden Veröffentlichungen erschienen noch unter seinem richtigen Namen. Das Ps »Hamsun« stammt von dem Namen eines kleinen Hofes, den sein Vater von seinem Schwager gepachtet hatte. Er hieß »Hamsund« und lag in der Mitte der Halbinsel Hamaröy.

Hansen, Joachim = Joachim Spieler
*1930, dt. Filmschauspieler. »Der Stern von Afrika«; »Und ewig singen die Wälder«; »Steiner – das eiserne Kreuz«.

Hanbury, Victor > FORZANO, Andrea > WALTON, Joseph < = Joseph Losey
1909–1984, amerik. Filmregisseur. »The sleeping Tiger« (»Der schlafende Tiger«). Da er während der Kommunistenverfolgung in den USA auf die »schwarze Liste« gesetzt wurde, drehte er Gebrauchsfilme in Italien und England unter drei verschiedenen Ps.

Hanussen, Erik Jan = Hermann Steinschneider
Geburtsjahr nicht zu ermitteln – 1933 (erschossen), dt. Hellseher.
Eine der größten Varieté-Attraktionen der 20er Jahre. War den Nationalsozialisten nach der Machtergreifung unbequem (sah angeblich den Reichstagsbrand voraus); außerdem soll er Parteigrößen vor 1933 mit Geld geholfen haben. Er wurde im Berliner Grunewald erschossen, wahrscheinlich von SA-Männern.
Das Ps ist frei und wurde inzwischen von zwei anderen Hellsehern benutzt.

Harden, Maximilian = Felix Ernst Wittkowski
1861–1927, dt. Publizist und Schauspieler (bis 1888). Mitbegründer der Berliner »Freien Volksbühne«.
Sein Ps verwendete er seit 1876.

Harell, Marte = Martha Schömig
*1907, österr. Theater- und Filmschauspielerin. »Opernball«; »Erzherzog Johanns große Liebe«; »Liebeskrieg nach Noten« u.v.a.

Harlow, Jean = Harlean McGrew
1911–1937, amerik. Filmschauspielerin. »Hell's Angels«; »Platinblond«; »Saratoga« u.a. Sie versuchte als Statistin für 7 $\frac{1}{2}$ Dollar pro Tag in Hollywood ihr

Glück; dieses kam, als der Agent Arthur Landau 1929 für den Tonfilm »Hell's Angels« eine Hauptdarstellerin suchte. Sie bekam die Rolle und ihr Ps, unter dem sie weltberühmt wurde.

Harrison, Rex = Reginald Carey Harrison
*1908, engl. Theater- und Filmschauspieler. »Dr. Doolittle« (Titelrolle); »My fair Lady« (für die Rolle des »Mr. Higgins« erhielt er 1964 den Oscar); »Cleopatra« (Cäsar) u.v.a.
Sein Vornamen-Ps ist eine im Englischen beliebte Abkürzung seines Vornamens.

Hart, Dolores = Dolores Hicks
*1939, amerik. Filmschauspielerin. Das Ps dieser unbekannten Filmschauspielerin ist gut zu verstehen, schließlich bedeutet »Hicks« im Englischen genau wie im Deutschen das Aufstoßen nach zuviel Alkohol.

Hartenfels, Simon Lenfrisch von >FUGSHEIM, Melchior Sternfels von >GREIFENSHOLM, Erich Stainfels von >HIRSCHFELT, Samuel Greifensohn von >HUGENFELS, Israel Fromschmit von >SEHMSTORFF, Michael Reghulin von >SIGNEUR MESSMAHL >SULSFORT, German Schleifheim von <= Hans Jacob Christoffel von Grimmelshausen.
1622–1676, dt. Schriftsteller. [»Der abentheurliche Simplicissimus Teutsch«]. s. HIRSCHFELT, Samuel Greifensohn von

Harvey, Laurence = Laruschka Mischa Skikne
1928–1973, engl. Filmschauspieler litauischer Abstammung. »Alamo«; »Butterfield 8«; »Ein Kampf um Rom« u.v.a.
Dieses Ps gab ihm sein Agent Gordon Harbord, weil »Harvey der englischste Name ist«, den er sich denken konnte.

Harvey, Lilian = Lilian Pape
1907–1968, dt. Filmschauspielerin. »Der blonde Traum«; »Die Drei von der Tankstelle«; »Der Kongreß tanzt« u.v.a.
Lilian H. und Willy Fritsch waren das Traumpaar des dt. Films der 30er Jahre.
Ihr Ps ist der Mädchenname ihrer engl. Mutter. Während der Nazi-Zeit wurde ihr die dt. Staatsbürgerschaft entzogen.

Hauff, Angelika = Alice Paula Marie Suchanek
1922–1983, österr. Theater- und Filmschauspielerin. »Zirkus Renz«; »Die Göttin vom Rio Beni«; »Das Fräulein von Scuderi«.

Hauser, Kaspar >PANTER, Peter >TIGER, Theobald >WROBEL, Ignaz< = Kurt Tucholsky
1890–1935 (Freitod), dt. Schriftsteller, Journalist und Kabarett-Texter mit politischem Engagement.
Er differenzierte, welches Ps für welche Art seiner vielfältigen schriftstellerischen Produktionen paßte. 1922 erschien »Die verkehrte Welt in Knüttelversen dargestellt von Kaspar Hau-

ser«. Er benutzte den Namen des Findelkinds K.H., das 1828 bei Nürnberg gefunden wurde, für seine sentimentalen Texte.

Haystacks, Giant = Luke Mac-Masters
*1947, engl. Ringer und Schauspieler. Die Ps von Ringern sind fast immer eine Quelle zum Schmunzeln.

Dieses Ps heißt schlicht und bescheiden »Riese Heuschober«.

Hayward, Susan = Edythe Marrener
1918-1975, amerik. Filmschauspielerin. »Ich heirate eine Hexe«; »Jack London«; »Laßt mich leben« (1958 den Oscar als beste Darstellerin) u.v.a.

Dieses Ps wurde in den 30er Jahren in Hollywood gern benutzt.

Hayworth, Rita = Rita Marguerita Carmen Cansino
1918-1987, amerik. Theater- und Filmschauspielerin. »Nur Engel haben Flügel«; »Gilda«; »Lady von Shanghai«; »Getrennt von Tisch und Bett« u.v.a.

Da sie aus einer Schauspielerfamilie stammte und bereits früh als Sängerin und Tänzerin auftrat, legte sie sich ein Ps zu, um nicht mit ihrer Mutter verwechselt zu werden.

Heartfield, John = Helmut Herzfeld
1891-1968, dt. Graphiker und Fotograf. Erfand die Fotomontage, engagierter Antifaschist. Bereits sein Vater Franz Herzfeld schrieb seine sozialistischen Bücher unter einem Ps (Franz Held).

Helmut Herzfeld wählte sein engl. Ps 1916 aus Protest gegen den Hetzruf »Gott strafe England«, der im Ersten Weltkrieg aufkam. Die Polizei lehnte die Registrierung dieses Künstlernamens ab.

Heck, Dieter »Thomas« = Carl-Dieter Heckscher
*1937, dt. Showmaster. Wurde von Peter Frankenfeld entdeckt. 1965 Discjockey bei Radio Luxemburg, 1966 Europawelle Saar, wo er die »Deutsche Hitparade« aus der Taufe hob. Von 1969-1985 Moderator der »ZDF-Hitparade«. Zur Zeit ist er u.a. Moderator der »Pyramide« im ZDF.

Sein Ps verwendet den Vornamen, unter dem er bei Radio Luxemburg arbeitete, vom Familienname hat er die letzte Silbe abgeschnitten.

Heflin, Van = Emmett Evan Heflin jr.
1910-1971, amerik. Theater- und Filmschauspieler. »Seven Sweethearts«; »Johnny Eager« (1942 Oscar für die beste Nebenrolle); »Airport« u.v.a.

Was viele für das holl. »van« bei diesem Ps hielten, war in Wahrheit die Abkürzung seines zweiten Vornamens.

Heimburg, Wilhelmine = Bertha von Behrens
1850-1912, dt. Schriftstellerin. Vollendete den nicht mehr

beendeten Roman »Das Eulenhaus« der Marlitt (s. dort) und trat mit weiteren Romanen deren Erbe an.
Das Ps ist beste »Gartenlauben«-Produktion, jener Zeitschrift, die Heim, Herd und Burgfräuleins zu ihrem Programm erhoben hatte. Unbegreiflich nur, daß man auf das »von« verzichtete.

Heino = Heinz-Georg Kramm
*1942, dt. Schlagersänger. Wurde von Ralf Bendix entdeckt. Volks-, Heimat-, Seemanns- und Wanderlieder. z. B. »So blau, blau blüht der Enzian«; »Schwarzbraun ist die Haselnuß«.

Heintje = Hendrix Nikolaus Theodor Simons
*1955, holl. Kinderstar mit großer Stimme.
Seine 1966 erschienene Schallplatte »Mama« wurde ein Verkaufshit. Bis zum Sommer 1971 28 goldene Schallplatten. Filmhauptrollen.
Versuchte nach dem Stimmbruch eine neue Karriere als Schlagersänger mit seinem vollen Namen Heintje Simons.

Heiter, Amalie = Amalie, Herzogin von Sachsen
1794–1870, dt. Dramatikerin und Komponistin.
Ihre dramatischen Versuche erschienen unter diesem Ps, daß Anlaß zu manchem Wortspiel gab (Das kann ja »Heiter« werden!).

Held, Kurt = Kurt Kläber
1897–1959, dt. Schriftsteller. Veröffentlichte unter seinem richtigen Namen politisch engagierte Romane [»Revolutionäre« und »Barrikaden an der Ruhr«, beide 1925].
Nach seinem Austritt aus der KPD schrieb er unter dem Ps sozialkritische Jugendbücher, z. B. »Die rote Zora und ihre Bande« (1943).

Hellborn, Klaus >HELLMER, Klaus >HORSTER, Ulrich >HÜLSEN, Adrian< = Eduard Rhein
*1900, dt. Schriftsteller und Publizist.

Hellmer, Klaus >HELLBORN, Klaus >HORSTER, Ulrich >HÜLSEN, Adrian = Eduard Rhein
*1900, dt. Schriftsteller und Publizist.

Helm, Brigitte = Brigitte Eva Gisela Schittenhelm
*1908, dt. Filmschauspielerin.
»Metropolis« (1927), in dem sie sowohl die Heldin als auch ihr Roboter-Double spielte.
Tonfilme: »Remake«, »Spione am Werk«, »Ein idealer Gatte«, »Alraune«. Nach ihrer Heirat 1936 zog sie sich vom Film zurück.
Ihr Ps ist aus der letzten Silbe ihres Familiennamens gebildet.

Henderson, Mary >BRIDIE, James<= Osborne Henry Mavor
1881–1951, schott. Arzt und Dramatiker. Während er seine Stücke unter BRIDIE schrieb, benutzte er das weibliche Ps für Übersetzungen.

Henreid, Paul = Paul Julius von Henried
*1908, österr. Filmschauspieler, seit 1940 in den USA. »Casablanca«; »Nachtzug« u.v.a.
Sein Ps ist die Entaristokratisierung seines richtigen Namens, und gleichzeitig vertauschte er »ie« in »ei«.

Henricks, Paul = Edward Hoop
*1925, dt. Studiendirektor und Kriminalautor. »Pfeile aus dem Dunklen«; »Sieben Tage Frist für Schramm«; »Keine Stimme für Krüß«.
Um seine Position als Studiendirektor nicht durch seine literarische Tätigkeit zu belasten, wählte er sein Ps.

Henry, O. = William Sidney Porter
1862–1910, amerik. Schriftsteller. »Narren des Glücks«; »Hinter der grünen Tür«; »Unschuldsengel vom Broadway« u.v. Kurzgeschichten.
Das Ps bildete er nach dem Namen des franz. Apothekers Estienne-Ossian Henry. Ein Mithäftling, der ihm während seiner Arbeit als Gefängnisapotheker von 1897–1901 aufgefallen war. Fälschlicherweise wird sein Ps oft »O'Henry« geschrieben.

Hepburn, Audrey = Edda Hepburn van Heemstra
*1929, amerik. Filmschauspielerin holl.-engl. Herkunft. »Ein Herz und eine Krone« (1953 den Oscar als beste Darstellerin); »Krieg und Frieden«; »Frühstück bei Tiffany«; »My fair Lady« u.v.a. Jetzt UNICEF-Delegierte.

Hepburn, Katharine = Katherine Burns
*1909, amerik. Theater- und Filmschauspielerin. »Morning Glory« (1932-33); »Rat mal, wer zum Essen kommt?« (1967); »Der Löwe im Winter« (1968); »Am goldenen See« (1981). Für alle vier Filme erhielt sie als beste Darstellerin den Oscar. Sie wählte ein Ps, um sich von den vielen Burns abzusetzen, die seit Generationen auf amerik. Bühnen standen. Warum in ihrem Vornamen aus dem »e« ein »a« wurde, ist nicht bekannt.

Herczeg, Ferencz = Franz Herzog
1863–1954, ung. Schriftsteller. Schrieb Romane und Erzählungen. »Die Sumpfblume«; »Rákóczi, der Rebell«; »Das Tor des Lebens«.
Es entsprach seiner nationalen Gesinnung, daß er seinen dt. Namen ungarisierte.

Hériat, Philippe = Raymond Géradt Payelle
1898–1971, franz. Schriftsteller. War vorher als Schauspieler tätig. »Familie Boussardel«; »Agnes Boussardel«.

Herking, Ursula = Ursula Natalia Klein
1912–1974, dt. Bühnen- und Filmschauspielerin und Kabarettistin.
Trat u.a. in den Kabaretts »Ka-

takombe«; »Kleine Freiheit«; »Die Schaubude«; »Münchener Lach-und Schießgesellschaft« auf.
Filme: »Onkel Bräsig«; »Das späte Mädchen«; »Gasparone«; »Keine Angst vor großen Tieren« u.a.

Hermann, Georg = Georg Hermann Borchardt
1871-1943 (im KZ Birkenau), dt. Romanschriftsteller. »Jettchen Gebert«; »Kubinke«; »Henriette Jacoby«.

Hermann-Neisse, Max = Max Hermann
1886-1941, dt. Schriftsteller.
Behandelte in seinen Arbeiten soziale Themen.
Er ging 1933 in die Emigration. Sein Ps bildete er nach seinem Geburtsort Neiße in Schlesien.

Hermlin, Stephan = Rudolf Leder
*1915, dt. Schriftsteller, Erzähler und Lyriker. Gilt als einer der herausragendsten Vertreter der marxistischen Lyrik. Erhielt mehrfach den DDR-Nationalpreis. »Der Flug der Taube«; »Ferne Nähe«; »Der Leutnant Yorck von Wartenburg«.

Herzog, Werner = Werner Stipetić
*1942, dt. Filmemacher. »Lebenszeichen«; »Jeder für sich und Gott gegen alle«; »Nosferatu - Phantom der Nacht«; »Wo die grünen Ameisen träumen«; »Cobra Verde«.
Erhielt nationale und internationale Filmpreise.

Heston, Charlton = Charlton Carter
*1924, amerik. Theater- und Filmschauspieler. »Der Planet der Affen«; »Die zehn Gebote«; »El Cid«; »Ben Hur« (für die Titelrolle erhielt er 1959 als bester Darsteller den Oscar).

Heym, Stefan = Helmut Fliegel (a. Q. Flieg)
*1913, dt. Schriftsteller und Publizist. Lebt seit 1952 in der DDR. Wegen seiner systemkritischen Haltung (Unterzeichnung der Petition gegen die Ausbürgerung Rolf Biermanns), konnten Romane wie »Fünf Tage im Juni« und »Collin« nur in der BRD veröffentlicht werden. 1979 wurde er aus dem Schriftstellerverband der DDR ausgeschlossen. Heym lebt aber weiter in Ost-Berlin.

Highsmith, Patricia = Patricia Plangman
*1921, amerik. Schriftstellerin. Schreibt hauptsächlich Krimis. »Zwei Fremde im Zug«; »Lösegeld für einen Hund«; »Kleine Mordgeschichten für Tierfreunde« u.a. Schrieb anfangs Kindergeschichten unter ihrem richtigen Namen. Als sie begann, Krimis zu verfassen, wählte sie das Ps, um sich auch mit dem Namen von ihrer bisherigen Produktion abzusetzen.

Hill, Headon = Francis Edward Grainger
1857-1924, engl. Kriminalschriftsteller.
Unter diesem Ps schrieb er dut-

zende Krimis, meist mit dem exentrischen Detektiv Sebastian Zambra. Die Bücher sind verschollen; Krimisammler zahlen hohe Beträge.

Hill, Terence = Mario Girotti
*1941, ital. Filmschauspieler. Verkörpert *den* blonden, blauäugigen, verschmitzten Helden.
In den dt. Karl-May-Filmen spielte er noch unter seinem richtigen Namen. Erst als die »Spaghetti-Western« auch im Ausland als »Ami-Western« propagiert wurden, legte man ihm, wie den meisten ital. Westerndarstellern, einen engl. Namen zu. Zusammen mit Bud SPENCER spielte er in prügelreichen Actionfilmen.

Hillard, Gustav = Gustav Steinbömer
1881–1972, dt. Schriftsteller. Schrieb hauptsächlich Romane. »Kaisers Geburtstag«; »Der Brand im Dornenbusch«; »Gespräch im Spielsaal«; »Anruf des Lebens«.
Sein Ps wählte der ehem. Generalstabsoffizier und Freund des preussischen Kronprinzen als er Dramaturg bei Max Reinhardt in Berlin wurde und zu schreiben begann.

Hirschfelt, Samuel Greifensohn von >FUGSHAIM, Melchior Sternfels von >GREIFENSHOLM, Erich Stainfels von >HARTENFELS, Simon Lenfrisch von >HUGENFELS, Israel Fromschmit von >SEHMSTORFF, Michael Reghulin von >SIGNEUR MESSMAHL >SULSFORT, German Schleifheim von <= Hans Jacob Christoffel von Grimmelshausen.
1622–1676, dt. Schriftsteller. [»Der abentheurliche Simplicissimus Teutsch«]. Auf dem Titelblatt dieses Romans ist German Schleifheim von Sulsfort als Verfasser genannt. In einer späteren Fortsetzung behauptet Grimmelshausen, daß dieser Namen ein Ps sei, der wahre Autor hieße S.G.v. Hirschfelt. Daß auch dies ein Ps war, konnte erst 1837 enthüllt werden.
Grimmelshausen benutzte mindestens acht Ps. Alle bildete er durch Umstellung der Buchstaben seines richtigen Namens.

Ho Chi Minh = Nguyen That Tanh
1890–1969, vietn. Politiker. 1945 Begründer der Demokratischen Republik Vietnam.
Sein Ps bedeutet auf deutsch »der Erleuchtete«.

Hoffmann, Ernst Theodor Amadeus = E. Th. Wilhelm Hoffmann
1776–1822, dt. Schriftsteller. »Die Elixiere des Teufels«, »Lebensansichten des Katers Murr«; »Das Fräulein von Scuderi« u.a.
Bei seinem Ps ersetzte er den Vornamen Wilhelm aus Verehrung für Mozart durch Amadeus. Mozart hat allerdings nie

diesen Namen benutzt, sondern immer »Amadé«.

Hoffmann von Fallersleben = August Heinrich Hoffmann 1798-1874, dt. Germanist und Lyriker.
Sein Gedicht »Deutschland, Deutschland über alles...« wurde der Text der Nationalhymne. Sein Ps bildete er nach seinem Geburtsort Fallersleben bei Braunschweig.

Holden, William = William Franklin Beedle jr.
1918-1984, amerik. Filmschauspieler. »Sunset Boulevard«; »Stalag 17« (1953 als bester Darsteller den Oscar); »Die Brücke am Kwai«; »Picknick« u.v.a.
Ein Paramount-Vorstand meinte, »Beedle« klingt wie ein Insekt, und nannte ihn nach einem Freund bei der Zeitung.

Holliday, Judy = Judith Tuvim 1922-1965, amerik. Theater- und Filmschauspielerin. »Der goldene Cadillac«; »Die ist nicht von gestern« (als beste Darstellerin erhielt sie 1950 den Oscar).

Holm, Michael = Lothar Walter *1943, dt. Schlagersänger, Komponist und Texter. »Tränen lügen nicht...« u.a.

Holmsen, Bjarne P. = Arno Holz 1863-1929 und Johannes Schlaf, 1862-1941, dt. Schriftsteller. Gemeinsames Ps für ihren Erstling, den Roman »Papa Hamlet«. Weitere Werke folgten, doch dann zerbrach die Literaten-Ehe, jeder schrieb unter eigenem Namen und jeder beschimpfte den anderen.
Das Ps wählten beide, da damals die skandinavischen Dramatiker die europäischen Bühnen beherrschten.

Holt, Hans = Karl Johann Hödl *1909, österr. Theater- und Filmschauspieler. »Wen die Götter lieben«; »Brüderlein fein«; »Die Trapp-Familie«. Zuletzt in der TV-Serie »Ich heirate eine Familie«.

Hope, Bob = Leslie Townes Hope *1904, in England geb. amerik. Filmkomiker. Seit 1932 wirkte er in Musical und Revuen mit. Filme: »Sein Engel mit den zwei Pistolen« u.v.a. Zusammen mit Bing Crosby in den Serienfilmen »On the road to...«. Während seiner Schulzeit wurde er »Hope, Les(s)« (als Abkürzung von Leslie, aber im Englischen auch »hoffnungslos«) genannt. Bob war die Rettung.

Hopper, Hedda = Elda Furry 1890-1966, amerik. Filmschauspielerin und Klatsch-Kolumnistin. Spielte in den Filmen das, was sie später wurde: eine ironische Gesellschaftsklatschtante. »Zucker mit Strychnin« nannte man ihre Klatschnachrichten. Seltsam ist die Wahl ihres Ps, das sie schon als Schauspielerin benutzte. »Furry« klang zwar an »fury« (»Wut«) an, aber »Hopper« war nicht besser, es kann »Springer«, aber auch »Floh« und »Käsemade« hei-

Horster, Ulrich >HELLBORN, Klaus >HELLMER, Klaus >HÜLSEN, Adrian <= Eduard Rhein
*1900, dt. Schriftsteller und Publizist. »Suchkind 312«; »Ein Herz spielt falsch«. Als Chefredakteur der Zeitschrift »Hör zu« erfand er dieses Ps für seine Fortsetzungsromane.

Hoven, Adrian = Wilhelm Arpad Peter Hofkirchner
1922-1981, österr. Filmschauspieler. »Opernball«; »Pulverschnee nach Übersee«; »Sterne über Colombo« u.v.a.

Howard, Leslie = Leslie Stainer
1893-1943 (gefallen), engl. Theater- und Filmschauspieler, Produzent und Regisseur. »Zwei Städte« (Regie); »The Scarlet Pimpernel« (Hauptrolle); »Pygmalion« (Regie); »Vom Winde verweht«.

Hruschka, Annie = Erich Ebenstein
1867-1929, österr. Schriftsteller. Während er unter seinem richtigen Namen 70 oberflächliche Unterhaltungsromane schrieb, verfaßte er unter dem weibl. Ps etwa 15 Krimis.

Huby, Felix = Eberhard Huberbühler
*1938, dt. Schriftsteller und Journalist. Unter seinem richtigen Namen arbeitet er für den »Spiegel« und ist Autor von Sachbüchern. Unter dem Ps schrieb er zwei Krimis: »Der Atomkrieg in Weiersbronn« und »Tod im Tauern-Tunnel«.

Hudson, Rock = Roy Harold Scherer jr.
1925-1986, amerik. Filmschauspieler. »Giganten«; »Duell in den Wolken«; »Bettgeflüster« u.v.a. Sein Ps hat er von einem »Talentsucher«, der es aus dem Felsen von Gibraltar (Rock) und dem Hudson River zusammensetzte.

Hülsen, Adrian >HELLBORN, Klaus >HELLMER, Klaus >HORSTER, Ulrich <= Eduard Rhein
*1900, dt. Schriftsteller und Publizist.

Hufnagl, Max >SPINALBA, C. <= Karl Spindler
1796-1855, dt. Schriftsteller. Zog als Schauspieler mit dem »Grünen Wagen« durch die Lande. Aus finanzieller Not schrieb er unter diesen beiden Ps historische Romane.
Herausgeber des vielgelesenen Almanachs »Vergißmeinnicht«.

Hugenfels, Israel Fromschmit von >FUGSHAIM, Melchior Sternfels von >GREIFENSHOLM, Erich Stainfels von >HARTENFELS, Simon Lenfrisch von >HIRSCHFELT, Samuel Greifensohn von >SEHMSTORFF, Michael Reghulin von >SIGNEUR MESSMAHL >SULSFORT, German Schleifheim von <= Hans Jacob Christoffel von Grimmelshausen.
1622-1676, dt. Schriftsteller. [»Der abentheurliche Simplicissimus Teutsch«].

s. HIRSCHFELT, Samuel Greifensohn von

Hughes, Richard = Arthur Warren
1900–1976, engl. Schriftsteller. Schrieb die Romane »Ein Sturmwind auf Jamaika«; »Hurrikan im Karibischen Meer«. Vor ihm war bereits Robert Penn Warren (zweimal Pulitzerpreis) mit seinem ersten Buch auf dem Markt, so daß er ein Ps wählen mußte.

Hugo, Richard = Ricarda Huch
1864–1947, dt. Schriftstellerin. [»Der Fall Deruga«, »Die Romantik« u.a.]. War eine der ersten deutschen Frauen, die zum Dr. phil. promovierten.
Ihr Ps legte sie sich am Anfang ihrer Schriftstellerkarriere zu, um sich von ihrem ebenfalls schreibenden Bruder Rudolf Huch zu unterscheiden, der dann für seine Arbeiten das Ps. A. Schuster wählte. Bei ihrem Ps blieben die Initialen ihres richtigen Namens erhalten.

Hundertwasser, Friedensreich = Friedrich Stowasser
*1928, österr. Maler und Graphiker. Seine Bilder sind vom österr. Jugendstil und den Werken Paul Klees beeinflußt. Da »Sto« im Slawischen die Zahl Hundert bedeutet, ist sein Ps die korrekte Übersetzung seines Familiennamens. Seinen Vornamen will er als Lebenswerk verstanden wissen.

Hunter, Kim = Janet Cole
*1922, amerik. Filmschauspielerin. »Endstation Sehnsucht« (1951 Oscar für die beste Nebenrolle) u.v.a.
Ihr Ps hat sie von David O. Selznick. Er meinte, »Janet Cole« sei ein Allerweltsname, aber »Kim Hunter« hätte Individualität und mit ihm könne man es weit bringen.

Hutton, Betty = Elisabeth Jane Thornburg
*1921, amerik. Filmschauspielerin. Spielte in mehreren Hollywood-Filmen die blonde »Sexbombe«. »The Fleet's in«; »The miracles of Morgans Creek«; »Annie get your gun« u.v.a. Zog sich nach einem Riesenkrach mit Paramount 1952 ins Privatleben zurück.
Ihr Ps erhielt sie von Vincent Lopez, einem Bandleader aus Detroit.

Hyde-White, Wilfried = Wilfred White
*1903, engl. Theater- und Filmschauspieler. »Der dritte Mann«; »My fair Lady« (als »Pickering«) u.v.a.
Denkbar, daß sein PS aus der Freude der Engländer an Wortspielen entstand.

Hylacomylus = Martin Waldseemüller
um 1470 – um 1520, dt. Kartograph. Auf seinen Karten taucht erstmals die Bezeichnung »America« auf.
Sein Ps ist die latinisierte Form seines Namens: »Hyla« = »Wald«, »lacus« = »See«, »Milus« = »Müller«.

I

Ibrahim Ibn Abd Allah = Johann Ludwig Burckhardt
1784-1817, schweiz. Orient-Reisender.
Entdeckte die Ramses-II.-Tempel von Abu Simbel unter Sandverwehungen in Oberägypten. Benutzte das Ps, als er 1814-15 die nur für Muslims erlaubten Städte Mekka und Medina als muslimischer Pilger (»Hadschi«) besuchte.

Ilf, Ilja = I. Arnoldowitsch Fainzilberg
1897-1937, russ. Schriftsteller. »Zwölf Stühle«; »Das goldene Kalb« (beide Romane zusammen mit Eugen Petrow).

Ingram, Rex = Reginald Ingram Montgomery Hitchcock
1893-1950, amerik. Schauspieler und Filmregisseur ir. Abstammung. »Allahs Garten« (Stummfilm) u.a.
Ja, für ihn gab es wirklich nur zwei Möglichkeiten! Entweder mußte er den Beruf oder den Namen wechseln.

Innes, Michael = John Innes Makkintosh Stewart
*1906, engl. Schriftsteller. Unter seinem richtigen Namen schreibt er Literaturkritiken, Biographien und Romane.
Sein Ps benutzt er nur für seine ca. 30 Krimis, deren Held John Appleby von Scotland Yard ist.

Ipse, Henrik > ERICH, Otto < = Otto Erich Hartleben

1864-1905, dt. Schriftsteller, Lyriker, Dramatiker und Erzähler. [»Rosenmontag« (Drama); »Vom gastfreien Pastor«].
Für seine heiter-frivolen Texte benutzte Hartleben oft dieses Ps, das eine Anspielung auf Goethes »Meister Ipse« in seinen freizügigen Gedichten ist. Der Vorname Henrik stellt außerdem die Verbindung zu Ibsen her, dessen Theaterstücke wesentlichen Einfluß auf H.'s dramatische Arbeit hatten.

Ironimus = Gustav Peichl
*1928, österr. Architekt und Karikaturist.
Professor und Präsident der Wiener Akademie der Bildenden Künste; erhielt zahlreiche internationale Auszeichnungen für Architektur.
Unter seinem Ps arbeitet er u.a. seit über 20 Jahren als Karikaturist für die »Süddeutsche Zeitung« und schrieb sein jüngstes Buch »Land der Berge, Land der Zwerge«.

Isle, Jean de l' = Alphonse Daudet
1840-1897, franz. Schriftsteller. [»Briefe aus meiner Mühle«; »Tartarin de Tarascon«]. »Johann von der Insel« war eines der vielen Ps, die Daudet für Kurzgeschichten wählte. Oft hatten seine Ps Bezug zum Thema seiner Erzählungen.

Ivanow, Konstantin Petrowitsch > FREY, William > KUPRIA-

NOV, B.V. >LENIN, W.I. >TU-LIN, K.<= Wladimir Iljitsch Uljanow
1870–1924, russ. Revolutionsführer. s. LENIN. W.I.

Ivogün, Marie = Ida von Günther 1891–1987, dt. Opernsängerin (Koloratur). Ihr Ps ist aus den Buchstaben ihres richtigen Namens gebildet.

J

Jacob, P.L. = Jean Paul Lacroix
1806–1884, franz. Historiker und Schriftsteller. Hauptwerk: »Historische französische Kostüme« (10 Bände).

Jacson, Frank > MORNARD-VAN-DENDRESCHD, Jacques < = Ramón del Rio Mercader
1914–1978, span. kommunistischer Geheimagent. Mit diesem Namen und entsprechenden Papieren erschlich sich 1940 der Mörder Trotzkis dessen Vertrauen in seinem mex. Exil. Als Mordwaffe diente ein Eispickel. Stalin soll der Auftraggeber gewesen sein. Der Mörder erhielt 20 Jahre Gefängnis, die er voll abbüßte.

Jannings, Emil = Theodor Friedrich Emil Janenz
1884–1950, dt. Theater- und Filmschauspieler. »Der letzte Mann«; »Der blaue Engel«; »Der zerbrochene Krug« u.v.a. Für seine Filmarbeit in den USA, »The last Command« (»Sein letzter Befehl«) und »The Way of all Flesh« (»Der Weg allen Fleisches«) 1927–28, erhielt er als erster Schauspieler bei der ersten Oscar-Verleihung den Oscar.

Jary, Michael = Max Andreas Jarczyk
1906–1988, dt. Komponist für Musik. Viele Hits in den 50er Jahren: »Das machen nur die Beine von Dolores« u.v.a.

Jay, Fred = Dr. Alfred Jacobson
1914–1988, österr.-amerik. Liedertexter und Jurist. »Es fährt ein Zug nach Nirgendwo«; »Deine Spuren im Sand«; »Eine neue Liebe ist wie ein neues Leben«.

Jean Paul = Johann Paul Friedrich Richter
1763–1825, dt. Schriftsteller. »Leben des vergnügten Schulmeisterleins Maria Wuz in Auenthal«; »Titan« u.v.a. Romane und Erzählungen.
In der Vorrede zu seinem Roman »Quintus Fixlein« berichtet er, daß er eigentlich Jean Paul Friedrich heißt. Also, wenn man will, noch ein Ps.

Jeeves, Mahatma Kane > CRIBLECOBLIS, Otis > FIELDS, W.C. < = William Claude Dukinfield
1879–1946, amerik. Filmkomiker und Drehbuchautor.
Unter diesem Ps und auch unter Otis CRIBLECOBLIS schrieb er seine Drehbücher.

Jeffrey, Robert = Abdullah Jaffa Anver Bey Khan
*1930, amerik. Ballettänzer und Choreograph. Die Musikkritiker werden ihm für die Änderung seines zeilenfüllenden Namens dankbar sein.

Jodok > PROF. TIEFBOHRER < = Hans Theodor Karl Wilhelm Freiherr von Gumppenberg
1866–1938, dt. Schriftsteller und Dramatiker. [»Der fünfte

Prophet«; »König Heinrich I.«; »Schauen und Sinnen«].
Unter dem Ps, das vom heil. Jodokus abgeleitet ist, parodierte er Ibsen, den Naturalismus und Symbolismus. Er erfand den Titel »Die elf Scharfrichter« und war Mitbegründer dieses Münchner Kabaretts.

Johann, A.E. = Alfred Erich Wollschläger
*1901, dt. Schriftsteller. Begann als Reisejournalist für die »Vossische Zeitung«.
Profunder Kenner der USA und Kanadas.
Sein Ps legte er sich zu, weil sein Vater nicht wollte, daß er unter seinem richtigen Namen einen so »windigen« Beruf wie den des Journalisten ausübte.

Johansen, Hanna = Hanna Muschg
*1939, dt. Schriftstellerin. Unter ihrem richtigen Namen (sie ist mit dem Schriftsteller Adolf M. verheiratet) schrieb sie seit 1974 Kindergeschichten. Als sie 1978 ihren recht komplizierten Roman »Die stehende Uhr« veröffentlichte, wollte sie keine Erinnerungen an die Kinderbuchautorin und benutzte deshalb ihren Mädchennamen, unter dem sie noch nichts veröffentlicht hatte.

John, Elton = Reginald Kenneth Dwight
*1947, engl. Popmusiker und -sänger. »Yellow Brick Road«; »Daniel«; »I'm still standing«; »Sad songs say so much«.

Johns, Bibi = Birgit Gun Johnson
*1930, schwed. Schlagersängerin. Feierte in den 50er Jahren große Erfolge. 1971 begleitete sie Tom Jones auf seiner Tournee durch die USA.

Jolson, Al = Asa Yoelson (a. Q. Joseph Rosenblatt)
1888–1950, in Rußland geb. amerik. Sänger, Theater- und Filmschauspieler. »The Jazzsinger«; »The singing Fool« (»Der singende Narr«). In diesem Film, einem der ersten Tonfilme, spielte er mit schwarzgefärbter Haut einen Negersänger und machte das Lied »Sonny Boy« berühmt. In dem Film »Rhapsody in blue« hatte er nur einen Auftritt.

Jonas, Claudia >CASPARI, Tina< = Rosemarie Eitzert von Schach
*1939, dt. Schauspielerin, jetzt Schriftstellerin. [»Tochterliebe«]. »Unternehmen: Alte Eiche« (Roman). Dieses Ps ist ein Kompromiß. Den Vornamen lieferte der Verlag, den Nachnamen wählte die Autorin.

Jones, Jennifer = Phyllis Isley-Walker (verh. Selznick)
*1919, amerik. Filmschauspielerin. »Das Lied der Bernadette« (1943 den Oscar als beste Darstellerin); »Duell in der Sonne«; »Madame Bovary« u.v.a. Auf der Klappe zu ihren Probeaufnahmen stand noch ihr richtiger Name. Selznick war von ihrer Begabung überzeugt, gab ihr einen Jahresvertrag und

einen neuen Namen (später auch seinen).

Jones, Tom = Thomas Jones Woodward
*1940, engl. Schlagersänger. War vorher als Bergmann und als Schlagzeuger in Arbeiterclubs tätig. »It's not unusual«; »What's new Pussycat«; »She's a Lady«; »Delilah« u.v.a.
Sein Ps ist nicht von dem Romanhelden und Liebhaber Tom Jones abgeleitet, sondern aus seinen beiden Vornamen. Aber vielleicht wurde er auf diese getauft, weil Vater oder Mutter an den Romanhelden dachten.

Jontza, Georg > FORESTIER, George < = Dr. Karl Emerich Krämer
1918–1987, dt. Schriftsteller. Unter diesem Ps wurde 1952 der Roman »Im Regen, der über Europa fällt« veröffentlicht. Auch mit diesem Ps narrte Krämer die Kritiker, wie bereits mit FORESTIER. Bei beiden Ps blieb er wenigstens dem Vornamen treu.

Jourdan, Louis = Louis Gendre
*1919, franz. Filmschauspieler in den USA. »Der Schwan«; »Der Fall Paradine«; »Die Braut war viel zu schön« u.v.a.
Der franz. Schauspieler wählte ein Ps, das keine Schwierigkeiten machte, wenn man es amerik. aussprach, und trotzdem einen franz. Touch hatte.

Jürgens, Udo = Udo Jürgen Bokkelmann
*1934, österr. Chanson- und Schlagersänger und Komponist. »Merci, chérie«; »Aber bitte mit Sahne«; »Griechischer Wein«; »Jeder so wie er mag«.
Sein erstes Ps war »Udo Bolan«, mit dem er nach der Schulzeit mit eigener Band durch Gaststätten tingelte. 1954 erhielt er seinen ersten Schallplattenvertrag und sein jetziges Ps.

Jung-Stilling, Johann Heinrich = Johann Heinrich Jung
1740–1817, dt. Schriftsteller. Schrieb Erzählungen und Romane. Schilderte seine Jugendzeit unter dem Titel »Heinrich Stillings Jugend«. Das Buch und »Stilling«-Nachfolgetitel hatten Erfolg, so daß der Autor Jung nur noch mit dem Zunamen Stilling angesprochen wurde. Jung wählte den Namen Stilling, weil er sich als Stiller im Lande fühlte.

Jungk, Robert > AMBERG, Lorenz > FORTRIDGE, Allan G. < = Robert Baum
*1913, dt.-amerik. Schriftsteller und Ökologe. »Die Zukunft hat schon begonnen«; »Heller als tausend Sonnen«. Warner vor dem Mißbrauch moderner Wissenschaft.

Junker Jörg > FREGOSUS, Fredericus < = Martin Luther
1483–1546, dt. Reformator.
Dieses Ps benutzte er als Tarnung, während der kirchliche Bann auf ihm lag und er in der Wartburg bei Eisenach an seiner Bibelübersetzung arbeitete.

K

Kades, Hans = Hans Werlberger
1906-1969, österr. Romanschriftsteller. »Vabanque«; »Mit meinen Augen«; »Das Tribunal«; »Auf der Sonnenseite«.

Kahlenberg, Hans von = Helene Keßler
1870-1957, dt. Schriftstellerin. Behandelte soziale Probleme. »Ein Narr«; »Der Weg des Lebens«. »Nixchen« (Novelle) wurde wegen erotischer Szenen verboten. 1926 jedoch mit Hans Albers, Adele Sandrock u.a. verfilmt.

Kaiser, Roland = Ronald Keiler
*1952, dt. Schlagersänger und -texter. »Santa Maria«; »Dich zu lieben«; »Ich glaub', es geht schon wieder los«; »Mit Herz und Verstand«.
Mit seinem Ps machte er seinen Namen zugkräftiger.

Kalanag = Dr. Helmut Schreiber
1893-1963, dt. Zauberkünstler. Mit diesem Kunstwort erfand er ein Ps, das ins Ohr ging und haften blieb.

Kalenter, Ossip = Johannes Burkhardt
1900-1976, dt. Schriftsteller. Schrieb Lyrik und kleine Prosa. »Soli für Füllhalter mit obligater Oboe«; »Das gereimte Jahr«.

Kamban, Gudmundur = Jansson Hallgrimson
1888-1945, isl. Schriftsteller. Schrieb Romane. »Die Jungfrau auf Skalholt«; »Der Herrscher auf Skalholt«; »Ich seh ein großes, schönes Land«.

Kamenew, Lew Borisowitsch = Lew Borisowitsch Rozenfeld
1883-1936 (hingerichtet), russ. Revolutionär. In der bolschewistischen Revolution versuchte jeder, auch im Namen, einen Anklang an die westliche Bourgeoisie zu vermeiden. So kam es zu diesem neuen Namen.

Karina, Anna = Hanne Karin Beyer
*1940, dän. Filmschauspielerin in Frankreich und USA. »Außer Atem«; »Eine Frau ist eine Frau«; »Justine« u.a.
Wer immer dieses Ps erfand, es war ein glücklicher Griff, denn natürlich klingt die Erinnerung an Anna Karenina durch und damit für Filmfans an Greta Garbo, die diese Rolle spielte.

Karloff, Boris = Charles Edward Pratt
1887-1969, engl. Schauspieler, amerik. Horrorfilmstar. »Frankenstein«; »Die Maske des Fu Man Chu«; »Frankensteins Sohn« u.a. Ein treffendes Ps für einen Horrordarsteller, das obendrein leicht russ. klingt.

Karlstadt, Lisl = Elisabeth Wellano
1892-1960, dt. Kabarettistin und bayerische Volksschauspielerin. War Partnerin von Karl Valentin.

Das Ps erfand Karl Valentin für sie, weil er der Ansicht war, daß sie unter Wellano höchstens als Soubrette auftreten könne.

Kasper, Hans = Dietrich Huber
*1916, dt. Aphoristiker. Schrieb nach dem Krieg pointierte Glossen in der Berliner Tageszeitung »Der Kurier«.
Sein Ps ist sein Programm: Hinter der Maske des Spaßmachers will er bittere Wahrheiten sagen.

Kaye, Danny = David Daniel Kaminsky
1913–1987, amerik. Filmschauspieler poln. Abstammung. »Jakobowsky und der Oberst«; »Der Hofnarr«; »Das Doppelleben von Mr. Mitty« u.v.a. Kaminsky war Ehrendelegierter der UNICEF.

Kazan, Elia = Elia Kazanjoglou
*1909, amerik. Filmregisseur und Schriftsteller. »Gentleman's Agreement« (Oscar 1947); »Endstation Sehnsucht«; »Die Faust im Nacken« (Oscar 1954); »Jenseits von Eden« u.v.a. »Schlußakt« (Roman).
Sein Ps ist die erste Silbe seines türk. Familiennamens, den bereits seine Eltern nach ihrer Einwanderung in die USA in dieser Form verkürzten.

Keaton, Buster = Joseph Francis Keaton
1896–1966, amerik. Filmschauspieler, Produzent und Regisseur.
Begann als Zirkusartist. In vielen Stummfilmkomödien (»Das Bleichgesicht«; »Sherlock Holmes«; »Der Killer von Alabama« u.a.) war er »der Mann, der niemals lachte«.
Wieso er sich Buster nannte, weiß man nicht genau. Vielleicht diente die Comicstrip-Figur Buster Brown als Vorlage. »Bust« heißt auf deutsch »Büste« oder »Bankrott«, auch »Saufgelage«.

Kellermann, E. = Bruno Paul
1874–1968, dt. Architekt, Maler und Karikaturist.
Er arbeitete als Karikaturist für den »Simplicissimus« unter seinem richtigen Namen. Ohne dieses zu wissen, berief ihn Kaiser Wilhelm II. 1906 zum Leiter der Vereinigten Staatsschulen für freie und angewandte Kunst in Berlin. Ab diesem Zeitpunkt wählte er für seine Arbeiten im »Simplicissimus« das Ps.

Kempis, Thomas = Thomas Hermeken
1379/80–1471, dt. Mystiker.
Sein Buch »Devotio moderna« erreichte 5000 Auflagen.
Sein Ps ist aus seinem Geburtsort Kempten abgeleitet.

Kennicott, Mervyn Brian = Gertrud Hamer, geb. von Sanden
1881–1940, dt. Romanschriftstellerin. »Das Herz ist wach«; »Die Geschichte der Tilmansöhne«.
Die Liebe dt. Leser zu engl. Gesellschaftsromanen hat die Schriftstellerin auch bei der Wahl ihres Ps beachtet.

Kenyatta, Joma = Johnstone Kamao Ngengi
1891–1979, keniantischer Politiker. 1953 als angeblicher Anführer des Mau-Mau-Aufstandes zu sieben Jahren Haft verurteilt. Ab 1963 Regierungschef Kenias.
Sein Ps wurde von einem Kikuju-Wort für »verzierter Gurt« abgeleitet.

Kerr, Alfred = Alfred Kempner
1867–1948, dt. Theaterkritiker und Reiseschriftsteller.
Sein Ps soll er gewählt haben, um jede Verbindung zu seiner Tante Frederike Kempner zu vermeiden, die durch ihre unfreiwillig komischen Gedichte zum Gespött der Literaturfreunde wurde. Kerr hat jede Verwandtschaft mit ihr abgestritten.

Kestner, René > PHILLIPS, Sydney > TURNER, Georg <= Hans José Rehfisch
1891–1960, dt. Schriftsteller, Richter, Syndikus einer Filmgesellsch., Theaterdirektor, Dozent und Rechtsanwalt. [»Wer weint um Juckenack?«; »Die Affaire Dreyfus«; »Wasser für Canitoga«].
Während seiner Emigration in vielen Ländern und in noch mehr Berufen tätig. Dieser Vielfalt entspricht auch das Arsenal seiner Ps, die er oft erfand, damit nicht gleich offenkundig wurde, daß er schon wieder ein neues Stück geschrieben hatte. Insgesamt waren es über 25.

Kingsley, Sidney = Sidney Kieschner
*1906, amerik. Bühnenautor und Filmschauspieler. Schrieb u.a. die Stücke: »Sackgasse«, »Polizeirevier 21«.

Kinski, Klaus = Claus Gunther Nakszynski
*1926, dt. Theater- und Filmschauspieler. Machte international Karriere; spielte in der BRD in den meisten Edgar-Wallace-Verfilmungen, in letzten Jahren in Filmen von Werner Herzog: »Nosferatu – Phantom der Nacht«; »Woyzeck«; »Fitzcarraldo«; »Cobra verde«. Seine beiden Töchter Nastassja und Pola – ebenfalls Schauspielerinnen – übernahmen sein Ps, das aus seinem schwierig auszusprechenden Familiennamen abgeleitet ist.

Kishon, Ephraim = Ferenc Hoffmann
*1924, in Budapest geb. isr. Schriftsteller. »Wie unfair, David«; »Der Blaumilchkanal« (auch von ihm verfilmt); »Nicht so laut vor Jericho« u.a.
Sein Ps soll von dem Namen eines kleinen Flusses nahe Haifa stammen.

Kivi, Aleksis = Aleksis Stenval
1834–1872, finn. Schriftsteller. Gilt als größter finn. Dichter. Hat mit seinem Drama »Lea« das finn. Nationaltheater geschaffen.

Klabund = Alfred Henschke
1890–1928, dt. Schriftsteller. Vertreter des Impressionismus

und des Expressionismus. War beeinflußt vom dt. Volkslied und von François Villon. »Brakke« (Roman); »Der Kreidekreis« (Drama).
Sein Ps ist die Kombination von *Kla*bautermann und Vaga*bund*; diese Wortverbindung kommt auch in seinem Gedichtband »Morgenrot! Klabund! Die Tage dämmern« vor.

Knickerbocker, Diedrich > AGAPIDA, Friar Antonio > CRAYON, Geoffrey < = Washington Irving
1783-1859, amerik. Essayist und Erzähler. Schrieb auch Reiseberichte.
Unter diesem Ps schrieb er eine humoristische Geschichte New Yorks. Der Ausdruck »Knickerbocker« für knielange Pumphosen ist aus diesem Ps abgeleitet. Danach wurde es zum Spitznahmen der aus Holland stammenden New Yorker.

Knoblock, Edward = Edward Knoblauch
1874-1945, amerik. Dramatiker, lebte in England.
Wer hätte nicht Verständnis für dieses Ps!

Koba > STALIN, Iossif (Josef) Wissarionowitsch < = Iossif Wissarionowitsch Dschugaschwili
1879-1953, sowj. Staatsführer.

Kollo, René = René Kollodziezski
*1937, dt. Opernsänger. Begann als Schlagersänger und wurde dann ein weltberühmter Tenor. Benutzt das gleiche Ps wie sein Vater Willy und sein Großvater Walter.

Kollo, Walter = Walter Kollodziezski
1878-1940, dt. Operettenkomponist. Zu seinen Operetten verfaßte sein Sohn Willy die meisten Libretti u.a. »Wie einst im Mai«.

Konsalik, Heinz Günther > BEKKER, Jens > DOERNER, Stefan > NIKOLAI, Boris > PAHLEN, Henry < = Heinz Günther
*1921, dt. Schriftsteller. »Der Arzt von Stalingrad«; »Liebesnächte in der Taiga«; »Die heilenden Hände« (sein 100. Roman).
Sein Ps ist der Mädchenname seiner Mutter, er kommt aus dem Bulgarischen.

Korda (Sir) Alexander = Sandro Kellner
1893-1956, engl. Filmproduzent ung. Abstammung.
Sein Ps ist aus dem Namen seiner ersten amerik. Frau Maria Corda abgeleitet, mit der er in Hollywood Filme inszenierte, bevor er in London seine eigene Produktion, die »London-Film«, aufbaute, für die alle großen europäischen Regisseure und Schauspieler arbeiteten. Auch Winston Churchill schrieb für Korda zwei Filmtreatments.

Kortner, Fritz = Fritz Kohn
1892-1970, österr. Schauspieler und Regisseur. Begann bei Max Reinhardt. Nach 1945 in Berlin und München, sowohl als

Schauspieler (»Tod eines Handlungsreisenden«) wie als Regisseur (»Warten auf Godot«) tätig.

Kosmas > BRUDER FATALIS > ROSENFELD > STILLE, C.A. < = Ignaz Franz Castelli
1781–1862, österr. Schriftsteller. Über 100 Unterhaltungsstücke und Dialektromane.
Um seine überquellende Produktion zu verbergen, legte er sich ständig neue Ps zu.

Koster, Henry = Hermann Kosterlitz
1905–1988, dt. Filmregisseur, in USA tätig. »Mein Mann Godfrey«; »Das Gewand« (erster Cinemascope-Film); »Mein Freund Harvey«; »Es begann mit Eva«; »Mr. Hobbs macht Ferien«.
Für seine Hollywood-Karriere kappte er das unamerikanische »litz« in seinem Familiennamen.

Kotta, Leo F. = Otto Flake
1880–1963, dt. Schriftsteller. Schrieb Romane, Essays und Lyrik. [»Es wird Abend« (Autobiographie)].
Schrieb philos. und Kulturkritische Werke z.T. unter diesem Ps.

Kowa, Viktor de = Viktor Paul Karl Kowalczyk
1904–1973, dt. Theater- und Filmschauspieler. Zählte in den 30er und 40er Jahren zu den bedeutendsten Persönlichkeiten der Filmkomödie. »Wir machen Musik« u.v.a. Spielte nach dem Zweiten Weltkrieg aber auch Rollen in ernsten Filmen wie »Zwischen Gestern und Morgen«, »Des Teufels General«.
Sein Ps ist aus einem richtigen Namen abgeleitet und mit einem interessant machenden »de« angereichert.

Krahl, Hilde = Hildegard Kolacný
*1917, österr. Theater- und Filmschauspielerin. »Herz der Welt« (als Bertha von Suttner); »Großstadtmelodie«; »Der Postmeister«; »Das andere Ich« u.v.a.

Kraus, Peter = Peter Krausenekker
*1939, dt. Schlager- und Rocksänger, Filmschauspieler.
Übernahm sein Ps von seinem Vater, dem Kabarettisten und Schauspieler Fred Kraus.

Kröger, Hannes = Alexander Walbeck
*1967, dt. Schlagersänger. Mit dem Lied »Ich bin der blonde Hans von der Reeperbahn...« aus dem 34 Jahre alten Hans-Albers-Film »Große Freiheit Nr. 7« wurde er bekannt.
Zu seinem Ps sagt er: »Hans Albers nannte sich in diesem Film Hannes Kröger. Ich bewunderte ihn und nahm deshalb diesen Künstlernamen an.«

Kröpcke, Karol = Karl Krolow
*1915, dt. Schriftsteller, Lyriker und Übersetzer.
1972 wurde er Präsident der Deutschen Akademie für Sprache und Dichtung. Auch als

Prosaschreiber erhielt er literarische Anerkennung und Preise. [»Von nahen und fernen Dingen« (Prosa); »Die Zeichen der Welt« (Gedichte); »Minuten-Aufzeichnungen«].
Sein Ps benutzt er für Übersetzungen.

Kuba = Kurt Barthel
1914–1967, dt. Schriftsteller in der DDR und politischer Funktionär.
Sein Ps ist aus den ersten beiden Buchstaben seines Vor- und Familiennamens gebildet.

Kuprianow, B.V. >FREY, William >IVANOW, Konstantin Petrowitsch >LENIN, W.I. >TULIN, K.<= Wladimir Iljitsch Uljanow
1870–1924, russ. Revolutionsführer. s. LENIN, W.I.

Kurtz, Melchior >BÜRGER, Berthold >NEUNER, Robert< = Erich Kästner
1899–1974, dt. Schriftsteller. [»Fabian«, »Drei Männer im Schnee«, »Notabene«; Kinderbücher].
Unter diesem Ps schrieb Kästner nach 1945 Glossen in der »Neuen Zeitung«, deren Feuilletonchef er war.

-ky = Dr. Horst Bosetzky
*1938, dt. Hochschul-Professor und Kriminalschriftsteller. »Einer von uns beiden«; »Ein Toter führt Regie«; »Mitunter mörderisch« u.a. Mit Rücksicht auf seine Position an der Verwaltungshochschule Berlin wählte er dieses ungewöhnliche Ps, das lange Zeit nicht enttarnt werden konnte.

L

Laage, Barbara = Claire Colombat
*1925, franz. Filmschauspielerin. »Wie es der Teufel will«; »Die ehrbare Dirne«; »Eine Pariserin in Rom« u.a.

Laar, Clemens = Eberhard Koebsel
1906-1960, dt. Romanschriftsteller. »Amour Royal«; »... reitet für Deutschland«; »Meines Vaters Pferde«.

Labelle, Patti = Patricia Holt
*1944, amerik. Rocksängerin. »Lady Marmalade« mit der Band »The Blue Belles«. Ihr Ps bedeutet auf französisch »die Schöne«.

Laforet, Georg = Franz Xaver Seitz
*1921, dt. Filmproduzent. Benutzte das Ps als Drehbuchautor (»Die Lümmel von der ersten Bank« u.a.). Es ist der Mädchenname seiner Mutter Anni Terofal - nur rückwärts gelesen.

Lagarde, Paul Anton de = Paul Anton Bötticher
1827-1891, dt. Orientalist und Philosoph. Bruder von LEUTNANT VERSEWITZ und Onkel von RINGELNATZ. Seinen neuen Namen benutzte er, nachdem ihn seine Großtante Eugenie de Lagarde adoptiert hatte.

La Jana = Henriette Margarethe Hiebel
1905-1940, österr. Tänzerin. »Truxa«; »Der Stern von Rio«; »Das indische Grabmal« (nach ihrem Tod aufgeführt). Ihr Ps soll »Blumengleiche« bedeuten.

La Mara = Ida Marie Lipsius
1837-1927, königlich-sächsische Professorin für Musik. Unter dem Ps trat sie als Tänzerin auf.

La Marr, Barbara = Reatha Watson
1896-1926, amerik. Filmschauspielerin. 1922 übernahm sie - damals noch eine Komparsin - die Rolle einer Schauspielerin, die bei Filmaufnahmen vom Pferd gestürzt war. Deren Rollenname war Barbara La Marr. Sie übernahm auch ihn und wurde einer der großen Vamps des Stummfilms.

Lamarr, Hedy = Hedwig Kiesler
*1914, amerik. Filmschauspielerin österr. Herkunft. Nach dem Skandal um den tschech. Film »Ekstase«, in dem sie nackt auftrat, floh sie 1936 nach USA. Dort drehte sie u.a. »Algier«; »Ziegfield Girls«; »Samson und Delilah«.
Ihr Ps entstand in deutlicher Anlehnung an das Ps Barbara La Marr.

Lamour, Dorothy = Dorothy Kaumeyer
*1914, amerik. Filmschauspielerin. Als ständige Begleiterin von Bob Hope und Bing Crosby

in deren Filmen der »On-the-Road«-Serie kam sie zu Popularität. »Die Dschungelprinzessin« u.a.

Da auch in den USA jeder weiß, was »Lamour« heißt, war dies ein erfolgreiches Ps, besonders für jemanden mit einem so seltsam dt. klingenden Namen.

Lana = Alan Kemp
*1938, engl. Transvestit. Der Herr, der so gern eine Dame sein will, hat dies wenigstens bei seinem Vornamen auf einfache Art geschafft: er mixte nur die Buchstaben neu.

Landon, Michael = Eugene Maurice Orowitz
*1937, amerik. Film- und Fernsehschauspieler. Bekannt durch die Rolle des »Little Joe« in der amerik. TV-Serie »Bonanza«; »Die kleine Farm« (auch Produzent) und »Ein Engel auf Erden«.

Lan P'in >CHIANG CH'ING< = Li Yun-ho
*1914, chin. Filmschauspielerin und Politikerin. Dieses Ps war der Künstlername der späteren Frau von Mao Tse-tung. Bis zu ihrer Heirat war sie Filmschauspielerin, später wurde sie die Propagandistin der Kulturrevolution. Für ihre politische Tätigkeit benutzte sie das zweite Ps.

Lanza, Mario = Alfredo Arnold Cocozza
1921-1959, in Italien geb. amerik. Opernsänger. Durch Musikfilme wie »Der große Caruso« sowie Schallplatten und Konzerttourneen wurde er weltberühmt.

Sein Ps-Vorname stammt aus seiner Lieblingsoper, Puccinis »Tosca«.

L'Arronge, Adolf = Adolf Aaron
1838-1908, dt. Schriftsteller. Schrieb Lustspiele und Lokalpossen wie z. B. »Mein Leopold«.

Sein Ps hat er von seinem Vater, dem Schauspieler Eberhard L'Arronge übernommen. Es ist aus dem Familiennamen entwickelt und mit franz. Touch versehen.

Lassalle, Ferdinand = Ferdinand Lassal
1825-1864 (in einem Duell), dt. Publizist und Politiker.

Stand Marx nahe, gründete 1863 den »Deutschen Arbeiterverein«, die erste Parteibildung der sozialdemokratischen Bewegung.

Sein Ps benutzte er erst ab 1846. Außerdem schrieb er zahlreiche Streitschriften unter anderen Ps.

Laurel, Stan = Arthur Stanley Jefferson
1890-1965, amerik. Filmschauspieler engl. Herkunft.

Seit 1926 spielte er zusammen mit Oliver Hardy in über 200 Slapstick-Filmen. Bei uns heißt das Komiker-Duo »Dick (Laurel) und Doof (Hardy)«. Ein seltsames Ps: »Laurel« bedeutet im Englischen »Lorbeer«.

Lavi, Daliah = Daliah Lewinbuk
*1942, isr. Schlagersängerin.

Zwischen 1959 und 1970 spielte sie in über 20 Hollywood-Produktionen. Gesangshit: »Wer hat mein Lied zerstört?«
Das Ps ist – englisch ausgesprochen – die erste Silbe ihres richtigen Namens: Lewi.
Nach ihrer Aussage bedeutet es »Löwe«.

Laxness, Halldór Kiljan = H.W. Gujonsson
*1902, isl. Schriftsteller. Erhielt 1955 den Nobelpreis. »Salka Valka«; »Der Freisasse«; »Islandglocke«; »Atomstation«.
Sein Ps ist der Name des Bauernhofs auf dem er geboren wurde.

Lazlo, Viktor = Sonja Dronniez
*1961, belg. Sängerin und Moderatorin. Sie wählte ihr Ps nach der Rolle des Viktor Lazlo (gespielt von Paul Henreid) in dem Film »Casablanca«.

Leandros, Vicki = Vassiliki Papathanassiou, (verh. Baronin Ruffin)
*1952 (a.Q. 1949), griech. Schlagersängerin. »Theo, wir fahr'n nach Lodz«; »Ich bin ich«.

Lear, Evelyn = Evelyn Schulman
*1928, amerik. Opernsängerin (Sopran).
Ob sie ihr Ps vom sagenhaften britischen König hergeleitet hat, der sein Reich vorzeitig seinen beiden älteren Töchtern vermachte?

Lebrecht, Peter >FÄRBER, Gottlieb< = Ludwig Tieck
1773–1853, dt. Dichter der Frühromantik und Shakespeare-Übersetzer. [»Der gestiefelte Kater« (Märchen); »Vittoria Accorombona« (Roman)].
Sein Ps verwendete er in dem Titel »Peter Lebrecht, eine Geschichte ohne Abenteuerlichkeiten«. Es ist die Bearbeitung eines franz. Stoffes und in Ich-Form geschrieben. Insofern ein literarisches Ps.

Le Carré, John = David John Moore Cornwell
*1931, engl. Schriftsteller und Diplomat.
»Der Spion, der aus der Kälte kam«; »Dame, König, As, Spion«; »Smileys Leute«.
Als er noch im diplomatischen Dienst tätig war, wurde er angewiesen, seine Romane unter Ps erscheinen zu lassen. Während einer Busfahrt durch London, sah er den Namen John Le Carré an einer Ladenfront. Er wählte ihn zu seinem Ps.

Le Corbusier = Charles-Edouard Jeanneret
1887–1965, schweiz. Architekt. War von 1920–1960 weltweit die beherrschende Figur der modernen Architektur.
Sein Ps benutzte er seit 1920 als Autor, ab 1922 auch im bürgerlichen Leben. Seit 1928 signierte er damit auch seine Bilder. Das Ps ist vom Namen seiner Urgroßmutter abgeleitet, die Lecorbésier hieß. Es erlaubte eine Anspielung auf seine physiognomische Ähnlichkeit mit einem Raben, franz. = »corbeau«.

Lee, Bruce = Lee Yuen Kam
1940–1973, chin. Filmschauspieler. Kultfigur des Karate- und Kung-Fu-Kampfes, den er in zahlreichen Hongkong-Actionfilmen vorführte. Zu Beginn seiner Karriere spielte er in den TV-Serien »Batman« und »Green Hornet«.

Lee, Gypsy Rose = Rose Louise Hovick
1914–1970, amerik. Striptease-Tänzerin. Ihr Leben wurde verfilmt. Bei diesem Ps wurde der eher biedere Vorname Louise in »Gypsy« = »Zigeuner« geändert.

Lee, William = William S. Burroughs
*1914, amerik. Schriftsteller. Unter diesem Ps schrieb er die Romane »Junkie« und »Naked Lunch«. In beiden werden (seine eigenen) Erlebnisse eines Rauschgiftsüchtigen geschildert.

Legrand, François = Franz Antel
*1913, österr. Filmregisseur. [»Kaiserwalzer«; »Die Wirtin von der Lahn«; »Der Bockerer« u.v.a.].
Benutzt das Ps für seine Tätigkeit als Regisseur bei ausländischen Co-Produktionen. Es bedeutet »Franz der Große«.

Leigh, Janet = Jeanette Helen Morrison
*1927, amerik. Filmschauspielerin. »Im Zeichen des Bösen«; »Psycho« u.v.a.

Leigh, Vivien = Vivian Mary Hartley
1913–1967, engl. Theater- und Filmschauspielerin. Für »Vom Winde verweht« (1939) und »Endstation Sehnsucht« (1951) erhielt sie als beste Darstellerin den Oscar.
Sie heiratete in erster Ehe 1932 Herbert Leigh Holman und benutzte seinen Mittelnamen als Ps. Außerdem änderte sie in ihrem Vornamen das »a« in ein »e«.

Lely, Peter = Pieter van der Faes
1618–1680, holl. Porträtmaler, Hofmaler Karls II.
Legte sich in England, wo er zum Sir erhoben wurde, den neuen Namen zu.

Lenau, Nikolaus = Nikolaus Franz Niembsch Edler von Strehlenau
1802–1850, österr. Lyriker. Sein Ps ist aus dem letzten Teil von Strehlenau abgeleitet.

Lenin, W.I. >FREY, William >IVANOW, Konstantin Petrowitsch >KUPRIANOW, B.V. >TULIN, K.< = Wladimir Iljitsch Uljanow
1870–1924, russ. Revolutionsführer. Entwickelte die Grundlagen des bolschewistischen Programms.
Sein Ps bedeutet »der von der Lena« (Fluß in Sibirien). Sein älterer Bruder hat es für ihn erfunden. Dieser wurde wegen politischer Tätigkeit hingerichtet. Lenin von 1896 bis 1899 nach Sibirien verbannt.
Für seine Untergrundarbeiten und während seines Exils in der

Schweiz benutze Lenin die unterschiedlichsten Ps, sowohl zur Tarnung wie auch als Autorennamen.

Lentner, Ernst = Ernst Raupach
1784–1852, dt. Dramatiker und Historiker. [»Die Hohenstaufen«; »Der Müller und sein Kind«].
Der auf allen Bühnen gespielte Raupach benutzte sein Ps nur für die ersten seiner 117 Dramen. Wahrscheinlich, weil der Predigersohn und Theologiestudent seine Karriere durch seine dramatischen Versuche nicht gefährden wollte.

Lenya, Lotte = Karoline Blamauer
1900–1981, österr. Schauspielerin und Sängerin. Erste »Seeräuberjenny« in Brechts »Dreigroschenoper«. Interpretin der Songs ihres Mannes Kurt Weill.

L'Etrange, Joseph >GAZUL, Clara >MAGLANOWITSCH, Hyazinth< = Prosper Mérimée
1803–1870, franz. Schriftsteller und Historiker. [»Carmen«].
Dieses Ps steht in unmittelbarem Zusammenhang mit Gazul, Clara.

Leutnant Versewitz = Georg Bötticher
1849–1918, dt. Journalist. Schrieb unter diesem Ps Gedichte für die »Fliegenden Blätter«. Eine pseudonymvernarrte Familie: Sein Sohn nannte sich Ringelnatz und auch Georgs Bruder wurde unter einem Ps berühmt: Paul de Lagarde.

Georgs Ps ist eine Veralberung preußischer Adelsgeschlechter wie derer von Zitzewitz.

Levis >LORIS >MELIKOW >MORREN, Theophil< = Hugo von Hofmannsthal
1874–1929, österr. Schriftsteller, Dramatiker, Lyriker und Erzähler. [»Rosenkavalier«; »Jedermann«]. Als 28jähriger durchlebte er eine Krise. Er glaubte, nicht mehr gültig formulieren zu können – deshalb bediente er sich mehrerer Ps für die in jener Zeit entstandenen Arbeiten. Nur »Loris« hatte er schon vorher verwendet.

Lewald, Fanny = Fanny Stahr
1811–1889, dt. Schriftstellerin. Schrieb ostpreußische Erzählungen.
Hinter ihrem Ps steckt ein Stück Zeitgeschichte: geboren wurde sie als Tochter des jüd. Kaufmanns Markus, der später den Namen Lewald annahm. Fanny trat zum ev. Glauben über, um einen Theologen heiraten zu können, entschied sich dann aber für den Kunstkritiker Adolf Stahr.

Lewis, Jerry = Joseph Levitch
*1926, amerik. Filmkomiker und Regisseur. Zwischen 1949 und 1957 trat er mit Dean Martin in zahlreichen Filmen auf. In eigener Regie entstanden u.a.: »The Bellboy«; »Wo bitte geht's zur Front«; »König der Komödie«.

Lien Chi Altangi = Oliver Goldsmith

um 1730–1774, ir. Schriftsteller. [»Der Vikar von Wakefield«].
Seine »Chinese Letters« (Essays), die später in Buchform als »A Citizen of the World« (»Ein Weltbürger«) erschienen, veröffentlichte er unter diesem chin. Ps.

Lind, Jenny = Jenny Goldschmidt
1820–1887, schwed. Sängerin (Sopran). Sie wurde »die schwedische Nachtigall« genannt.

Lindberg, Leopold = Leopold Lemberger
1902–1984, österr. Theater- und Filmregisseur. Emigrierte in die Schweiz. »Die mißbrauchten Liebesbriefe«; »Vier in einem Jeep«; »Unser Dorf« u.v.a.

Linder, Max = Gabriel Leuvielle
1883–1952, franz. Filmkomiker, Stummfilmstar. Drehte seinen ersten Film bereits 1905. Er und Mary Pickford waren die ersten Filmstars.
Einer der seltenen Fälle, daß ein franz. Schauspieler ein dt. Ps wählte.

Lingen, Theo = Franz Theodor Schmitz
1903–1978, dt. Theater- und Filmschauspieler und Regisseur. Spielte im Film leider nur komische Rollen. Er war ein bemerkenswerter »Riccaut de la Mariniére« in Lessings »Minna von Barnhelm«.
Sein Ps wählte er nach der Geburtsstadt seines Vaters. Seine Tochter Ursula, ebenfalls Schauspielerin, übernahm sein Ps.

Linke Poot = Dr. med. Alfred Döblin
1878–1957, dt. Schriftsteller. Schrieb unter richtigen Namen den Roman »Berlin Alexanderplatz« und fand damit international Anerkennung. Sein Ps benutzte er, um scharfe Kritik an den reaktionären Kräften der Weimarer Republik zu üben. »Linke Poot« = »linke Pfote«.

Lippe, Jürgen von der = Jürgen Dohrenkamp
*1950 (a.Q. 1948), dt. TV-Unterhalter. »Donnerlippchen« (Fernseh-Show).
Das Ps wurde nach dem Geburtsort im Lippischen gewählt und paßt zur kessen Klappe.

Lisi, Virna = Virna Pieralisi
*1937, ital. Filmschauspielerin. »Casanova 70«; »Die Schlange« u.v.a. Ihr Ps ist aus den beiden letzten Silben ihres Familiennamens gebildet.

Litwinow, Maksim Maksimowitsch = Maksim Maksimowitsch Wallach (auch Finkelstein)
1876–1951, russ. Revolutionär und Diplomat. Er mußte 1939 zurücktreten, da er gegen einen Pakt mit Nazi-Deutschland war. Sein Ps wählte er, weil in der bolschewistischen Revolution Namen mit westlich-bourgeoisem Klang verpönt waren.

Lockwood, Margaret = Margaret Mary Day
*1916, engl. Filmschauspielerin. »Madonna der sieben Monde« u.a.

Lolita = Ditta Tuza Einzinger
*1931, österr. Schlagersängerin. Wurde mit Seemannsliedern bekannt. Ihr Ps ist der Name der Titelheldin des Romans von Vladimir Nabokov.

Lom, Herbert = Herbert Charles Angelo Kuchazwitsch Schluderpacheru
*1917, engl. Schauspieler russ. Herkunft. »Der letzte Schleier«; »Krieg und Frieden«; »Die Nibelungen« u.v.a. Bei einem solchen Familiennamen ist ein Ps ein Muß.

Lombard, Carole = Jane Alice Peters
1908-1942 (Flugzeugabsturz), amerik. Filmschauspielerin. »Der letzte Ritt nach Cardiff«; »Nur dem Namen nach« (mit Cary Grant); »Sein oder nicht sein« (Lubitsch) u.v.a.

London, Jack = John Griffith
1876-1916, amerik. Romanschriftsteller. »Der Seewolf«; »Ruf der Wildnis«; »Wolfsblut« u.a. Als Ps wählte er den Namen seines Stiefvaters John London.

Lorac, E.C.R. = Edith Caroline Rivett
1894-1958, engl. Schriftstellerin. Schreibt hauptsächlich Detektivromane. Nun ist klar, was sich hinter den drei Buchstaben des Ps verbirgt: die Anfangsbuchstaben ihres richtigen Namens. Und was »Lorac« bedeutet, erfährt, wer den Namen rückwärts liest.
Außerdem schrieb sie ca. 20 Krimis unter dem Ps Carol Carnack.

Loren, Sophia = Sofia Scicolone
*1934, ital. Filmschauspielerin. »Das Gold von Neapel«; »Liebe, Brot und Phantasie«; »Heirat auf italienisch«; 1961 Oscar für »Two Woman«. Ihr Ps ist eine Erfindung des Regisseurs Mario Mattoli, der sie Ende der 50er Jahre für den Film »Zwei Nächte mit Kleopatra« aus der Schar wohlgeformter Komparserie-Mädchen herausholte.

Loriot = Vicco Christoph-Carl von Bülow
*1923, dt. Karikaturist, Fernsehautor und Opernregisseuer. Zu seinen erfolgreichsten Karikaturbänden gehören »Der gute Ton«, »Für den Fall«, »Loriots großer Ratgeber«, »Loriots heile Welt«. Unter anderem auch Schöpfer des Fernsehhundes »Wum«.
Sein Ps ist das franz. Wort für den Vogel Pirol, dessen Männchen einen flötenden Ruf hören lassen, was ihnen die aus dem Klang abgeleitete Bezeichnung »Vogel Bülow« eingebracht hat und der dadurch zum Wappenvogel seiner Familie wurde.

Loris >LEVIS >MELIKOW >MORREN, Theophil <= Hugo von Hofmannsthal
1874-1929, österr. Schriftsteller. [»Rosenkavalier«; »Jedermann«].
Das Ps benutzte er nur für seine ersten Essays, die er als 17jähriger Schüler schrieb.

Lorm, Hieronymus = Heinrich Landesmann
1821-1902, österr. Schriftsteller und politischer Journalist. War seit seiner Jugend taub und erblindete später.
Er wählte das Ps, um nach seiner Flucht vor der Metternichschen Geheimpolizei seine in Wien zurückgebliebenen Eltern vor Verfolgung zu schützen.

Lorrain, Claude = Claude Gelée
1600-1682, franz. Maler. Meister der »idealen Landschaft«.
In seinem Ps hat er den richtigen Vornamen beibehalten, während er statt des glibrigen Gelees die Landschaft, aus der er stammte - Lothringen - als Ps-Nachname wählte.

Lorre, Peter = Laszlo Löwenstein
1904-1964, in Ungarn geb. dt. Schauspieler. Ging 1934 nach England, dann in die USA. »M - eine Stadt sucht einen Mörder«; »Der Mann, der zuviel wußte«; »Arsen und Spitzenhäubchen«.

Los Angeles, Victoria de = Victoria Lopez-Cima
*1923, span. Opernsängerin. Ihr Ps besagt nicht, daß sie aus L.A. ist, sondern »von den Engeln«.

Lothar, Ernst = Ernst Lothar Müller
1890-1974, österr. Regisseur und Schriftsteller.
»Macht über alle Menschen« (Roman-Trilogie); »Die Tür geht auf« (Novellen); »Verwandlung durch die Liebe« (Roman); »Der Engel mit der Posaune« (Roman).
Verständlich, daß er sich und uns den Dutzendnamen Müller ersparte.

Lothar, Rudolf = Rudolf Spitzer
1865-nach 1933 (in der Emigration verschollen), dt. Schriftsteller und Journalist.
Schrieb die Romane »König Harlekin«; »Kurfürstendamm«; »Die Kunst des Verführens«.

Louis, Joe = Joseph Louis Barrow
1914-1981, amerik. Schwergewichtsboxer. Weltmeister im Schwergewicht von 1937-1949.

Low, Bruce = Ernst Bjelke
*1913, holl. Schlagersänger. »Leise rauscht es am Missouri«; »Noah« u.a. viele Western-Songs.

Lowitz, Siegfried = Siegfried Wodolowitz
*1914, dt. Theater-,Film- und Fernsehschauspieler. Spielte viele Theater- und Filmrollen, wurde aber erst durch die Fernsehkrimi-Serie »Der Alte« als »Kommissar Köster« bundesweit bekannt und berühmt.
Sein Ps bildete er durch Weglassen von »Wodo«, den ersten Teil seines richtigen Namens.

Loy, Myrna = Myrna Williams
*1905, amerik. Filmschauspielerin. Begann in exotischen Rollen; ihren Durchbruch hatte sie jedoch in komödiantischen Filmen. Sie war die weibliche Hauptdarstellerin in den »Dünner-Mann«-Filmen.
Ihr Ps legte sie sich 1932 zu, weil

ihr ihr »alter walisischer Name nicht fließend genug« schien.

Lualdi, Antonella = Antonetta de Pascale
*1931, ital. Filmschauspielerin. »Der Mantel«; »Rot und Schwarz«; »Bel Ami 2000« u.v.a.

Lucas van Leyden = Lucas Hugensz (oder Jacobsz)
1494-1533, holl. Maler und Graveur.
Sein Ps ist aus seinem (wahrscheinlichen) Geburtsort Leyden (oder Leiden) gebildet.

Lucidor, Lasse = Lars (Lasse) Johansson
1638-1674 (bei einer Schlägerei), schwed. Lyriker. »Dichter des Rausches und der Reue«. Die Gefühlsskala des Barock spiegelte sich in seinen Versen, die er in allen europäischen Sprachen verfaßte.
Sein Ps ist das lateinische Wort für »der Erleuchtete«.

Ludwig, Emil = Emil Ludwig Cohn
1881-1948, dt. Schriftsteller. Erlangte durch seine Goethe- »Biographie« Weltruhm. Als ihn 1930 Paul Alfred Otte vom »Berliner Tageblatt« fragte, ob sein Name Emil Ludwig ein Ps sei, bekam er die Antwort: »Wo denken Sie hin! Wenn ich mir ein Ps zulegen würde, würde ich mich Emil Cohn nennen«.

Lukas, Paul = Paul Lugacs
1895-1971, amerik. Filmspieler ung. Herkunft. »Die drei Musketiere«; »Dinner im Ritz«; »Die Wacht am Rhein« (1943 den Oscar als bester Darsteller) u.v.a.
Sein Ps ist eine ebenso einfache, wie einfühlsame Anpassung seines Namens an dt. - er begann bei der Ufa - und amerik. Schreibweise.

Lulu = Marie McDonald McLaughlin Lawrie
*1948, schott. Schlagersängerin. Gewann 1969 das Eurovisionsfestival in Madrid mit »Boom-Bang-A-Bang«.
Ob sie bei der Wahl ihres Ps wußte, welch eine »Schlange« Lulu in der Weltliteratur verkörpert? Ein Triebwesen mit der »Kindseinfalt des Lasters«.

Lynx > WEST, Rebecca <= Cecily Isabel Fairfield, verh. Andrews
1892-1983, in Irland geb. engl. Schriftstellerin und Schauspielerin. Ihr Ps ist der lateinische Name für »Fuchs«. Unter diesem Ps schrieb sie Beiträge für Zeitschriften. Sie war Sozialistin und Frauenrechtlerin.

M

Mabuse = Jan Gosseart
um 1478-1533/1534, holl. Maler. Wurde zum Begründer des holl. Romanismus, der sich Gestaltungsformen der ital. Malerei zum Vorbild nahm.
Ältere Nachschlagewerke geben seinen Namen als Jan Gossaert Mabuse an, so daß sein Ps nur der Verzicht auf den Vornamen und einen Familiennamen wäre.

MacLaine, Shirley = Shirley Maclean Beaty
*1934, amerik. Filmschauspielerin. »Verdammt sind sie alle«; »Das Appartment«; »Das Mädchen Irma La Douce«. Nach vielen Nominierungen erhielt sie als beste Darstellerin in »Zeit der Zärtlichkeit« 1984 endlich den Oscar.
Bei ihrem Ps ließ sie ihren Nachnamen weg und nannte sich in etwas geänderter Form nach ihrem Mittelnamen, der der Mädchenname ihrer Mutter ist. Schwester von Warren Beatty.

MacLean, Alistair = Ian Stuart
*1922, schott. Schriftsteller. Seine Romane sind oft als Tatsachenberichte abgefaßt. »Die Männer des Ulysses«; »Die Kanonen von Navarone«; »Dem Sieger eine Handvoll Erde«.

MacLeod, Fiona = William Sharp
1856-1905, engl. Romanschriftsteller. [»Wives in Exil«; »Silence Farm«]. »Das Reich der Träume«; »Wind und Woge«. Sharp wahrte sein weibliches Ps so streng, daß er für »Who is Who« sogar biographische Notizen für diese Autorin verfaßte.

MacOrlan, Pierre = P. Dumarchey
1882-1970, franz. Schriftsteller und Cartoon-Zeichner. »Hafen im Nebel« (»Quai des brumes«) wurde 1938 mit Jean Gabin und Michéle Morgan von Marcel Carné verfilmt.

Madame Buchela = Margarethe Goussanthier
1899-1988, dt. Hellseherin. s. BUCHELA

Madonna = Louise Veronica Ciccione
*1958 (a.Q. 1959), amerik. Popsängerin ital. Abstammung. »Who's That Girl«.

Maffay, Peter = Peter Makkey
*1949, in Rumänien geb. dt. Schlager- und Rocksänger. »Eiszeit« u.v.a.

Maglanowitsch, Hyazinth > GAZUL, Clara > L'ETRANGE, Joseph < = Prosper Mérimée
1803-1870, franz. Schriftsteller und Historiker. Unter diesem Ps eines angeblichen illyrischen Volkssängers erschien das Buch »Die Guzla oder Auswahl illyrischer Dichtungen, gesammelt in Dalmatien, Bosnien, Kroatien und der Herzegowina«. Goethe durchschaute das Spiel

wegen der Namensähnlichkeit zwischen Guzla und Gazul. Mérimée gab zu, daß er sich dieses Täuschungsmanövers bedient hatte, um sich Geld für eine Reise zu verdienen.

Mahatma Gandhi = Mohandas Karamchand Gandhi
1869-1948 (ermordet), ind. Führer der Freiheitsbewegung. Er studierte in London Jura und war von 1893-1914 in Südafrika als Anwalt tätig. Nach Indien zurückgekehrt, versuchte er durch gewaltlosen Widerstand, England zu zwingen, die Herrschaft über Indien aufzugeben. Wurde mehrmals zu Gefängnisstrafen verurteilt. Indien wurde im August 1947 unabhängig.
Mit dem Titel »Mahatma« war er von seinen Landsleuten geehrt worden – er bedeutet »die große Seele«.

Makarios III. = Michail Christedoulos Mouskos
1913-1977, griech.-orthod. Theologe und zyprischer Politiker. Seit 1950 Erzbischof von Zypern und Ethnarch. Von 1959 bis 1977 Präsident der Republik Zypern.

Malaparte, Curzio = Kurt Sukkert
1898-1957, ital. Schriftsteller dt. Abstammung. »Die Haut«; »Kaputt« u.a. Romane. Sein Ps ist bewußt als Gegenstück zu dem Namen Bonaparte (»gutes Los«) gewählt. »Malaparte« = »schlechtes Los«.

Malden, Karl = Mladew Sekulowich
*1914, amerik. Theater- und Filmschauspieler jug. Abstammung. »Bumerang«; »Die Faust im Nacken«; »Endstation Sehnsucht« (1951 den Oscar für die beste Nebenrolle) u.a. Weltweit bekannt wurde er durch die Fernseh-Serie »Die Straßen von San Francisco«.

Maler Müller = Friedrich Müller
1749-1815, dt. Schriftsteller. Erzähler, Lyriker und Dramatiker des Sturm und Drang. »Fausts Leben dramatisirt«.
Sein Ps bekam er, weil er als Maler begann. Nach einem abenteuerlichen Leben erhielt er von Ludwig I. Pension als bayerischer Hofmaler.

Mann, Anthony = Emil Bundsmann
1906-1967, amerik. Filmregisseur. »Winchester 73«; »Der Mann von Larami«; »Die Glenn Miller Story« u.a.
Mit seinem dt. Vornamen kappte er auch gleich die erste Silbe seines Familiennamens für sein Ps.

Mann, Manfred = Mike Lubowitz
*1940, in Südafrika geb. engl. Popmusiker. »Blinded by the Light«.

Manolete = Manuel Laureano Rodriguez Sánchez
1917-1947, span. Stierkämpfer. Sein Ps heißt frei übersetzt »Todeshand.

Mansfield, Jane = Vera Jayne Palmer

1932–1967 (Autounfall), amerik. Filmschauspielerin. Verfügte über enorme Propotionen. Spielte auch in einem deutschen Film: »Heimweh nach St. Pauli«. Sie war als Teenager mit einem Herrn Mansfield verheiratet; den Namen behielt sie, den Mann nicht.

Mansfield, Katherine = Kathleen Beauchamp, verh. Murry
1888–1923, engl.-neuseeländ. Schriftstellerin. »Seligkeit und andere Erzählungen«; »Ihr erster Ball«; »Das Gartenfest und andere Geschichten«. War mit vielen Literaten befreundet, so daß ihre Briefe und Tagebücher wichtige Aufschlüsse über literarische Strömungen ihrer Zeit geben. Das Ps war wohl nötig, weil die Aussprache ihres richtigen Namens im Englischen ziemlich schwierig ist.

Manuela = Doris Wegener
*1943, dt. Schlagersängerin. Er-sang sich fünf goldene Schallplatten.
Ihr Ps stammt von dem Titel ihrer ersten Schallplatte, die in den USA produziert wurde.

Maori = James Inglis
1845–1908, neuseeländ. Journalist und Politiker. Sein Ps war eine Sympathie-Erklärung an die einheimische Bevölkerung seiner Heimat.

Ma Prem Pantho = Karin Petersen
*1950, dt. Schriftstellerin. Schreibt Lyrik und Prosa. »Das fette Jahr«.

Wählte das Ps als Anhängerin ind. Weisheitslehren.

Marais, Jean = Jean Villain-Marais
*1913, franz. Filmschauspieler. »Orphee«; »Die Schöne und das Tier«; »Der Mann mit der Maske« u.v.a.
Interessant, daß er sich bei der Wahl seines Ps nicht für »Villain«, sondern für »Marais« entschied, obgleich das im Französischen »Sumpf«, »Moor« bedeutet.

Marceau, Félicién = Louis Carette
*1913, belg. Schriftsteller. Schreibt Romane und Dramen. »Kleine Insel Capri«; »Denise oder die Qual des Verliebtseins«; »Das Ei« (Theaterstück).

Marceau, Marcel = Marcel Mangel
*1923, franz. Pantomime. Erfand die Figur des »Bip«.

March, Fredric = Frederick McIntyre Bickel
1897–1975, amerik. Theater- und Filmschauspieler. »Dr. Jekyll und Mister Hyde« (Oscar 1931/32); »Die besten Jahre unseres Lebens« (Oscar 1946); »Tod eines Handlungsreisenden« (Oscar-Nominierung 1951) u.a.
Weil der Regisseur John Cromwell meinte, sein richtiger Name klinge wie »Pickel«, nahm er als Ps die Abkürzung des Mädchennamens seiner Mutter, sie hieß Marcher.

March, Peggy = Margret Annemarie Batavio
*1948, amerik. Schlagersängerin. 1965 Siegerin der Deutschen Schlagerfestspiele. »Mit siebzehn hat man noch Träume«.

Marciano, Rocky = Rocco Francis Marchegiano
1923–1969, amerik. Schwergewichtsboxer. Wie schön, wenn ein Boxer tatsächlich Rocco (= »Felsen«) heißt, so brauchte er für sein Ps nur den ital. Familiennamen dem amerik. Sprachgebrauch anzupassen.

Marian, Ferdinand = Ferdinand Haschkowitz
1902–1946 (Autounfall), österr. Theater- und Filmschauspieler. »La Habanera«; »Jud Süß«; »Romanze in Moll« u.v.a.

Marius, Simon = Simon Mayr (a. Q. Mair, Mayer)
1573–1625, dt. Astronom. Sein Ps ist eine damals übliche, etwas gewaltsame Latinisierung seines dt. Namens.

Mark Twain = Samuel Langhorne Clemens
1835–1910, amerik. Schriftsteller. »Abenteuer und Fahrten des Huckleberry Finn«; »Die Abenteuer Tom Sawyers«; »Leben auf dem Mississippi« u.a.; Reiseberichte aus der Alten Welt.
Sein Ps ist nach dem Ausruf der Lotsen auf dem Mississippi gebildet, diese riefen die Fadentiefe des Flußes mit »Mark one, Mark twain« (»twain« statt »two«) dem Kapitän zu. Deshalb ist dieses Ps auch nicht unter »T« sondern unter »M« einzuordnen.

Marlitt, Eugenie = Eugenie Friedericke Christiane Henriette John
1825–1887, dt. Romanschriftstellerin. »Das Geheimnis der alten Mamsell«; »Reichsgräfin Gisela«; »Goldelse« – dieser Roman sowie »Zwölf Apostel« erschienen in der »Gartenlaube«, allerdings nur unter E. Marlitt, um das Geschlecht der Autorin zu verbergen.

Marshall, Tony = Herbert Anton Hilger
*1938, dt. Schlager- und Stimmungssänger. »Schöne Maid …« u.v.a.
Ein Ps, das dem angloamerikanischen Trend im Schlagergeschäft Rechnung trägt.

Martens, Valerie von = Valérie Pajer Edle von Maiersperg
1894–1986, österr. Schauspielerin. Seit 1925 war die Tochter eines österr. Admirals mit Curt Goetz verheiratet, der in vielen seiner Stücke ihr Rollen auf den Leib schrieb.

Martin, Dean = Dino Crocetti
*1917, amerik. Filmschauspieler und Sänger. Trat zusammen mit Jerry Lewis in zahlreichen Filmkomödien auf; aber auch in »Die jungen Löwen«; »Vier für Texas«; »Der längste Tag« u.a. Er nannte sich zuerst Dino Martini, aber 1939 amerikanisierte er seinen Namen.

Martini, Jean Egide Paul = Johann Paul Aegidius Schwartzendorf
1741-1816, in Deutschland geb. franz. Komponist. »Plaisir d'Amour«; »Sappho« (Oper). In Freystadt/Oberpfalz getauft, ab 1760 in Paris naturalisiert.

Martino, Al = Alfred Cini
*1927, amerik. Sänger ital. Herkunft. »Spanish Eyes«; »Somewhere my love«.

Mary und Gordy = Georg Preusse *1951 und Rainer Kohler *1947, dt. Travestie-Künstler.
Das erfolgreiche Duo beherrscht ca. 100 Rollen. Sie tragen selbstkomponierte Chansons und Parodien auf Prominente vor. In ihren Shows aus Illusion und Glitzer wechseln sie in Sekundenschnelle Kostüme und Charaktere. Seit Januar 1989 getrennt wegen Wirbelsäulen-Verletzung von Gordy.

Marx, Chico = Leonhard Marx
1886-1961, amerik. Filmkomiker. Bekannt unter dem Gruppennamen »The Marx Brothers«, deren fester Kern aus Chico, Groucho und Harpo bestand, wobei bis 1936 auch noch Zeppo und bis 1922 Gummo bei der Gruppe waren. Sie zeichneten sich durch groteske Slapstick-Komödien aus. »Eine Nacht in Casablanca«; »Eine Nacht in der Oper«; »Ein Tag beim Pferderennen« u.a. »Chico«, weil er den Ruf hatte, »after the chicks«, hinter den Hühnchen (Mädchen) her zu sein.

Marx, Groucho = Julius Henry Marx
1890-1977, amerik. Filmkomiker. Mitglied der »Marx Brothers«. Da er die Verantwortung für das Geld hatte und die anderen ihm kein Vertrauen entgegenbrachten, mußte er immer ein grimmiges Gesicht zeigen, daher »Groucho« von »grouchy« = »quengelig«.

Marx, Gummo = Milton Marx
1893-1977, amerik. Filmkomiker. Mitglied der »Marx Brothers«.
Sein Vornamen-Ps verdankte er seinem Erscheinungsbild in den Filmen: er trug über seinen kaputten Lederschuhen immer Gummischuhe.

Marx, Harpo = Adolph Arthur Marx
1888-1964, amerik. Filmkomiker. Mitglied der »Marx Brothers«.
Sein Vornamen-Ps bezieht sich darauf, daß er in jedem der Filme der Marx Brothers mindestens einmal ein Harfensolo spielte.

Marx, Zeppo = Herbert Marx
1901-1979, amerik. Filmkomiker. Mitglied der »Marx Brothers«.
Angeblich soll sein Vornamen-Ps durch sein Geburtsjahr entstanden sein, das mit dem Baubeginn des ersten Zeppelins zusammenfiel.

Masaccio, Tommaso = Tommaso di Giovanni di Simone Guidi

1401–ca. 1428, ital. Maler. Schüler Masolinos. Hauptwerke: Fresken in Sta. Maria del Carmine in Florenz. Überwand mit seiner perspektivischen Gestaltungsweise die Spätgotik und wurde damit einer der Hauptmeister der Frührenaissance.

Massary, Fritzi = Friederike Massaryk (a. Q. Masareck)
1882–1969, österr. Operettensängerin. War in den 20er Jahren die gefeierte Diva des Berliner Boulevardtheaterpublikums. Verheiratet mit Max Pallenberg.

Mata Hari = Margaretha Geertruida MacLeod, geb. Zelle
1876–1917, holl. Tänzerin. Spezialität: exotische Tempeltänze. Sie wurde im Ersten Weltkrieg der Spionage für das Deutsche Reich beschuldigt und standrechtlich erschossen. Ihr Ps ist vom malaysischen Wort für »Sonne« abgeleitet und paßte natürlich vorzüglich zu ihren »Tempeltänzen«.

Matthau, Walter = Walter Matuschanskavasky
*1920, amerik. Theater- und Filmschauspieler. »Der Glückspilz« (für die beste Nebenrolle 1966 den Oscar); »Sonny Boys«; »Die Kaktusblüte«; »Extrablatt« u.a.
Sein Ps ist eine geglückte Amerikanisierung seines slawischen Namens.

Maurois, André = Emile Salomon Wilhelm Herzog
1885–1967, franz. Schriftsteller. Schrieb Romane und Biographien: »Benjamin Disraeli, Lord Beaconfield«, »Olympio, Victor Hugo«, »Das Schweigen des Obersten Bramble« u.a.
Sein Ps hat zwei Ursprünge: André war der Name seines Vetters, der im Ersten Weltkrieg fiel. Maurois hieß der Ort, in dem Herzog während des Ersten Weltkriegs als Soldat einquartiert war.

May, Joe = Joseph Mandel
1880–1954, österr. Filmregisseur von Stummfilm-Abenteuerserien. »Die Herrin der Welt« (8 Teile); »Das indische Grabmal« (2 Teile); Serienfilme mit dem Detektiv Percy Stuart. Nach seiner Emigration inszenierte er in Hollywood nur noch B-Filme.
Seine Frau übernahm sein Ps. Sie war der Stummfilm-Star Mia May.

Mayne, Ferdy = Ferdinand Mayer-Boerckel
*1920, engl. Theater- und Filmschauspieler dt. Herkunft. »Tanz der Vampire« u.a.

Mc Bain, Ed = Salvatore A. Lombino
*1926, amerik. Schriftsteller. Schrieb unter diesem Ps 60 Kriminalromane sowie die Serie um das »87. Polizeirevier«.
Weitere Ps: Richard Marsten (fünf Krimis), Hunt Collins (ein Krimi), Curt Cannon (ein Krimi).

McPatterson, Fred >DARLTON, Clark< = Walter Ernsting

*1920, dt. Science-fiction-Schriftsteller. Ähnlich wie bei den Kriminal-Autoren gelten auch bei Science-fiction-Romanen engl. Namen als eine Art Gütesiegel.

Meinrad, Josef = Josef Monka
*1913, österr. Theater- und Filmschauspieler. Ausbildung im Priesterseminar der Redemptoristen, dann Mitglied des Wiener Burgtheaters, Träger des Iffland-Ringes, den er 1959 von Werner Krauß übernahm.
Filme: »Das Siegel Gottes«; »Der Verschwender«; »Der Kardinal« u.a.

Meir, Golda = Goldie Myerson, geb. Mabowitsch
1898-1978, in Rußland geb. isr. Politikerin. Von 1969-1974 Ministerpräsidentin. Nach dem vierten israel.-arab. Krieg führten innenpolitische Auseinandersetzungen zu ihrem Rücktritt.
Ihr Ps legte sie sich auf Drängen David Ben Gurions zu, der Wert darauf legte, daß sie ihren Namen »entrussifizierte«.

Melanchton, Philipp = Philipp Schwarzert
1497-1560, dt. Humanist, reformatorischer Theologe und Professor für griech. Sprache.
Aus dem Griechischen stammt auch sein Ps, das die einfache Übersetzung seines richtigen Namens ins Griechische ist: »melas« = »schwarz«, »chton« = »Erde«.

Melba, Nellie = Helen Porter Armstrong, geb. Mitchell
1861-1931, austr. Opernsängerin schott. Herkunft.
Ihr Ps ist aus ihrer Geburtsstadt Melbourne abgeleitet. Auf ihr Ps geht der Name des Desserts »Pfirsich Melba« zurück; es war ihre Lieblingsspeise.

Melchior, Lauritz = Lebrecht Hommel
1890-1973, dän. Opernsänger (Tenor). Bedeutendster Wagner-Sänger seiner Zeit. Er wählte den Namen, den der Legende nach einer der Heiligen drei Könige führte. Aus dem Hebräischen übertragen bedeutet er »König des Lichts«.

Melikow >LEVIS >LORIS >MORREN, Theophil<= Hugo von Hofmannsthal
1874-1929, österr. Schriftsteller. [»Rosenkavalier«, »Jedermann«]. s. Levis.

Melmoth, Sebastian = Oscar Wilde
1854-1900, ir. Schriftsteller. Nach seiner Gefängnishaft ging Wilde nach Frankreich und nahm dort das Ps an. Es ist der Titel des Schauerromans »Melmoth, der Wanderer« des anglikanischen Pfarrers Charles Robert Maturin, den Wilde bei seinem Onkel gesehen und offenbar auch gelesen hatte.

Melville, Jean-Pierre = Jean-Pierre Grumbach
1917-1973, franz. Filmregisseur. »Das Schweigen des Meeres«; »Les enfants terribles«;

»Der Samurai« u.a. Das Ps ist auf Grumbachs Begeisterung für den amerik. Autor Herman Melville zurückzuführen.

Mendt, Marianne = Marianne Krupicka
*1946, österr. Dialekt- und Jazz-Sängerin. Sie begann ihre Ausbildung als Pianistin und Tänzerin. Durch ihren Erfolgshit »Die Glock'n, die 24 Stund'n läut'« wurde sie 1970 bekannt und machte den Dialektsong damit »hoffähig«.
Ihr Ps legte sie sich schon als Teenager zu.

Mercator, Gerhardus = Gerhard Kremer
1512-1594, holl. Kartograph und Geograph. Veröffentlichte die berühmte Weltkarte, für die er die nach ihm benannte Mercator-Projektion verwendete. Er benutzte als erster den Ausdruck »Atlas« für seine Sammelwerke.
Sein Ps ist die lateinische Übersetzung seines Namens: »Kremer« = »Krämer« = »Kaufmann« = »mercator«.

Mercouri, Melina = Maria Amalia Mersouris
*1925, griech. Bühnen- und Filmschauspielerin und Politikerin.
Seit 1974 Parlamentsabgeordnete, seit 1981 Ministerin für Kultur. Filme: »Stella«; »Sonntags – nie«; »Phaedra«.
Ihre Memoiren schrieb sie bereits 1971: »Ich bin als Griechin geboren«.

Meredith, Anne > GILBERT, Anthony < = Lucy Beatrice Malleson
1899-1973, engl. Schriftstellerin. Unter diesem Ps schrieb die bekannte Kriminalautorin sentimentale Geschichten. Ein erstaunliches Ps, schließlich gab es im 19. Jh. den engl. Dichter George Meredith, der in England ähnliches Ansehen genießt wie bei uns Jean Paul.

Merz, Carl = Carl Czell
1906-1979 (Freitod), österr. Schriftsteller, Schauspieler und Kabarettist. »Traumwagen aus zweiter Hand«; »Jenseits von Gut und Krankenkasse«; »Der Herr Karl« (zusammen mit Helmut Qualtinger).

Metastasio, Pietro = Pietro Antonio Domenico Bonaventura Trapassi
1698-1782, ital. Dramatiker. Schrieb 60 Operntexte.
Sein Ps kommt von dem griech. Wort »metástasis«, das »Umstellung«, »Wanderung« bedeutet.

Meyen, Harry = Harry Haubenstock
1924-1979 (Freitod), dt. Theater- und Filmschauspieler und Regisseur. »Alraune«; »Des Teufels General«; »Endspurt« (Fernsehspiel mit Heinz Rühmann; Regie).

Meyerbeer, Giacomo = Jakob Liebmann Meyer-Beer
1791-1864, dt. Opernkomponist. »Die Afrikanerin« u.a.
Sein Ps ist im Vornamen eine

Verbeugung vor Rossini, für den er in seiner Anfängerzeit arbeitete, während im Hauptnamen sein richtiger Name zusammengezogen ist.

Meyrink, Gustav = Gustav Meyer
1868–1932, dt. Schriftsteller. Schrieb Romane und Lyrik. »Der Golem« (Roman). Unehelicher Sohn eines württembergischen Ministers und einer bayerischen Hofschauspielerin. Inhaber eines Bankgeschäftes. Wahrscheinlich um seine Bankkunden nicht zu verunsichern und weil der Name Meyer als Autor nicht sehr einprägsam war, wählte er für seine literarischen Arbeiten dieses Ps.

Michaëlis, Karin = Katharina Stangeland, geb. Bech
1872–1950, dän. Schriftstellerin. Schrieb Erzählungen, Romane und Mädchenbücher. »Mette Trap«; »Bibi«-Kinderbuchserie.

Michelangelo = Michelagniolo di Ludovico di Lionardo di Buonarroti-Simoni
1475–1564, ital. Maler, Bildhauer und Baumeister. Entwarf die Kuppel der Peterskirche, schuf die David-Statue und die Fresken in der Sixtinischen Kapelle u.v.a.

Mikkelsen, Hans = Ludvig Holberg
1684–1754, dän. Dichter und Historiker. »Die Hochzeitsstube« und weitere 20 Theaterstücke.
Der Prof. für Metaphysik und »Vater des dän. Theaters« verfaßte unter dem Ps satirische Gedichte gegen Untugenden seiner Zeit, die sich in nichts von denen unserer Zeit unterschieden: Intoleranz, Bestechlichkeit, Aberglauben.

Milland, Ray = Reginald Truscott-Jones
1905–1986, amerik. Filmschauspieler. »Das verlorene Wochenende« (als bester Darsteller 1945 Oscar); »Der Mann mit den Röntgenaugen« u.a.
Sein Ps ist die Erinnerung an seine walisische Heimat: »millland« = »Land der Mühlen«.

Miller, Philipp = Johann Wolfgang von Goethe
1749–1832, dt. Dichter. [»Götz von Berlichingen«; »Dichtung und Wahrheit«; »Faust«].
Er benutzte falsche Papiere und dieses Ps mit dem Zusatz »Pittore« (Maler), als er 1786 in einer Septembernacht ohne Abschied aus Karlsbad nach Italien aufbrach, um »den Dichter in mir zwischen den Zeugen der Antike wiederzufinden«.

Milva = Maria Ilva Biolcati
*1939, ital. Sängerin. Sie begann mit 16 Jahren in billigen Tanzlokalen zu singen, spezialisierte sich später auf Chansons und Spirituals sowie Lieder von Brecht. Deshalb und wegen ihrer roten Haare bekam sie den Spitznamen die »rote Milva«.
Ihr Ps ist aus den beiden Vornamen zusammengezogen.

Mindszenty, Jozsef = Joseph Pehm
1892–1975, ung. Geistlicher. Seit 1945 Erzbischof von Esztergon und Primas von Ungarn. 1949 als Gegner des Kommunismus wegen Hochverrats zu lebenslänglicher Haft verurteilt, nach seiner Befreiung während des ung. Volksaufstandes (1956) lebte er im Asyl. 1971 konnte er Ungarn verlassen und nahm seinen Wohnsitz in Wien. 1974 wurde er vom Vatikan als Erzbischof und Primas von Ungarn abgesetzt.
Sein Ps legte er sich in den 30er Jahren aus Protest gegen den Pro-Hitler-Kurs Ungarns zu. Es ist aus dem Namen seines Geburtsortes Csehimindszent gebildet.

Mira, Brigitte = Brigitte Stramm
*1916, dt. Schauspielerin. Begann als Tänzerin und Soubrette. Für ihre Rolle in dem Fassbinder-Film »Angst essen Seele auf« erhielt sie 1974 den Deutschen Filmpreis als beste Darstellerin. Zahlreiche Fernsehfilme. Ihr Ps legte sie sich gleich zu Beginn ihrer Laufbahn zu.

Dr. Mises = Gustav Theodor Fechner
1801–1887, dt. Naturforscher, Psychologe und Philosoph. Begründer der Psychophysik. Neben seinen wissenschaftlichen Arbeiten veröffentlichte der Gelehrte auch humoristische Verse und ein Rätselbuch. Für diese literarischen Produktionen benutzte er das akademische Ps.

Mistinguett = Jeanne-Marie Bourgeois
1875–1956, franz. Chansonette und Tänzerin. Füllte »Moulin Rouge« ebenso wie die »Follies Bérgéres«. Auch Filme, darunter 1909 ein handcolorierter über sie selbst. Verständlich, daß eine Sängerin frivoler Chansons nicht »Bürgerlich« heißen durfte.
Ihr Ps, unter dem sie weltberühmt wurde, ist eine Zusammenziehung ihres ersten Ps, mit dem sie in ihren Anfängen in Varietés auftrat: Miss Tinguett.

Mistral, Gabriela = Lucila Godoy de Alcayaga
1889–1957, chil. Dichterin. Schrieb hauptsächlich Lyrik. Erhielt 1945 den Nobelpreis für Literatur. »Spürst du meine Zärtlichkeit?«; »Tala« u.a.

Mitchell, Guy = Al Cernick
*1927, amerik. Popsänger. »Singing the Blues«.

Mocky, Jean-Pierre = Jean Mokiejewski
*1929, franz. Filmregisseur. »Die Brut der Gewalt«; »Der Albatros« u.a.
Sein Ps sind die ersten zwei Silben seines Familiennamens.

Möbius, Martin = Otto Julius Bierbaum
1865–1910, dt. Schriftsteller. [»Stilpe« (Roman); »Prinz Kukkuck«; »Neue Früchte vom Bierbaum« (Lyrik)].

Unter dem Ps veröffentlichte er sarkastische »Steckbriefe hinter dreißig Autoren, literarischen Übeltätern gemeingefährlicher Natur«.

Molière = Jean Baptiste Poquelin
1622-1673, franz. Komödiendichter und Schauspieler. »Der Geizige«; »Der eingebildete Kranke«; »Tartuffe« u.a.
Sein Ps verwendete er ab 1643. Bis heute konnte seine Bedeutung nicht entschlüsselt werden.

Molitor, Jan = Josef Müller-Marein
*1907, dt. Schriftsteller und Publizist. [»Der Entenprozeß« (Roman); »Die Bürger und ihr General« (Roman); »Deutschland im Jahre I.« (Bestandsaufnahme)].
Sein Ps ist das lateinische Wort für »Veranstalter«. Er benutzte es für TV-Kritiken und Glossen in der Wochenzeitschrift »Die Zeit«.

Molitor, Marc >BASSERMANN, Lujo >BÜHNAU, Ludwig< = Hermann Schreiber
*1920, dt. Schriftsteller. Schreibt Sachbücher und Erzählungen.
Unter diesem Ps veröffentlichte er seine Kriminalromane.

Molnar, Vera = Vera Kmet
1923-1985, österr. Filmschauspielerin. »Gabriela«; »Der bunte Traum«; »Die dritte von rechts«.
Der Regisseur Geza von Cziffra gab ihr diesen Künstlernamen, der seit dem Schriftsteller Franz Molnar unter Schauspielern beliebt ist. In den 20er Jahren gab es bereits eine Soubrette mit gleichem Ps.

Molotow, Wjatscheslaw Michailowitsch = Wjatscheslaw Michailowitsch Skrjabin
1890-1986, sowj. Politiker. Einer der engsten Mitarbeiter Stalins. Wurde 1957 aller Führungsämter enthoben, 1984 jedoch wieder in die KPdSU aufgenommen.
Sein Ps ist ein typischer symbolischer Bolschewiki-Name. Er bedeutet »Hammer«.

Momos = Walter Jens
*1923, dt. Schriftsteller und Prof. der klassischen Philologie und der Rhetorik. [»Nein - Die Welt der Angeklagten« (Roman); »Vergessene Gesichter« (Roman); »Eine deutsche Universität«; »Der Untergang« und »Die Friedensfrau« (Theaterstücke)].
Unter diesem Ps schrieb er Fernseh-Kritiken in der Zeitung »Die Zeit«.

Monroe, Marilyn = Norma Jean Baker (a. Q. Mortenson)
1926-1962, amerik. Schauspielerin. Sexidol der 50er Jahre. »Blondinen bevorzugt«; »Das verflixte siebente Jahr«; »Manche mögen's heiß« u.a.
Ihr Ps erhielt sie von einem Talentsucher der 20th Century Fox, der ihr auch eine erste Rolle verschaffte, in der sie ein Wort zu sprechen hatte: »Hel-

lo«. In ihrem zweiten Film »Asphaltdschungel« durfte sie wenigstens im Hintergrund zur Musicbox tanzen.

Montand, Ives = Ivo Livi
*1921, in Italien geb. franz. Filmschauspieler und Chansonnier. Zu Beginn seiner Karriere trat er in Pariser Varietés auf und wurde von Edith Piaf gefördert. Filme: »Lohn der Angst«, »Z«, »Der Krieg ist aus« u.a.
Sein Ps stammt von dem Ruf seiner Mutter, mit dem sie ihn zum Essen von der Straße rief: »Ivo, monta!« (»Ivo, komm rauf«).

Montez, Lola = Maria Dolores Eliza Rosanna Gilbert
1818–1861, in Irland geborene Tänzerin. Tochter eines schottischen Offiziers und einer Kreolin. Geliebte Ludwig I. von Bayern.
Ihr Ps heißt auf franz. »Steig auf!«

Moravia, Alberto = Alberto Pinkerle (a. Q. Picherle)
*1907, ital. Schriftsteller. Seine Romane beschreiben die Monotonie einer brüchigen bürgerlichen Welt. Der bekannteste: »La noia« (»Die Nacht«).
Daß der aus einer mährischen Familie stammende Schriftsteller sich ein Ps zulegte, ist verständlich, besonders für die deutschsprachigen Leser. Sein Ps kommt von »Morava«, tschech. Name des Flusses March in Mähren.

Moréas, Jean = Joannis Papadiamantópoulos
1856–1910, franz. Schriftsteller griech. Herkunft. Schrieb Romane, Dramen und Lyrik. »Iphigenie auf Aulis« (Drama); Gedichtbände.
Sein Ps ist das griech. Wort für Maulbeerbaum, das als Synomym für den Peloponnes gebraucht wurde, als dort Maulbeerbäume für die byzantinische Seidenindustrie angepflanzt worden waren.

Moreno, Rita = Rosita Dolores Alverio
*1931, amerik. Filmschauspielerin und Tänzerin aus Puerto Rico. »Singing in the Rain«, »Der König und Ich«, »West Side Story« u.a.

Moretto, Brescia da = Alessandro Bonvicino
1498–1554, ital. Maler. Folgte der lombardischen Maltradition und trat dabei gleichzeitig als Vermittler zur venezianischen Schule auf. Eines der zahlreichen Maler-Ps seiner Zeit, die aus dem Geburtsort (Brescia) gebildet wurden.

Morgan, Michèle = Simone Roussel
*1920, franz. Filmschauspielerin. »Hafen im Nebel«; »Der Tag beginnt«; »Menschen im Hotel« u.a.

Morlock, Martin = Dr. Günther Goercke
1918–1983, dt. Schriftsteller, Kabarettist, Satiriker und Fernseh-Kritiker.

Mornard-Vandendreschd, Jacques >JACSON, Frank< = Ramón del Rio Mercader
1914-1978, span. kommunistischer Geheimagent. Der spätere Mörder Trotzkis (1940) arbeitete unter diesem Namen, der in Wahrheit einem Belgier gehörte, als Geheimagent in Frankreich und Belgien.

Moro, Antonio = Anthonis Moor
1509-ca. 1577, holl. Maler. Schüler von Jan van Scorel. Als Bildnismaler an ital., engl. und span. Fürstenhöfen tätig; unter anderem Hofmaler Philipps II.
Sein Ps ist eine Anpassung an die zu seiner Zeit hochgeschätzten ital. Malernamen.

Morren, Theophil >LEVIS >LORIS >MELIKOW< = Hugo von Hofmannsthal
1874-1929, österr. Schriftsteller. [»Rosenkavalier«, »Jedermann«]. s. Levis.

Moser, Hans = Johann Julier
1880-1964, österr. Theater- und Filmschauspieler. War zunächst als Komiker bei Max Reinhardt in Berlin tätig. Er war das nuschelnde Original (»mosern«) in vielen Filmen. »Das Ekel«; »Opernball«; »Hallo, Dienstmann«; »Herrn Josefs letzte Liebe« u.v.a.
Sein Ps wählte er nach seinem Schauspiel-Lehrer, dem Burgschauspieler Joseph Moser, mit dem er weitläufig verwandt war.

Mostar, Gerhart Herrmann = Gerhard Herrmann
1901-1973, dt. Schriftsteller. »Und schenke uns allen ein fröhliches Herz«; »Weltgeschichte höchst privat«; »Liebe, Klatsch und Weltgeschichte«; »Im Namen des Gesetzes«.
Sein Ps stammt aus der Zeit seiner Wanderjahre quer durch den Balkan und geht auf die Stadt Mostar zurück.

Münchhausen, Karl Friedrich Hieronymus Freiherr von = Rudolf Erich Raspe
1720-1797, dt. Altertums- und Naturforscher. Unter dem Namen des als großer Geschichtenerzähler bekannten Freiherrn hat der nach England geflüchtete Kasseler Prof. erste Lügengeschichten in engl. Sprache veröffentlicht, die dann Gottfried August Bürger ins Deutsche übersetzte.
So wurde ein echter Name zum literarischen Ps.

Muhammed, Ali = Cassius Marcellus Clay
*1942, amerik. Boxweltmeister im Schwergewicht. Spitzname »Großmaul«. Nach seiner Kriegsdienstverweigerung 1967 wurde ihm der Titel aberkannt. 1979 gab er den Titel kampflos ab. Politisch engagiert er sich in der Black-Muslim-Bewegung.
Sein Ps legte er sich zu, als er zum Islam übertrat.

Muhibbi = Süleyman der Prächtige oder der Große
1494-1566, türk. Sultan. Das Ps benutzte er als Dichter.

Muliar, Fritz = Friedrich Stand
*1919, österr. Schauspieler. Zahlreiche Theater- und Filmrollen. Besonders bekannt als »Schwejk« in der TV-Serie.
Ps nach seinem jüd. Stiefvater Mischa Muliar.

Multatuli = Eduard Douwes Dekker
1820–1887, holl. Romanschriftsteller. »Max Havelaar oder Die Kaffeeversteigerungen der niederländischen Handelsgesellschaft«; »Die Abenteuer des kleinen Walther« u.a. Lebte lange als Staatsbeamter in Niederländisch-Indien (Batavia) und übte in seinen Romanen Kritik an der Kolonialverwaltung. Sein Ps ist ein Wort aus der Eingeborenensprache und bedeutet »Ich habe viel ertragen«.

Muni, Paul = Meshulom Muni Weisenfreund
1895–1967, amerik. Filmschauspieler poln. Herkunft. »Sieben Gesichter«; »Ich bin ein entflohener Kettensträfling« (Oscar-Nominierung 1932); »Black Fury« u.a. Für die Titelrolle in »Das Leben von Louis Pasteur« erhielt er 1936 den Oscar als bester Darsteller.
Sein Ps ist aus seinem poln.-jüd. Namen abgeleitet.

Munk, Christian >FOERSTER, Eberhard<= Günther Weisenborn
1902–1969, dt. Schriftsteller und Dramaturg. [»U-Boot S 4«; »Die spanische Hochzeit«; »Das Mädchen von Fanö« (Drehbuch); »Die Dreigroschenoper« (Drehbuch)].
Als er Schreibverbot bei den Nationalsozialisten hatte, veröffentlichte er kleinere Arbeiten unter diesem Ps, das er auch zur persönlichen Tarnung benutzte.

Munk, Georg = Paula Buber, geb. Winkler
1877–1958, dt. Schriftstellerin. Schrieb Romane und Erzählungen. »Am lebendigen Wasser«; »Die Gäste«; »Geister und Menschen«.
Hinter diesem männlichen Ps versteckte sich die Ehefrau des jüd. Religionsphilosophen Martin Buber.

Munk, Kaj = Harald Leininger (Adoptivname), Harald Petersen (Geburtsname)
1898–1944 (von Gestapo erschossen), dän. Schriftsteller und Pfarrer. Half vielen dt. Emigranten, u.a. Bert Brecht.

Munkepunke = Alfred Richard Meyer
1882–1956, dt. Schriftsteller und Verleger.
Dieses Ps ist eine eigene Wortschöpfung, in der »munkeln« ebenso hineinspielt wie »Punkt«. Der Verleger veröffentlichte unter diesem Ps seine literarischen Arbeiten; meist Feuilletons.

Murnau, Friedrich Wilhelm = Friedrich Wilhelm Plumpe
1888–1931 (Autounfall), dt. Stummfilmregisseur. »Nosfe-

ratu«; »Der letzte Mann«; »Faust«; »Sunrise« (»Sonnenaufgang«); »Tabu«.
Verständlich, daß ein so empfindsamer Künstler sich einen anderen Namen zulegte. Gefragt, ob sein Ps der Name seines Geburtsorts sei, antwortete er: »Dann müßte ich Friedrich Wilhelm Bielefeld heißen.« In Murnau begegnete er Max Reinhardt, der einen so tiefen Eindruck auf ihn machte, daß er den Ortsnamen zu seinem Ps wählte.

Muron, Johannes = Gustav Kekkeis
1884–1967, schweiz. Schriftsteller. Schrieb Romane und Erzählungen. »Von jungen Menschen«; »Fedor«; »Die fremde Zeit«. Herausgeber des Großen Herder und des Schweizer Lexikon.

Mynona = Salomo Friedländer
1871–1946, dt. Schriftsteller. Schrieb unter richtigem Namen seriöse philosophische Werke. Für seine Grotesken benutzte er das Ps, das rückwärts gelesen »anonym« bedeutet.

Mystifizinsky >ALLEGORIOWITSCH >SCHARTENMEIER, Philipp Ulrich< = Friedrich Theodor Vischer
1807–1887, dt. Schriftsteller, Asthetiker und liberaler Politiker. [Bekanntestes Werk: »Auch einer«].
Dieses Ps benutzte er für sein satirisches Buch »Faust III«, in dem er die philologischen Deuteleien über Goethes »Faust« lächerlich machte.

N

Nadar, Gaspar Félix = Gaspar Félix Tournachon
1820-1910, franz. Photograph und Illustrator. Versuchte, die Photographie zu einer Kunstgattung zu erheben.

Nash, N. Richard = Nathan Richard Nusbaum
*1916, amerik. Dramatiker. »Der Regenmacher« u.a.

Nasier, Alcofribas = François Rabelais
1495-1553, franz. Schriftsteller. Unter diesem Ps (ein Anagramm seines Namens) veröffentlichte er sein erstes Buch über die Abenteuer des Riesen Garagantua. Fünf Bücher von Garagantua und Pantagruel folgten – unter seinem richtigen Namen.

Neera = Anna Radius Zaccari
1846-1918, ital. Schriftstellerin und Lyrikerin. »Einsame Seele«; »Das schweigende Haus«.

Neff, Hildegard = Hildegard Knef
*1925, dt. Filmschauspielerin und Chansonsängerin. »Die Mörder sind unter uns«; »Die Sünderin«; »Die Dreigroschenoper«. Als sie nach Hollywood engagiert wurde, änderte sie ihren Namen, um ihn für amerik. Zungen mundgerechter zu machen.

Negri, Pola = Barbara Apolonia Chalupiec
1894 (a. Q. 1897)-1987, poln. Filmschauspielerin. Wurde von Lubitsch für den deutschen Film entdeckt. Spielte meist Vamp-Rollen. Ging 1922 nach Hollywood.
Ihr Ps verdankt sie ebenfalls Lubitsch, der erklärte: »...'ne Polin is sie, schwarzhaarig is sie, also heeßt sie Pola Negri.«

Nena = Gabriele Kerner
*1960, dt. Pop- und Schlagersängerin. Vertreterin der »Neuen deutschen Welle«. »99 Luftballons«; »Nur geträumt...«

Nerina, Nadia = Nadine Judd
*1927, südafrikanische Ballettänzerin. Wie so oft bei Ballettänzerinnen ist auch ihr Ps eine Vortäuschung russ. Herkunft.

Nero, Claudius Drusus Germanicus Caesar = Lucius Domitius Ahenobarbus
37-68 n.Chr. (Freitod), römischer Kaiser (seit 54). Unter seiner Regierung erste systematische Christenverfolgung, wegen des ihnen zur Last gelegten Brands von Rom. Jedoch kam schon damals der Verdacht auf, Nero selbst sei für den Brand verantwortlich gewesen.
Sein Ps wird oft fälschlich als »schwarz« gedeutet, es heißt jedoch »stark«, »kriegerisch«.

Nero, Franco = Franco Sparanero
*1942, ital. Filmschauspieler. »Django«; »Camelot« und viele Spaghetti-Western. Das Ps klingt erfunden, dabei ist es aus seinem Namen abgeleitet.

Neruda, Pablo = Neftali Ricardo do Reyes-Basoalto
1904-1973, chil. Lyriker. Gilt als der bedeutendste Lyriker Lateinamerikas des 20. Jhs. »Aufenthalt auf Erden«; »Elementare Oden«; »Glanz und Tod des Joaquin Murieta« u.a. 1971 erhielt er den Nobelpreis für Literatur.
Sein Ps wählte er aus Verehrung zu dem tschech. Lyriker Jan Neruda.

Nerval, Gérard de = Gérard de Labrunie
1808-1855 (Freitod), franz. Schriftsteller. Vertreter der Romantik. »Töchter der Flamme« (Erzählung); »Aurelia oder der Traum und das Leben« (Roman). Übersetzer des »Faust« von Goethe.

Neumann, Isidor = Isidor Edler von Heilwart
1837-1906, österr. Dermatologe.
Eines der wenigen Ps unter Medizinern. Warum er sich verbürgerlichte, ist nicht mehr festzustellen.

Neuner, Robert >BÜRGER, Berthold >KURTZ, Melchior< = Erich Kästner
1899-1974, dt. Schriftsteller. [»Fabian«; »Drei Männer im Schnee«; »Notabene«; Kinderbücher].
Unter diesem Ps schrieb Kästner viele seiner Kabarett-Texte.

Nicki = Doris Hrda
*1966, dt. Schlagersängerin. Singt in bayerischer Mundart. »Servus, mach's guad«; »Wegen dir«; »Samstag nacht«.

Nikolai, Boris >BEKKER, Jens >DOERNER, Stefan >KONSALIK, Heinz Günther >PAHLEN, Henry< = Heinz Günther
*1921, dt. Schriftsteller. Schrieb zwischen 1960 und 1969 unter diesen vier Ps nebenher weitere 20 Romane. Seit 1985 werden sie neu unter seinem bekanntesten Ps, KONSALIK, herausgebracht. Dazu gehören u.a. »Nacht der Versuchung«; »Eine Sünde zuviel«; »Begegnung in Tiflis«.

Nilsson = Hary Edward Nelson III.
*1941, amerik. Popmusiker. »Without you«.
Sein Ps ist eine Abwandlung seines Familiennamens.

Nkrumah, Kwame = Francis Nwia-Kofi
1909-1972, ghanaischer Politiker. Er gilt als geistiger Vater des Panafrikanismus. Von 1960 bis 1972 Staatspräsident der Republik Ghana.

Noir, Jean = Jean Cassou
1897-1986, franz. Schriftsteller und Literaturkritiker. Gehörte zur Résistance; während dieser Zeit schrieb er Gedichte, die heute noch Bestand haben. Er veröffentlichte sie unter seinem Résistance-Decknamen, der »schwarz« bedeutet.

Nolde, Emil = Emil Hansen
1867-1956, dt. Maler und Graphiker. Hauptvertreter der deutschen expressionistischen

Kunst. Während des NS-Regimes wurden seine Bilder als »entartet« bezeichnet, und er erhielt Malverbot. Er malte trotzdem weiter und schuf ca. 1300 Aquarelle, die sog. »ungemalten Bilder«.
Sein Ps ist der Name seines Geburtsortes in Südtondern.

Noon, Jeremiah = John Calvin
1829-1871, engl. Boxer. Warum sich ein Boxer dieses Ps zulegte, wird wohl für immer sein Geheimnis bleiben.

Nordau, Max Simon = Max Simon Südfeld
1849-1923, ung. Schriftsteller und Arzt. Einer der Gründer des Zionismus. Für sein Ps wählte er die Himmelsrichtung, die der in seinem Familiennamen entgegengesetzt ist.

Norden, Charles = Lawrence Durrell
*1912, engl. Schriftsteller. Schreibt Romane und Dramen. [»Alexandria Quartett« (Romantetralogie)].
Für einige seiner Reiseberichte benutzte er das Ps.

Nostradamus = Michel de Notre-Dame
1503-1566, franz. Astrologe und Leibarzt König Karl IX. Seine Prophezeiungen vom Untergang des Papsttums brachten ihm einen Platz auf dem Index der verbotenen Bücher, was jedoch ihrer Verbreitung bis in unsere Zeit keinen Abbruch brachte.

Novalis = Freiherr Friedrich von Hardenberg
1772-1801, dt. Dichter der Frühromantik. Die »blaue Blume«, die zu suchen sein Romanheld Heinrich von Offterdingen auszieht, wurde Symbol für die dt. Romantik. »Hymnen an die Nacht«.
Sein Ps kommt aus dem Lateinischen und heißt »Brachfeld«, »Acker«.

Novarro, Ramon = José Ramón Gil Samaniegos
1899-1968(ermordet), amerik. Filmschauspieler mex. Herkunft. Begann als Tänzer. »Ben Hur«; »Alt Heidelberg«; »Mata Hari« (mit Greta Garbo). Er war der Prototyp des glutäugigen »latin lover«, ohne den Hollywood seitdem nicht mehr auskommt.

O

Oberon, Merle = Estelle Merle O'Brien Thompson
1911–1979, in Indien geb. engl. Filmschauspielerin. »Hexentanz«; »Das Privatleben Heinrich VIII.«; »Der Löwe hat Flügel« u.v.a.
Ihr Ps wurde ihr von Alexander Korda verliehen, der sie entdeckte und heiratete. In der Sage und in Shakespeares »Sommernachtstraum« ist Oberon der Gemahl der Feenkönigin Titania.

O'Casey, Sean = Sean Casey
1880–1964, ir. Dramatiker. »Der Rebell, der keiner war«; »Juno und der Pfau«; »Trommeln unter dem Fenster« u.a.
Durch sein Ps wollte er seine ir. Herkunft betonen.

O'Connor, Frank = Michael O'Donnovan
1903–1966, ir. Schriftsteller. Schrieb Romane, Dramen und Kurzgeschichten (120). »Die Reise nach Dublin«.

Ode, Erik = Erich Odemar
1910–1983, dt. Theater- und Filmschauspieler. Wurde in seinem letzten Lebensabschnitt als »Kommissar« in der gleichnamigen Fernsehserie bekannt. Sein Ps wählte er, um sich von seinem Vater Fritz Odemar, der ebenfalls Schauspieler war, zu unterscheiden.

Offenbach, Jacques = Jakob Ebst
1819–1880, franz. Opernkomponist. »Orpheus in der Unterwelt«; »Die schöne Helena«; »Hoffmanns Erzählungen« u.a.
Dieses Ps hatte schon sein Vater angenommen, es ist der Name seiner Geburtsstadt. Jacques ist in Köln geboren.

Offenbach, Joseph = Joseph Ziegler
1904–1971, dt. Theater- und Filmschauspieler. Zahlreiche Bühnen- und Filmrollen. »Die Unverbesserlichen« (TV-Serie mit Inge Meysel).
Sein Ps ist der Name seines Geburtsorts.

Ogilvy, Gavin = James Matthew Barrie
1860–1937, schott.-engl. Romanautor und Dramatiker. Weltruhm erreichte er mit seinem Märchenstück »Peter Pan, der Junge, der nicht groß werden will«, das er 1904 unter seinem richtigen Namen herausbrachte. Seine Mutter hieß Magaret Ogilvy. Über sie verfaßte er eine Biographie. Eine Zeitlang nannte er sich nach ihr und veröffentlichte literarische Arbeiten unter ihrem Namen.

O'Hara, Mary = Mary Alsop Sture-Vasa
1885–1980, amerik. Schriftstellerin. Schrieb Kinder- und Tiererzählungen. »Mein Freund Flicka«; »Sturmwind, Flickas Sohn«; »Grünes Gras der Weide«. Ihr Ps soll von der Haupt-

figur aus »Vom Winde verweht«, Scarlett O'Hara, hergeleitet sein.

O'Hara, Maureen = Maureen Fitzsimmons
*1920, ir. Filmschauspielerin in der USA. »Der Glöckner von Notre Dame«; »So grün war mein Tal«; »Der schwarze Schwan« u.a.
Ihr Ps wurde nach der Heldin des Romans »Vom Winde verweht«, Scarlett O'Hara, gebildet, da sie ihr vom Typ - rote Haare, grüne Augen - ähnelte.

Oken, Lorenz = Lorenz Ockenfuß
1779-1851, dt. Naturforscher und Philosoph. »Lehrbuch der Naturphilosophie«; »Allgemeine Naturgeschichte für alle Stände«.

Olearius, Adam = Adam Ölschläger
1603-1681, dt. Schriftsteller. »Beschreibung der Neuen Orientalischen Reise«.
Sein Ps ist die lateinische Anlehnung an seinen richtigen Namen.

Oliver, George = Oliver Onions
1873-1961, engl. Schriftsteller. »Der neue Mond«; »Das gemalte Gesicht«; »Offenes Geheimnis«.
Ein ungewöhnlicher Fall! Er schrieb seine Bücher zunächst unter seinem richtigen Namen und wählte erst Anfang der 50er Jahre sein Ps. Bis dahin hatte es ihn offenbar nicht gestört, »Oliver Zwiebeln« zu heißen.

Ondra, Anny = Anna Sophie Ondraková
1903 (a. Q. 1907)-1987, in Polen geb. dt. Filmschauspielerin. Verheiratet mit Max Schmeling. »Blackmail« (Hitchcock); »Der Gasmann« (mit Rühmann); »Schön muß man sein« (letzter Film 1951).
Ihr Ps sind die ersten fünf Buchstaben ihres Familiennamens.

Ophüls, Max = Maximilian Oppenheimer
1902-1957, dt. Theater- und Filmregisseur. Emigrierte und arbeitete in Frankreich und den USA. »Liebelei«;»Briefe einer Unbekannten«; »Der Reigen«; »Lola Montez«.
Sein Sohn Marcel Ophüls, ebenfalls Filmregisseur, hat das Ps übernommen.

Orwell, George = Eric Arthur Blair
1903-1950, engl. Schriftsteller. »Die Farm der Tiere« (Roman); »1984« (Roman).
Wählte sein Ps erst mit 30 Jahren, als äußeres Zeichen, daß er mit seiner vertändelten Jugend gebrochen hatte. Bereits seine erste Veröffentlichung, eine Essaysammlung, erschien unter dem Ps. Das Ps wurde bereits im 19. Jh. von dem schott. Dichter Walter Chalmers Smith benutzt.

Osceola >ANDRÉZEL, Pierre >BLIXEN, Tania >DINESEN, Isac< = Baronin Karen Christence Blixen-Finecke
1885-1962, dän. Schriftstelle-

rin. Schrieb Romane. Lebte von 1913-31 in Kenia.

Das seltsamste ihrer vielen Ps. Osceola war ein Indianer-Häuptling. Anführer des Aufstands 1835 in Florida. Er starb 1838 in Gefangenschaft.

Ossian =James Maxpherson
1736-1796, schott. Schriftsteller und Lyriker. Ganz Europa war von diesem »nordischen Homer« und seinen Versen begeistert. In Deutschland war Herder von dieser »Urdichtung« überwältigt und auch Goethe läßt seinen Werther von ihr schwärmen.

Das Ps ist der Name eines altkeltischen Volksdichters aus dem 3. Jh. n.Chr., Sohn König Fingals von Morven. Ihm dichtete Maxpherson die Verse an, die in Wahrheit von ihm waren.

Ossiander, Andreas = Andreas Hosemann
1498-1552, dt. Theologe. Nahm auf Seiten Luthers an den meisten Religionsgesprächen teil und erarbeitete die Kirchenordnung von Brandenburg. Schrieb ein Buch über den Weltuntergang.

Osterwald, Hazy = Rolf E. Osterwalder
*1922, schweiz. Multiinstrumentalist und Bandleader. 1949 Gründung des Hazy-Osterwald-Sextetts, mit dem er 1970 auf Welttournee ging.

Bei seinem Ps ist der Vorname eine Ergänzung zum Oster(wald)-Hazy.

Oswald, Richard = Richard Ornstein
1880-1963, österr. Filmregisseur und Produzent. Produzierte und inszenierte ca. 150 Filme. »Das Tagebuch einer Verlorenen« (Stummfilm); »Der Reigen« (Stummfilm); »Alraune« (Tonfilm); »Der Hauptmann von Köpenick« (Tonfilm mit Max Adalbert).

Das Ps wurde nach dem zweiten Familiennamen seiner Frau, der Schauspielerin Käte Waldeck-Oswald, gebildet.

Oswalda, Ossi = Oswalda Stäglich
1898-1947, dt. Filmschauspielerin der Stummfilmzeit. »Die Austernprinzessin«; »Prinz Sami«; »Die Puppe«. Sie begann als Komparsin und machte eine Traumkarriere.

Bei ihrem Ps wurde der Vorname zum Hauptnamen gemacht.

Dr. Owlglass >RATATÖSKR< = Dr. Hans Erich Blaich
1873-1945, dt. Arzt.
Veröffentlichte unter Ps über 1400 bissige Gedichte im »Simplicissimus«. Das Ps ist das engl. Wort für »Eulenspiegel«.

P

Pahlen, Henry >BEKKER, Jens >DOERNER, Stefan >KONSALIK, Heinz Günther >NIKOLAI, Boris <= Heinz Günther
*1921, dt. Schriftsteller. Schrieb zwischen 1960 und 1969 unter diesen vier Ps nebenher weitere 20 Romane. Seit 1985 werden sie neu unter seinem bekanntesten Ps, KONSALIK, herausgebracht. Dazu gehören u.a. »Nacht der Versuchung«; »Eine Sünde zuviel«; »Begegnung in Tiflis«.

Palance, Jack = Vladimir (oder Walter) Palanuik
*1919, amerik. Filmschauspieler russ. Herkunft. Zahlreiche »Schurkenrollen« in Filmen wie: »Unter Geheimbefehl«; »Hollywood Story«; »Ardennen 1944«.

Palladio, Andrea = Andrea di Pietro-Monaro
1508–1580, ital. Architekt. Seine Lehrbücher enthalten die exakteste Darstellung der antiken Baukunst.
Sein Ps ist von »palladium« (griech.: »palladion«) abgeleitet. Darunter verstand man in der Antike ein Kultbild von Pallas Athene, dessen Besitz Schutz verlieh und den Bestand einer Stadt garantierte.

Palmer, Lilli = Lillie Marie Peiser
1914–1987, dt. Theater- und Filmschauspielerin. »Das Himmelbett«; »Teufel in Seide«; »Frau Warrens Gewerbe«; »Lotte in Weimar« u.a. 1974 Autobiographie »Dicke Lilli, gutes Kind«.

Panter, Peter >HAUSER, Kaspar >TIGER, Theobald >WROBEL, Ignaz <= Kurt Tucholsky
1890–1935 (Freitod), dt. Schriftsteller und Journalist. Eines seiner vier Ps.
Zusammen mit Walter Hasenclever schrieb er unter diesem Ps das Theaterstück »Christoph Kolumbus oder Die Entdeckung Amerikas«. Er benutzte es außerdem für witzige Kritiken.

Paola = Paola del Medico
*1950, schweiz. Schlagersängerin ital. Herkunft. Moderiert zusammen mit ihrem Ehemann Kurt Felix die Fernseh-Show »Verstehen Sie Spaß?«

Papentrigk, Benno = Anton Kippenberg
1874–1950, dt. Verlagsleiter (Insel-Verlag). Besaß die größte private Goethe-Sammlung. Außerdem Verfasser von guten Schüttelreimen.
Diese veröffentlichte er unter dem Ps, das eine durch Schütteln erreichte neue Zusammensetzung der Buchstaben seines richtigen Namens war.

Paracelsus, Philippus Aureolus Theophrastus = Theophrastus Bombastus von Hohenheim
1493–1541, schweiz. Arzt, Na-

turforscher und Philosoph.
Sein Ps legte er sich zu, weil er sich für besser und klüger hielt als der röm. antike Physiker Celsus. Deshalb »Para-« (»darüber hinaus«) celsus.

Paretti, Sandra = Irmgard Schneeberger
*1935, dt. Schriftstellerin und Journalistin. »Rose und Schwert«; »Purpur und Diamant«; »Paradiesmann«.
Ihr Ps geht auf ein Gemälde aus dem 18. Jh. zurück, das zwei Frauen einer Familiennebenlinie zeigt. Eine der beiden hieß Sandra Paretti.

Parker, Dorothy = Dorothy Rothschild
1893–1967, amerik. Schriftstellerin und Journalistin, Literatur- und Theaterkritikerin und Reporterin im span. Bürgerkrieg. Schrieb Drehbücher und Kurzgeschichten. »Close harmony« (Drama).

Parley, Peter = Samuel Griswold Goodrich
1793–1860, amerik. Buchhändler und Autor von Kindermärchen.
Das Ps wurde ihm vom Verlag »geliehen«, d. h. nach seinem Tode ging es an den Verlag zurück, so daß weitere vier Autoren bis 1956 unter diesem Ps Kinderbücher schrieben.

Parlo, Dita = Gerthe Kornstadt
1906–1972, dt. Filmschauspielerin. »Die Dame mit der Maske«; »Ungarische Rhapsodie«; »Heimkehr« u.a.
Eine hübsche Idee, an der Schwelle zum Tonfilm einen Filmstar Parlo (»ich spreche«) zu nennen.

Parmain, Martine = Martine Hemmerdinger
*1942, franz. Ballettänzerin.
Ein Ps, für das man bei einer Ballettänzerin mit derart holperndem Familiennamen Verständnis hat.

Parmigianino = Francesco Mazzola
1503–1540, ital. Maler. War ein Schüler Correggios; arbeitete hauptsächlich in Parma, Rom und Bologna.
Eines der zahlreichen Maler-Ps jener Zeit, die aus dem Geburtsort (Parma) gebildet wurden.

Parsons, Louella O. = Louella Oettinger
1880–1972, amerik. Filmschauspielerin und Klatschkolumnistin.
Bereits als Filmkritikerin schrieb sie unter diesem Ps, das übrigens der Plural von »Geistlicher« ist.

Parvus = Dr. Alexander Helphand
1867–1924, schweiz. Millionär, Weltrevolutionär, Freund und Finanzier Lenins.
Sein Ps bedeutet »der Kleine«, was bei seiner massigen Figur pure Selbstironie war.

Pascal, Jean-Claude = Chevalier de Villemont
*1927, franz. Filmschauspieler und Sänger. »Das große Spiel«;

»Mohn ist auch eine Blume«; »Unbezähmbare Angélique« u.a.
Es war der Wohlklang, nicht der Respekt vor dem gleichnamigen franz. Philosophen, der zur Wahl dieses Ps führte.

Pascin, Jules = Julius Pinkas
1885-1930 (Freitod), in Bulgarien geb. franz. Maler. Mitarbeiter bei der Zeitschrift »Simplicissimus«. Seine Bilder verherrlichten den weiblichen Akt.
Ein Ps, das durch die Vertauschung von Buchstaben seines Familiennamens entstand.

Pasiphilus = Hermann von dem Busche
1468-1534, dt. Humanist, Anhänger Luthers. »Vallum humanitatis«.

Patrick, John = John Patrick Goggan
*1905, amerik. Schriftsteller. Schreibt hauptsächlich Dramen. »Das kleine Teehaus« (Pulitzerpreis); »Eine etwas sonderbare Dame«; »Das heiße Herz« u.a.

Paulus = Saulus
ca. 10 n. Chr. - ca. 65 n.Chr., röm. Bürger jüd. Herkunft. Erst Christenverfolger, dann christl. Heidenapostel. Die einzigen Zeugnisse sind seine Briefe an die frühchristl. Gemeinden. die Legende will, daß er seinen Namen Saulus in Paulus änderte, nachdem ihm Jesus erschienen war (Damaskus-Erlebnis). Richtig ist, daß er immer neben seinem hebräischen Namen Saulus auch den röm. Namen Paulus führte.

Pelé = Edson Arantes do Nascimento
*1940, bras. Fußballspieler.
Über sein Ps sagte er: »Es bedeutet in keiner Sprache irgend etwas, aber es ist in jeder Sprache leicht auszusprechen«.

Pellegrin = Friedrich Baron de la Motte Fouqué
1777-1843, dt. Schriftsteller der Romantik. [»Undine«]. Belebte den mittelalterlichen Ritterroman wieder.
Seine früheren Gedichte erschienen unter diesem Ps, das »Pilger« heißt.

Pergolesi, Giovanni Battista = Giovanni Battista Draghi
1710-1736, ital. Komponist. Schuf zahlreiche Opern und geistliche Musik.

Perier, François = François Gabriel Pilu
*1919, franz. Theater- und Filmschauspieler. »Hotel du Nord«; »Schweigen ist Gold«; »Orphee« u.a.

Perugino, Pietro = Pietro di Christoforo Vanucci
1446-1524, ital. Maler. Schuf zahlreiche Kirchenfresken.
Sein Ps erhielt er, weil er lange Zeit in Perugia arbeitete.

Pesellino = Francesco di Stefano
1422-1457, ital. Maler.
Sein Ps bedeutet »kleine Erbse«. Er wurde so genannt, weil sein Großvater, der auch sein Lehrer war, Pesello (=»Erbse«) gerufen wurde.

Pessoa, Fernando = António Nogueira de Seabra
1888-1935, port. Schriftsteller und Lyriker.
Bedeutendster Vertreter der port. Literatur des 20. Jhs. Schrieb seine ersten Gedichte in englisch, da er in Südafrika in dieser Sprache aufwuchs. Seine Gedichtsammlung »Mensagem« (»Botschaft«) ist Pflichtlektüre in allen port. Schulen. Er erfand zahlreiche Figuren mit eigenen Biographien, in denen sein facettenreicher Ausdruck Niederschlag fand. Die wichtigsten sind: Alberto Caeiro (der Schäfer), Ricardo Reis (der Arzt), Alvaro de Campos (der Ingenieur). Da alle Spiegelungen einer Person, nämlich seiner, sind, erhielten sie in diesem Lexikon keine eigenen Artikel.

Philaletes = König Johann von Sachsen
1854-1873.
Unter diesem Ps widmete sich Johann von Sachsen der Dante-Forschung und übersetzte die »Göttliche Komödie«. Das Ps ist griech. und bedeutet »Wahrheitsfreund«.

Philipe, Gérard = Gérard Philip
1922-1959, franz. Theater- und Filmschauspieler. »Fanfan, der Husar«; »Das große Manöver«; »Teufel im Leib«.
Das bescheidene Ps eines großen Schauspielers.

Philipp, Gunther = Dr. med Günther Phlacheta
*1918, österr. Theater- und Filmschauspieler, Kabarettist und Nervenarzt. In vielen Filmen Partner von Peter Alexander.

Phillips, Sydney >KESTNER, René >TURNER, Georg< = Hans José Rehfisch
1891-1960, dt. Schriftsteller, Richter, Syndikus einer Filmgesellsch., Theaterdirektor, Dozent und Rechtsanwalt. [»Wer weint um Juckenack?«; »Die Affaire Dreyfus«; »Wasser für Canitoga«].
Während seiner Emigration in vielen Ländern und in noch mehr Berufen tätig. Dieser Vielfalt entspricht auch das Arsenal seiner Ps, die er oft erfand, damit nicht gleich offenkundig wurde, daß er schon wieder ein neues Stück geschrieben hatte. Insgesamt waren es über 25.

Piaf, Edith = Edith Giovanna Gassion
1915-1963, franz. Chansonsängerin. Begann als Straßensängerin und wurde später auch außerhalb Frankreichs als »Spatz von Paris« gefeiert.
Ihr Ps bedeutet im Pariser Jargon »Spatz« und wurde ihr von einem Nachtclub-Besitzer verliehen.

Picasso, Pablo = Pablo Ruiz y Picasso
1881-1973, span. Maler. Er prägte am deutlichsten den Malstil dieses Jhs.
Sein Ps ist der Mädchenname seiner Mutter.

Pickford, Mary = Gladys Mary Smith
1893-1979, amerik. Theater- und Filmschauspielerin und Produzentin. »Der kleine Lord«; »Der Geigenmacher von Cremona«; »Coquette« (1928/29 Oscar als beste Darstellerin).
Ihr Agent David Belasco tauschte bereits 1907 ihren Allerweltsnamen gegen das Ps, weil in der Wanderbühne, in der auch ihre Mutter auftrat, zu viele Smiths auf dem Theaterzettel standen.

Pilnjak, Boris = B. Andrejewitsch Wogau
1894-1937 (in politischer Haft), russ. Schriftsteller.
Schrieb Romane und Erzählungen. »Maschinen und Wölfe«; »Die Wolga fällt ins Kaspische Meer«.
Der Sohn eines Wolgadeutschen und einer Russin wählte einen russ. Namen als Ps aus nationalen Gründen. Wurde von der Partei verstoßen und erst 1957 rehabilitiert.

Pindar, Paul = John Yonge Akerman
1806-1873, engl. Altertumsforscher.
Ein zunftgemäßes Ps: Pindar war ein griech. Lyriker um 500 v. Chr.

Pirat, Fritz = Geza von Cziffra
1900-1989, dt. Schriftsteller und Filmregisseur ung. Herkunft.
Unter diesem Ps schrieb er Beiträge für die »Weltbühne«.

Pisanello = Antonio Pisano
um 1395-1455, ital. Maler. Die einzigen überlieferten größeren Fresken von ihm konnten 1969 im Palazzo zu Mantua freigelegt werden.
Sein Ps bedeutet »der Kleine aus Pisa«.

Pitigrilli = Dino Serge
1893-1975, ital. Romanautor. »Die Jungfrau von 18 Karat«; »Kokain«; »Ein Mensch jagt nach Liebe«. 1945 Bekehrung zum Katholizismus. Seitdem schrieb er statt erotischer nur noch moralische Romane.
Sein Ein-Wort-Ps behielt er auch nach seiner Wandlung bei. Was es bedeutet, war nicht zu ermitteln.

Plauen, O.E. = Erich Ohser
1903-1944 (Selbstmord wegen politischer Verfolgung), dt. Zeichner und Illustrator. Erfinder von »Vater und Sohn«.
Wählte das Ps nach dem Ort Plauen (Vogtland), in dem er seine Jugend verbrachte.

Plivier, Theodor = Theodor Plievier
1892-1955, dt. Romanschriftsteller. »Der Kaiser ging, die Generäle blieben«; »Stalingrad«; »Moskau«.
Schrieb anfangs unter seinem richtigen Namen; erst nach 1945 ließ er das »e« weg.

Poe, Edgar Allan = Edgar Poe
1809-1849, amerik. Schriftsteller. Seine Lyrik beeinflußte Mallarmé; seine Abenteuerromane Jack London; seine Kri-

minalgeschichten ganze Generationen von Krimi-Autoren. Nur wenige wissen, daß Allan kein zweiter Vorname ist, sondern der Familienname eines Mannes, der ihn anfangs finanziell unterstützte. Da es zu Poes Technik gehörte, Romane als Tatsachenberichte auszugeben und in der Ich-Form zu erzählen, sind literarisch gesehen folgende Namen außerdem Ps von ihm: Gordon Pym, Julius Rodman.

Polder, Markus > RITTER, Felix < = James Krüss
*1926, dt. Schriftsteller. Seine Kinder- und Jugendbücher - mehr als 20 - schrieb er unter seinem richtigen Namen. [»Mein Urgroßvater und ich«; »3 × 3 an einem Tag«].
Seine Ps benutzte er für Hörspiele, Gedichte und Schlagertexte.

Polgar, Alfred = Alfred Polak
1873–1955, österr. Schriftsteller und Theaterkritiker. Schrieb hauptsächlich Kurzprosa; daher sein Ehrentitel: »Meister der kleinen Form«. »An den Rand geschrieben«; »Begegnungen im Zwielicht«; »Bei dieser Gelegenheit?«. Er übersetzte 1950 das Theaterstück »Harvey« von Mary Chase und gab ihm den Titel »Mein Freund Harvey«.

Poliziano, Angelo = Angelo Ambrogini
1454–1494, ital. Dichter und Philologe. Schrieb mit »La fabula d'Orfeo« das erste weltliche ital. Drama.
Sein Ps ist aus seinem Geburtsort Montepulciano bei Siena abgeleitet.

Pollaiuolo, Antonio = Antonio Benci
1433–1498, ital. Goldschmied, Gießer, Maler und Stecher.
Sein Ps geht auf seinen Vater zurück, der mit Hühnern (ital. »Pollo«) handelte.

Ponkie = Ilse Kümpfel-Schliekmann
*1926, dt. Journalistin und Schriftstellerin. Für ihre Kritiken und Glossen über Film und Fernsehen in der Münchner »Abendzeitung« benutzt sie dieses Ps. Es ist ihr Neckname aus der Studentenzeit.

Ponte, Lorenzo da = Emmanuele Conegliano
1749–1838, ital. Schriftsteller (Operntexte).
»Figaros Hochzeit«; »Don Giovanni«; »Cosi fan tutte«.

Pontormo, Jacopo = Jacopo Carrucci
1498–1557, ital. Maler. Einer der Hauptvertreter des toskanischen Manierismus. Schüler Leonardos und Andrea del Sartos. War an den Fresken der Villa Poggio a Caiano beteiligt und arbeitete unter Michelangelo an den nicht mehr erhaltenen Chorfresken von San Lorenzo in Florenz.
Eines der zahlreichen Maler-Ps jener Zeit, die aus dem Geburtsort gebildet wurden.

Porte-Crayon = David Hunter Strother
1816–1888, amerik. Illustrator. Sein Beruf bestimmte sein Ps, das zwei franz. Worte vereint und sinngemäß »der Bleistiftträger« heißt.

Power, Cecil = Allen Charles Grant Blairfindie
1848–1899, anglokanad. Schriftsteller.
Als er neben wissenschaftlichen Arbeiten mit dem Schreiben von Romanen begann, unter denen »The Woman Who Did« polemisch für die freie Ehe eintritt, wählte er das Ps, das auf deutsch »Kraft«, »Stärke« bedeutet.

Praetorius, Michael = Michael Schultheiß
1571–1621, dt. Komponist. Schrieb tausende ev. Kirchenlieder und Orgelkompositionen. Sein Nachschlagewerk über die Musik seiner Zeit beschreibt die einzelnen Instrumente so genau, daß sie heute noch anhand dieses Textes nachgebaut werden können.
Sein Ps ist das lateinische Wort für »Schultheiß«. Ps und Name bedeuten »Justizbeamter mit besonderer richterlicher Befugnis«.

Praunheim, Rosa von = Holger Mischwitzky
*1942, dt. satirischer Filmemacher. »Berliner Bettwurst«; »Unsere Leichen leben noch«; »Die Angst vor der Leere«.
Er möchte seine homoerotische Natur durch sein Ps ausdrücken; möglicherweise auch seine Enttäuschung, daß er weder als Frau noch adlig geboren ist.

Presle, Micheline = Micheline Chassagne
*1922, franz. Filmschauspielerin. »Teufel im Leib«; »Das Spiel ist aus«; »Im Kittchen ist kein Zimmer frei«.

Prévost, Abbé = Antoine François Prevost
1697–1763, franz. Schriftsteller. »Manon Lescaut« (Roman) u.a. Der Vorname seines Ps bedeutet zwar »Abt, Geistlicher«, doch Prevost war keiner, sondern ein Offizier, der ein abenteuerliches Leben führte.

Prévost, Marcel = Eugène Marcel
1862–1941, franz. Schriftsteller. In seinen Romanen werden besonders weibliche Verhaltensweisen geschildert. Er schuf den Begriff »Les demi-vierges« (Romantitel), zu deutsch: »Die Halbjungfrauen«.

Prince = Miles Davis
*1959, amerik. Popsänger. »I wish U Love; «Little Red Corvette». Seine Hauptthemen sind Sex und Gott.

Prof. Tiefbohrer >JODOK< = Hans Theodor Karl Wilhelm Freiherr von Gumppenberg
1866–1938, dt. Schriftsteller und Dramatiker. [»Der fünfte Prophet«; »König Heinrich I.«; »Schauen und Sinnen«].
Unter diesem Ps schrieb er satirische Beiträge über übertriebe-

ne Deutungen literarischer Werke (»Teutsches Dichterroß in allen Gangarten zugeritten«), in dem er Heine, Holz, Rilke, George und viele andere parodierte.

Prunier, Joseph = Guy de Maupassant

1850-1893, franz. Schriftsteller. Für einige seiner Kurzgeschichten hat Maupassant dieses Ps benützt, das auf deutsch »Pflaumenbaum« heißt.

Putti, Lya de = Amalie Janke

1901-1931, dt. Stummfilmstar und Tänzerin aus Ungarn. »Varieté«; »Das indische Grabmal«; »Eifersucht« u.a.

Was immer das Ps bedeuten mag, auf jeden Fall klingt es verführerisch und darauf kommt es bei einem Vamp doch an.

Q

Queen, Ellery >Ross, Barnaby< = gemeinsames Ps der Vettern Frederic Dannay 1905–1982 und Manfred B. Lee 1905–1971, amerik. Kriminalschriftsteller. »Das Geheimnis des Lippenstiftes«; »Warum so tot?« »Mord im Paradies« u.v.a. Auch der Held ihrer Romane heißt Ellery Queen, weil die Autoren glaubten, daß sich dadurch ihr Ps besser einprägt. Sie behielten recht. Außerdem schrieben die beiden Autoren vier Krimis unter dem gemeinsamen Ps Barnaby Ross.

Quentin, Patrick = Hugh Wheeler
um 1920, amerik. Bühnenautor. Bekannt durch Broadway-Musicals. [»Big Fish - Little Fish«; »Wir haben es geschafft«].
Unter dem Ps schrieb er Kriminalromane und -stücke, für die er zweimal den »Edgar« erhielt, den Preis der Vereinigung der Kriminalschriftsteller. Sein Kriminalstück »Familienschande« inszenierte Franz-Peter Wirth 1988 für das ARD »Sommertheater«.

Quinn, Freddy = Franz Eugen Helmuth Manfred Nidl-Petz *1931, österr. Schlagersänger und Schauspieler. Erhielt zahlreiche Auszeichnungen wie Goldene Schallplatten, Goldene Löwen, Goldene Ottos, Bambis, »Midem«-Trophäen. »Freddy und das Lied der Südsee«; »Freddy - Tiere - Sensationen«; »Heimweh nach St. Pauli« (Theater und Film) u.a.

Quixota, Donna Arine >Beadle, Tom >Bond, William >Defoe, Daniel >Trinkolo, Boatswain< = Daniel Foe
um 1660–1731, engl. Schriftsteller.
Dieses Ps ist die weibliche Form von Don Quijote, damit zeichnete er eine Spottschrift auf die Überheblichkeit der engl. Adligen.

R

Rachmanowa, Alja = Gelina von Hoyer
*1898, russ. Schriftstellerin österr. Herkunft. Lebt seit 1945 in der Schweiz in der Emigration. »Studenten, Liebe, Tscheka und Tod« (Roman); »Ehen im roten Sturm« (Roman); »Das Leben eines großen Sünders« (Dostojewski-Roman).
Ihr Ps soll sie aus Verehrung zu dem Komponisten Rachmaninow gewählt haben.

Racker, Mathias >ROGGERSDORF, Wilhelm< = Wilhelm Utermann
*1912, dt. Schriftsteller. »Der Badenweiler Marsch« (Roman); »Eisblumen und Rosmarin« (Roman).

Radek, Karl = Karl Sobelsohn
1885–ca. 1939 (in Sibirien), russ. Politiker. Er war mit Lenin während des Ersten Weltkriegs in der Schweiz und begleitete ihn 1917 auf der Fahrt durch Deutschland nach Rußland. Unter Stalin wurde er nach Sibirien verbannt.

Raft, George = George Ranft
1895–1980, amerik. Filmschauspieler. Seine Spezialität war der »elegante Gangster«. »Der gläserne Schlüssel«; »Scarface«; »Manche mögen's heiß« u.a. Ein einfaches Ps. Es kostet nur einen Buchstaben des richtigen Namens. »Raft« heißt auf deutsch »Floß«.

Rahl, Mady = Edith Gertrud Meta Raschke
*1915, dt. Filmschauspielerin. »Der blaue Strohhut«; »Haie und kleine Fische«; »Nacht fiel über Gotenhafen« u.a.

Raimar, Freimund = Friedrich Rückert
1788–1866, dt. Dichter und Übersetzer. [»Liebesfrühling«; »Weisheit des Brahmanen«].
Sein Ps behält die Anfangsbuchstaben seines Namens bei; die Namen sind symbolisch: frei von Zwängen (Freimund) will er seine Reime (Raimar) machen. Rückert benutzte das Ps nur für die Sammlung »Deutsche Gedichte«.

Raimu = Jules-Auguste-César Muraire
1883–1946, franz. Theater- und Filmschauspieler. »Reise in die Vergangenheit«; »Marius«; »Die Frau des Fleischers« u.a.
Sein Ein-Wort-Ps bildete er durch umstellen zweier Silben seines Nachnamens.

Raimund, Ferdinand = Ferdinand Raimann
1790–1836 (Freitod), österr. Bühnenautor und Schauspieler. »Der Bauer als Millionär«; »Der Alpenkönig und der Menschenfeind«; »Der Verschwender« u.a.

Raky, Laya = Brunhilde Maria Alma Herta Jörns
*1927, dt. Schönheitstänzerin

und Filmschauspielerin. »Die dritte von rechts«; »Am Anfang war es Sünde«; »Hafenmelodie«.

Rampa, Lobsang >DR. KUAN-SUE< = Cyris Henry Hoskins ?-1981, engl. Schriftsteller. War Klempner, gründete unter dem Ps Dr. Kuan-Sue eine kultische Sekte und schrieb unter dem Ps Rampa »Das dritte Auge« (ein tibetanischer Lama erzählt sein Leben). Das Buch wurde - auch in Deutschland - ein Bestseller. Der Autor sprach kein Wort tibetanisch. Auch sein Englisch war fehlerhaft, was man ihm als »Tibetaner« verzieh. Auch nach Enttarnung des Ps blieb das Buch erfolgreich. Jetzt heißt es im Untertitel »*Roman* aus Tibet«.

Ramus, Petrus = Pierre de la Ramée
1515-1572, franz. Philosoph und Humanist. Schrieb das erste philosophische Buch in franz. Sprache.
Sein Ps ist die Latinisierung seines franz. Namens, der in beiden Sprachen »Laubwerk« bedeutet.

Raphael (Raffael) = Raffaello Santi (Sanzio)
um 1483-1520, ital. Maler und Baumeister. Wurde 1515 von Papst Leo X. zum Baumeister der Peterskirche ernannt.

Rasputin, Grigori Jefimowitsch = Grigori Jefimowitsch Nowych
um 1864-1916 (von Monarchisten ermordet), russ. Mönch und Wunderheiler. Lebte seit 1907 am Zarenhof, wo der »heilige Teufel« Einfluß auf Nikolaus II. und die russ. Politik gewann, weil er die Hämophilie des Thronfolgers zu heilen verstand.
Sein Ps kommt von »rasputny«, was »ausschweifend«, »unmoralisch« bedeutet.

Ratatöskr >Dr. OWLGLASS< = Dr. Hans Erich Blaich
1873-1945, dt. Arzt. Benutzte für seine literarischen Arbeiten - meist waren es satirische Gedichte - dieses Ps. Es ist die Bezeichnung für ein Eichhörnchen, das in der germanischen Sage den Kontakt zu den Oberen und den Unteren aufrecht erhält.

Ratna Dewi = Naoko Nemoto
*1940, ehem. Animiermädchen in Tokio. 1959 heiratete sie Präsident Sukarno von Indonesien. Ihr Ps bedeutet »Göttin des Juwelenherzens«.

Ray, Man = Emmanuel Rudnitsky
1890-1976, amerik. Photograph und Maler. Vertreter des Surrealismus. Erfinder des Selbstauslösers. Lebte lange in Paris. Er änderte seinen jüd.-russ. Namen, als er an die Kunstakademie in Manhattan ging, um dort nicht dem Spott seiner Kommilitonen ausgesetzt zu sein. Sein richtiger Name wurde erst nach seinem Tod durch die russische Emigrations-Zeitung veröffentlicht.

Ray, Nicholas = Raymond Nicholas Kienzle
1911–1979, amerik. Filmregisseur. »Johnny Guitar«; »Denn sie wissen nicht, was sie tun«; »König der Könige« u.a.

Raymond, Fred = Raimund Friedrich Vesely
1900–1954, österr. Operetten- und Filmmusikkomponist. »Maske in Blau«; »Saison in Salzburg«; »Die Perle von Tokay«.
Sein Ps ist die modische Französisierung seines ersten Vornamens, während aus »Friedrich« das »Fred« seines Ps abgeleitet wurde.

Rebroff, Iwan = Hans-Rolf Rippert
*1931, dt. Sänger (Baßbariton). Sein Stimmumfang reicht über viereinhalb Oktaven.
Selbstverständlich muß sich der Sänger russ. Lieder ein russ. Ps zulegen.

Reese, Della = Dellareese Taliaferro, geb. Early
*1932, amerik. Popsängerin. »Don't you know«.
So wird aus der Aufteilung eines Vornamens ein hübsches Ps.

Reger, Erik = Hermann Dannenberger
1893–1954, dt. Romanschriftsteller und Journalist. »Union der festen Hand« (Kleistpreis). Sein Ps erfand er, als er nach dem Ersten Weltkrieg in der Presseabteilung bei Krupp arbeitete und ihm jede nebenberufliche, schriftstellerische Tätigkeit untersagt war. Da er trotzdem schrieb, bildete er durch Umstellung der letzten Buchstaben seines Nachnamens sein Ps. Den Vornamen wählte er wegen des Zusammenklangs.

Regiomontanus = Johann Müller
1436–1476 (vergiftet?), dt. Astronom und Mathematiker. Er führte die arab. Ziffern bei uns ein und war der erste, der erkannte, daß sich die Erde dreht.
Sein Ps ist die latinisierte Form seines Geburtsorts Königsberg in Bayern.

Reinhardt, Max = Max Goldmann
1873–1943, österr. Theaterregisseur. Begann als Schauspieler, gründete 1920 mit Hofmannsthals »Jedermann« die Salzburger Festspiele. Emigrierte 1938 in die USA, versuchte in Hollywood Fuß zu fassen. Seine beiden Söhne Wolfgang und Gottfried übernahmen sein Ps.

Reinl, Harald = Dr. jur. Karl Reiner
1908–1987 (ermordet), österr. Filmregisseur. Arnold Fanck setzte den versierten Alpinisten (akademischer Ski-Weltmeister) in seinen ersten Tonfilmen ein und weckte seine Begeisterung für das Medium. Er inszenierte fast alle Edgar-Wallace- und Karl-May-Filme, aber auch

den 1971 für den Oscar nominierten Dokumentarfilm »Erinnerungen an die Zukunft«.

Reinmar, Hans = Hans Wochinz
1895–1961, österr. Opernsänger.
Er wählte für sein Ps den Namen eines österr. Minnesängers.

Relham, Hedwig = Hedwig Courths-Mahler
1867–1950, dt. Romanschriftstellerin. Nur ihren ersten von 200 Romanen mit dem Titel »Die Verlassene« veröffentlichte sie unter diesem Ps, das ihr Mädchenname rückwärts geschrieben ist. Nachdem sie den Maler Friedrich Courths geheiratet hatte, nahm sie den Doppelnamen an.

Remarque, Erich Maria = Erich Paul Remark
1898–1970, dt.-amerik. Romanschriftsteller. »Arc de Triomphe«; »Zeit zu leben, Zeit zu sterben«; »Die Nacht von Lissabon« u.a. Schrieb nach dem Ersten Weltkrieg den Bestseller »Im Westen nichts Neues«, in dem er die Sinnlosigkeit des Krieges entlarvt. Die Nazis verbrannten seine Bücher, ihm selbst wurde die dt. Staatsangehörigkeit entzogen. 1939 wanderte er in die USA aus, lebte dann in der Schweiz.
Die oft zu lesende Behauptung, Remark hätte eigentlich Kramer geheißen und sein Ps sei eine Umkehrung dieses Namens, ist falsch.

Renn, Ludwig = Arnold Friedrich Vieth von Golssenau
1889–1979, dt. Romanschriftsteller. »Krieg«; »Nachkrieg«; »Adel im Untergang«; »Auf den Trümmern des Kaiserreichs« u.a.
Der Prinzenerzieher und Offizier aus sächsischem Uradel veröffentlichte 1928 seinen Antikriegsroman »Krieg« und trat der KPD bei.
Für diese Wandlung war selbstverständlich auch eine Änderung seines Namens notwendig. Wieso er gerade dieses Ps wählte, war leider nicht zu ermitteln.

Retcliffe, Sir John = Hermann Goedsche
1811–1878, dt. Romanschriftsteller. »Sewastopol«; »Pueblo oder Die Franzosen in Mexiko«; »Biarritz«.
Mit diesem engl. Ps wollte der Abenteuerschriftsteller sich dem damaligen Bestseller-Autor Walter Scott annähern. Es gelang ihm nicht.

Reuter, Paul Julius Freiherr von = Israel Beer Josaphat
1816–1899, engl. Unternehmer dt. Herkunft. Er gründete 1849 eine Nachrichtenagentur in Aachen, 1851 eine in London, die er bis 1878 leitete und aus der die Agentur Reuter, Ltd., hervorging. Erst 1844 legte sich Josaphat diesen dt. wie engl. gut auszusprechenden Namen zu. Der Adelstitel wurde ihm 1871 verliehen.

Rey, Fernando = Fernando Casado Arambillet
*1917, span. Filmschauspieler. »Viridania«; »Der diskrete Charme der Bourgeoisie«; »French Connection« u.a.
Sein Ps ist kurz und groß. »Rey« heißt im Spanischen »König«.

Reymont, Wladyslaw Stanislaw = Wladyslaw Stanislaw Rejment
1867-1925, poln. Schriftsteller. Schrieb Romane; erhielt 1924 den Nobelpreis. »Lodz«; »Die Bauern«.
Sein Ps entstand durch den Austausch eines Buchstabens in seinem Familiennamen.

Rice, Elmer = Elmer Lion Reizenstein
1892-1967, amerik. Schriftsteller. Schrieb Dramen und Romane. Erhielt 1929 den Pulitzerpreis. »Die Rechenmaschine«; »Straßenszene«; Die Beklagte» u.a.
Eine geschickte Amerikanisierung des dt. Wortes »Reizenstein« zum Ps Rice (gespr.: Reiß).

Richard, Cliff = Harry Roger Webb
*1940, in Indien geb. engl. Popmusiker und -Sänger. Teenageridol der 60er Jahre. »Sing a song of freedom«.
Sein Ps erfand für ihn sein erster Manager Johnny Foster. Er benutzte es zum erstenmal bei einem Auftritt 1958.

Rideamus = Fritz Oliven
1874-1956, dt. Jurist und Schriftsteller. Schrieb Libretti für Operetten u.a. für »Der Vetter aus Dingsda«.
Sein lateinisches Ps bedeutet »Laßt uns lachen«. Er benutzte es für heitere Betrachtungen in Zeitschriften.

Riesenharf, Sy Freudhold = Heinrich (eigentl. Harry) Heine
1797-1856, dt. Schriftsteller.
Benutzte dieses Ps für wenige seiner Jugendwerke, weil die Veröffentlichung von Lyrik seinem kaufmännischen Beruf hätte schaden können. Das Ps ist ein Anagramm aus »Harry Heine, Düsseldorf«.

Rigisepp = Josef Maria Camenzind
*1904, schweiz. kath. Volksschriftsteller. »Mein Dorf am See«; »Majestäten und Vaganten« u.a.
Da hat nun einer einen Namen, wie er nicht klangvoller zu erfinden ist und gibt ihn auf, wegen eines Ps! Ob Hermann Hesse die Familie Camenzind kannte, als er seinen »Peter Camenzind« im Kopf hatte?

Ringelnatz, Joachim = Hans Bötticher
1883-1934, dt. Schriftsteller, Lyriker und Seemann. War seit 1909 als »Hausdichter« des Münchner Künstlerlokals »Simpl« tätig. Gedichtsammlungen: »Kuttel Daddeldu«; »Kinder-Verwirr-Buch«; »Flugzeuggedanken«.
Sein Ps soll er einer Bezeichnung entlehnt haben, die für Seepferdchen verwendet wird.

Diesen Tieren fühlte er sich verbunden.

Ritter, Felix >POLDER, Markus< = James Krüss
*1926, dt. Schriftsteller. Seine Kinder- und Jugendbücher – mehr als 20 – schrieb er unter seinem richtigen Namen. [»Mein Urgroßvater und ich«; »3 × 3 an einem Tag«].
Seine Ps benutzte er für Hörspiele, Gedichte und Schlagertexte.

Rivers, Johnny = John Ramistella
*1942, amerik. Popmusiker. »Poor side of town«.

Robbins, Jerome = Jerome Rabinowitz
*1918, amerik. Theater- und Filmregisseur und Choreograph. Zusammen mit Robert Wise erhielt er 1961 den Regie-Oscar für »West Side Story«.

Roberts, Chris = Christian Klusacek
*1944, dt. Schlagersänger. »Ein Mädchen nach Maß«; »Du kannst nicht immer siebzehn sein«.

Roberts, Ralph Arthur = Robert Arthur Schönherr
1884–1940, dt. Theater- und Filmschauspieler. »Der verkannte Lebemann«; »Der Maulkorb«; »Meine Tochter tut das nicht«. Von ihm stammt der Text »Auf der Reeperbahn nachts um halb eins«.

Robinson, Edward G. = Emanuel Goldenberg
1893–1973, amerik. Theater- und Filmschauspieler. »Das Syndikat«; »Der kleine Cäsar« (Verfilmung von Al Capones Leben); »Dr. Ehrlich« u.a.
Über ein Ps für ihn wurde lange nachgedacht. Da hörte er in einer engl. Boulevard-Komödie den Satz: »Madame, ein Herr möchte Sie sprechen, ein Mr. Robinson.« Das gefiel ihm, und Edward war gerade König von England. Etwas von seinem Namen sollte aber doch erhalten bleiben, daher das G.

Robinson, Sugar Ray = Walker Smith
*1920, amerik. sechsmaliger Box-Weltmeister.

Roda Roda, Alexander >AABA AABA< = Sándor Friedrich Rosenfeld
1872–1945, österr. Schriftsteller. Schrieb heitere Erzählungen. Ältester Mitarbeiter der Zeitschrift »Simplicissimus«. Emigrierte nach USA.
Er legte Wert darauf, daß sein Ps ohne Bindestrich geschrieben wurde.

Rodenbach, Zoë van >ARAND, Charlotte< = Leopold Ritter von Sacher-Masoch
1836–1895, österr. Schriftsteller. [»Venus im Pelz«]. Von seinem richtigen Namen wurde der Begriff »Masochismus« abgeleitet.

Rogers, Ginger = Virginia Katharine McMath
*1911, amerik. Theater- und Filmschauspielerin und Tänzerin. War oft Partnerin von Fred Astaire. Als beste Darstellerin

in dem Film »Kitty Foyle« erhielt sie 1940 den Oscar.
»Ginger« war der Kosename in ihrer Kindheit, den Nachnamen ihres Ps hat sie von ihrem Stiefvater John übernommen.

Roggersdorf, Wilhelm >RAKKER, Mathias< = Wilhelm Utermann
*1912, dt. Schriftsteller. Bearbeiter der Werke Erich von Dänikens über prähistorische Besuche außerirdischer Intelligenzen (bis 1988).
Sein Ps ist aus seinem Wohnort bei München gebildet. Unter seinem richtigen Namen schrieb er das Theaterstück »Kollege kommt gleich«.

Rohmer, Eric = Jean Maurice Scherer
*1920, franz. Filmregisseur. »Meine Nacht bei Maude«; »Liebe am Nachmittag«; »Die Marquise von O ...« u.a.

Rohmer, Sax = Arthur Sarsfield Ward
1886-1959, engl. Schriftsteller. Verfasser der Fu-Man-Chu-Gruselgeschichten. Sein Ps ist ein seltenes Synonym für Freelancer = Freischaffender.

Romains, Jules = Louis Farigoule
1885-1972, franz. Schriftsteller und Physiker. »Die guten Willens sind« (Roman). Schrieb auch Gedichte und Theaterstücke.

Rooney, Micky = Joe Yule
*1920, amerik. Filmschauspieler. Begann als Kinderstar mit der 12jährigen Judy Garland in »Love finds Andy Hardy«. »Sommernachtstraum«; »Oh Wildnis«; »Boys Town« u.a.
Sein Ps geht wahrscheinlich auf das Lied »Little Annie Rooney« zurück - auf die kleine Gestalt des Schauspielers bezogen.

Roos, Mary = Marianne Rosemarie Schwab
*1949, dt. Schlagersängerin. »Aufrecht geh'n«; »Ich bin stark ...«.

Rosay, Françoise = Françoise Bandy de Nalèche
1891-1974, franz. Theater- und Filmschauspielerin. »Das große Spiel«; »Fahrendes Volk«; »Der längste Tag« u.a.

Rose, Felicitas = Rosefelicitas Schliewen, verh. Moersberger
1862-1938, dt. Romanschriftstellerin. »Heideschulmeister Uwe Karsten«; »Die vom Sunderhof«; »Wien Sleef«.
Ihr Ps ist nur aus ihren Vornamen entwickelt, den sie in zwei Namen aufteilte.

Rosenfeld >BRUDER FATALIS >KOSMAS >STILLE, C.A.< = Ignaz Franz Castelli
1781-1862, österr. Schriftsteller. Über 100 Unterhaltungsstücke und Dialektromane.
Um seine überquellende Produktion zu verbergen, legte er sich ständig neue Ps zu. Diese sind nur eine Auswahl.

Rosenplüt, Hans = Hans Sneperer
ca. 1400-ca. 1470, dt. Büchsenmacher und Meistersinger aus Nürnberg. Verfasser derber

Fasnachtsspiele (vor Hans Sachs) und 18 lyrischer »Weingrüße« oder »Weinsegen«.

Rosny, Joseph Henri = gemeinsames Ps der Brüder J.H. Boex, 1856–1940, und S.J.F. Boex, 1859–1948, franz. Romanschriftsteller. Sozialkritische, anarchistische und prähistorische Romane.

Ross, Barnaby >QUEEN, Ellery< = gemeinsames Ps der Vettern Frederic Dannay (1905–1982) und Manfred B. Lee (1905–1971), amerik. Kriminalschriftsteller. »Die Tragödie von X«; »Die Tragödie von Y«; »Die Tragödie von Z«; »Drury Lane's letzter Fall«. Held dieser Krimis ist der pensionierte Schauspieler Drury Lane.

Rossi-Drago, Eleonora = Palmina Omiccioli
*1925, ital. Filmschauspielerin. »Die Affäre Maurizius«; »Onkel Toms Hütte«; »Die Bibel«; »Das Bildnis des Dorian Gray u.a.
Das Ps geht auf den Namen ihrer span. Mutter zurück.

Rothko, Mark = Marcus Rothkowitsch
1903–1970 (Freitod), amerik. Maler russ. Herkunft. Berühmt durch seine großformatigen Bilder.
Sein Ps ist die Verkürzung seines Vor- und Familiennamens.

Rowley, Thomas = Thomas Chatterton
1752–1770 (Freitod), engl. Schriftsteller. Erfand einen Mönch des 15. Jhs. mit dem Namen Thomas Rowley und gab diesen als Verfasser seiner Gedichte aus. Jahrelang konnte er damit die Literaturkritik hinters Licht führen. Als sein »Betrug« bekannt wurde, vergiftete sich der aus armen Verhältnissen stammende Chatterton, gerade 18 Jahre alt.

Rue, Danny la = Daniel Patrick Carroll
*1928, ir. Varietékünstler und Transvestit.
Bei seinem Ps konnte er wenigstens mit dem Vornamen machen, was er so gern mit seinem Körper getan hätte: aus dem männlichen Daniel wurde eine weibliche Danny, noch dazu eine von der Straße.

Rush, Jennifer = Heidi Stern
*1960, amerik. Popsängerin (mit Opernstimme). »You are my one and only«; »Falling in love«; »When I look in your Eyes«.

Rys, Jan = Marcel Nerlich
*1931, österr. Schriftsteller. Schreibt Romane und Hörspiele. »Pfade im Dickicht« (Roman); »Tote dürfen nicht sterben« (Hörspiel); »Verhöre« (Hörspiel).

S

Sagan, Francoise = Francoise Quoirez
*1935, franz. Schriftstellerin. »Bonjour Tristesse«; »Lieben Sie Brahms?«; »Ein bißchen Sonne im kalten Wasser«.
Ihr Ps wählte sie nach dem Namen der Prinzessin aus Marcel Prousts Roman »Auf der Suche nach der verlorenen Zeit«.

Sagne, Jean-David de la = François René Vicomte de Chateaubriand, Chevalier de Combourgh
1768–1848, franz. Dichter und Staatsmann. »Le Génie du christianisme«.
Sein Ps legte er sich zu, als er 1800 von der Schweiz nach Paris zurückkehrte; es ist der Name jenes Schlosses, in dem er seine Kindheit verbrachte.

Saint-Hélier, Monique = Betty Briod, geb. Eymann
1895–1955, schweiz. Romanschriftstellerin. »Der Käfig der Träume«; »Der Eisvogel«; »Quick«.

Saint-John Perse = Marie-René-Auguste-Alexis Léger
1887–1975, in Guadeloupe geb. franz. Schriftsteller. Schrieb Lyrik und Erzählungen. »Anabasis«; »Exil«; »See-Marken« u.a. Erzählungen.
Erhielt 1960 den Nobelpreis für Literatur und viele internationale Auszeichnungen.

Saki = Hector Hugh Munroe
1870 (auf Burma)–1916, engl. Schriftsteller.
Schrieb Kurzgeschichten und Romane. [»Der unsägliche Bassington«]. Sein Ps ist sein burmesischer Spitzname, als er dort im Polizeidienst tätig war.

Salten, Felix = Siegmund Salzmann
1869–1945, dt. Schriftsteller ung. Herkunft. »Bambi«; »Der Hund von Florenz«; »Djibi, das Kätzchen«.

Samtsowa, Galina = Galina Ursulyak
*1937, russ. Ballettänzerin, nach Kanada ausgewandert.
Ob sich ein dt. Freund der Tänzerin mit dem Ps einen Scherz erlaubt hat? Es klingt nach »Samtsofa«.

Sand, George = Amandine Lucile Aurore Dupin, verh. Baronin Dudevant
1804–1876, franz. Schriftstellerin.
Schrieb Romane und Erzählungen. »Indiana«; »Franz de Champi«; »Die kleine Fadette«. Ihr Ps wählte sie aus Dankbarkeit gegenüber Jules Sandeau (1811–1883), mit dem sie gemeinsam die Romane »Prima Donna« und »Rose et Blanche« schrieb. Sein Ps war SAND, Jules.

Sand, Jules = Léonard Sylvain Jules Sandeau

1811–1883, franz. Schriftsteller. Schrieb Romane und Dramen; anfangs zwei Romane mit George Sand, die ihr Ps nach seinem bildete. »Madame de Sommerville«; »Marianna«.

Sandel, Cora = Sara Fabricius
1880–1974, norw. Romanschriftstellerin. »Alberte-Trilogie«; »Kein Weg zu Dondi«.

Sankt Albin = Bettine (Elisabeth) von Arnim
1785–1859, dt. Schriftstellerin. Vertreterin der Romantik; Romane und Lyrik.
Ehefrau von Achim von Arnim, Schwester von Clemens von Brentano, heute noch bekannt durch ihr Buch »Goethes Briefwechsel mit einem Kinde«.
Das Ps benutzte sie für ihre sozialkritischen Arbeiten.

Sansovino, Jacopo = Jacopo Tatti
1486–1570, ital. Bildhauer und Architekt.
Sein Ps ist der Name seines wahrscheinlichen Geburtsortes.

Santareno, Bernardo = Antonio Martinho do Rosario
1925–1980, port. Schriftsteller und Arzt.
Schrieb Theaterstücke mit aktuellen, politischen Themen.
Sein Ps ist nach seiner Geburtsstadt Santarém gebildet und bedeutet »der aus Santarém«.

Santayana, George = Jorge Ruiz de Sanatayana y Borrais
1863–1952, in Spanien geb. amerik. Schriftsteller und Philosoph. »Der letzte Puritaner« (Roman); »Der Egoismus in der deutschen Philosophie« (Essay); »Lucifer« (Versdrama).

Saphir, Moritz Gottlieb = Moritz Gottlieb Isreel
1795–1858, in Ungarn geb. dt. Schriftsteller. Journalist, Theaterkritiker und Vortragskünstler.
Schrieb zahlreiche Kurzgeschichten.
Das Ps mußte sein Großvater auf Befehl von Kaiser Josef annehmen. Er besaß einen Siegelring mit einem Saphir, so sagte der Richter: »Heißen Sie sich Saphir!«

Sarto, Andrea del = Andrea Domenico d'Agnolo di Francesco
1486–1531, ital. Maler.
Sein Ps hat er von seinem Vater übernommen, der nach seinem Beruf benannt wurde: »Sarto« = »Schneider«.

Scarpi, N.O. = Fritz Bondy
1888–1980, schweiz. Schriftsteller und Übersetzer österr. Herkunft. »Handbuch des Lächelns«; »Reiseführer in den Himmel«.

Schaffy, Mirza = Friedrich Bodenstedt
1819–1892, dt. Schriftsteller.
Der bedeutende Übersetzer und Kenner des Orients ließ aus Verehrung zu seinem Lehrer eigene Gedichte unter dessen Namen erscheinen. Der Titel: »Lieder des Mirza Schaffy«.

Schamir (a. Q. SHAMIR), Yitzhak = Yitzhak Jezernitzki

*1914, israel. Ministerpräsident.
Sein Ps bedeutet »hartes Wesen« und stammt aus der Zeit seiner Tätigkeit im Untergrund.

Schartenmeier, Philipp Ulrich >ALLEGORIOWITSCH >MYSTIFIZINSKY< = Friedrich Theodor Vischer
1807–1887, dt. Schriftsteller, Ästhetiker und liberaler Politiker. Eines von mehreren Ps.
»Auch einer« ist Vischers bekanntester Roman. In ihm formulierte er als erster »die Tücke des Objekts«.

Scherer, Joseph = Wolfgang Weyrauch
1904–1980, dt. Schriftsteller. War vorher als Schauspieler tätig. [»Die Davidsbündler«; »Mein Schiff, das heißt Taifun«; »Das erste Haus hieß Frieden«].
Als er noch Verlagslektor war, benutzte er dies Ps für seine literarischen Arbeiten.

Schikaneder, Emanuel = Johann Joseph Schikeneder
1751–1812, dt. Dramatiker, Schauspieler, Regisseur, Sänger und Musiker.
Sein einziges überliefertes Werk ist das Libretto zu Mozarts Oper »Die Zauberflöte«.
Die dezente Korrektur an seinem Familiennamen beweist ein feines Gefühl für Wohlklang. Drei »e« waren wirklich zuviel.

Schlemihl, Peter = Ludwig Thoma
1867–1926, dt. Schriftsteller. [z. B.»Lausbubengeschichten«; »Altaich«; »Erster Klasse«].
Das Ps benutzte er für seine Artikel, die er sowohl im »Simplicissimus« wie in der »Jugend« und im »März« veröffentlichte.
Schlemihl ist der Titelheld einer Erzählung von Adalbert von Chamisso, der seinen Schatten dem Teufel verkaufte.

Schmidtbonn, Wilhelm = Wilhelm Schmidt
1876–1952, dt. Schriftsteller. Vor allem durch seine Märchen und Heimaterzählungen bekannt. »Der dreieckige Marktplatz«; »An einem Strom geboren«; »Albertuslegende«.
Sein Ps entstand, indem er seinem sehr verbreiteten Namen den seiner Geburtsstadt hinzufügte.

Schneider, Romy = Rosemarie Magdalena Albach
1938–1982, österr. Filmschauspielerin. »Wenn der weiße Flieder wieder blüht«; »Sissi«-Filme; »Das Mädchen und der Kommissar« u.a.
Ihr Ps ist der Name ihrer Mutter, der Schauspielerin Magda Schneider, die von Wolf Albach-Retty geschieden ist.

Schnüffis (a. Q. SCHNIFFIS), Laurentius von = Johann Martin
1633–1702, österr. Schauspieler, fahrender Schüler und Schriftsteller. Wurde von Kaiser Leopold I. zum Dichter gekrönt.
Sein Ps ist aus seinem Geburtsort in Vorarlberg abgeleitet.

Scholem, Alejchem = Schalom Rabbinowicz
1859–1916, in Rußland geb. jüd. Schriftsteller. Schrieb Text zu »Anatevka«.
Verließ nach den Progromen von 1905 Rußland, emigrierte in die Schweiz und später in die USA.
Sein Werk ist von Galgenhumor durchzogen. Sein Ps bedeutet: »Friede sei mit euch.«

Scholtis, August = Alexander Bogen
1901–1969, dt. Schriftsteller. Schrieb Romane und Dramen »Die Zauberkrücke« (Roman); »Die Katze im schlesischen Schrank« (Roman) u.a.

Schumann, Edzar = Edith Mikeleitis
1905–1964, dt. Romanschriftstellerin. [»Die Königin«; »Die Sterne des Kopernikus«; Die blaue Blume»].
Ihre Hauptwerke veröffentlichte sie unter ihrem richtigen Namen.

Schwarz, Berthold = Konstantin Aacklitzen (a.Q. Angklitzen)
um 1380–um 1450, vermutlich dt. Bernhardinermönch.
Wegen seiner alchimistischen Künste zwischen 1420 bis 1450 als »Bartoldus niger« (Berthold der Schwarze) bekannt. Ob er das Schießpulver (Schwarzpulver) erfunden hat, ist nicht verbürgt, ebenso ist die genaue Schreibweise seines bürgerlichen Namens nicht mehr zu ermitteln.

Scott, Gabriel = Holst Jensen
1874–1958, norw. Romanschriftsteller. »Das eiserne Geschlecht«; »Die Quelle des Glücks…«; »Er kam vom Meer…«; »Und Gott…?«

Scott, Gordon = Gordon M. Werschkul
*1927, amerik. Filmschauspieler und Regisseur. »Anatomie eines Mordes«; »The Hustler« (lehnte die Oscar-Nominierung für seine Leistung in diesem Film ab); »Die Hindenburg« u.a.

Scott, Jack = Jack Scafone
*1938, kan. Rocksänger. »Burning Bridges«.

Scott, Randolph = Randolph Crane
1903–1987, amerik. Filmschauspieler. Spezialität: Western. »Lone Cowboy«; »Seven men for now«; »Sacramento« u.a.

Sealsfield, Charles = Karl Anton Postl
1793–1864, tschech.-amerik. Schriftsteller. »Das Kajütenbuch«; »Der Legitime und die Republikaner«; »Der Virey und die Aristokraten«.
Das Ps des entflohenen Klosterbruders ist eines der wenigen, das erst nach dem Tode enttarnt werden konnte.

Search, Edward = Abraham Tukker
1705–1774, engl. Philosoph.
Der Mann bewies philosophisches Gespür bei der Wahl seines Ps! »Search« heißt auf deutsch »suchen«, »prüfen«.

Also genau das, was man von einem Philosophen erwartet.

Sedges, John = Pearl S(ydenstrikker) Buck
1892-1973, amerik. Schriftstellerin. 1932 Pulitzerpreis für »Die gute Erde«; 1938 Nobelpreis für Literatur.
Seit 1951 schrieb sie unter Ps mehrere Romane. Sie tat dies, um zu prüfen, ob ihre Bücher auch Leser fänden, wenn sie nicht unter ihrem – inzwischen berühmten – Namen veröffentlicht wurden. Sie fanden Leser.

Seghers, Anna = Netty Radvanyi, geb. Reiling
1900-1983, dt. Schriftstellerin. »Der Aufstand der Fischer von St. Barbara« (Kleist-Preis); »Das siebte Kreuz«; »Transit«; »Die Kraft der Schwachen«.

Sehmstorff, Michael Reghulin von >FUGSHAIM, Melchior Sternfels von >GREIFENSHOLM, Erich Stainfels von >HARTENFELS, Simon Lenfrisch von >HIRSCHFELT, Samuel Greifensohn von >HUGENFELS, Israel Fromschmit von >SIGNEUR MESSMAHL >SSULSFORT, German Schleifheim von <= Hans Jacob Christoffel von Grimmelshausen.
1622-1676, dt. Schriftsteller. [»Der abentheurliche Simplicissimus Teutsch«]. s. HIRSCHFELT, Samuel Greifensohn von

Sennett, Mack = Michael Sinnott
1880-1960, amerik. Stummfilmproduzent und Regisseur. Spezialität: Slapstick-Filme. Entwickelte damit die erste filmeigene Kunstform.
Sein Ps stammt noch aus der Zeit, da er glaubte, ein guter Opernsänger werden zu können.

Serafimowitsch, Alexander = Alexander Serafimowitsch Popow
1863-1949, russ. Schriftsteller. »Stadt in der Steppe«; »Der eiserne Strom«; »Galina«.
Er verzichtete in seinem Ps auf den Familiennamen Popow, da der bedeutende russ. Physiker (geb. 1859) so hieß.

Séraphine = Séraphine Louis
1864-1934, franz. Malerin. Wurde 1911 zufällig als Laienmalerin entdeckt. Malte Blumen, Blätter und Früchte von phantastisch-exotischer Buntheit mit miniaturhaft feiner Sorgfalt.

Serner, Walter = Dr. jur. Walter Seligmann
um 1889-1933 (verschollen), dt. Schriftsteller. Verfechter des Dadaismus. »Hirngeschwür«; »Der Pfiff um die Ecke« (Kriminalgeschichten); »Der elfte Finger« (erotische Kriminalgesch.).
Verständlich, daß der Autor derartiger »Außenseiter-Literatur« sich ein Ps zulegen mußte. Seine Bücher wurden nach 1933 sofort verboten.

Sévérine = Josiane Grizeau
*1949, franz. Schlagersängerin. Gewann beim Grand Prix Eurovision de la Chanson in Dublin

mit dem Lied »Un banc, un arbre, une rue«, den ersten Preis für Monaco.
Ihr Ps ist aufschlußreich, es heißt auf deutsch »die Strenge«. Im Mittelalter nannten sich gern Bußprediger so.

Seymour, Lynn = Lynn Berta Springbrett
*1939, kan. Tänzerin und Choreographin. Aus dt. Sicht ist es gut zu verstehen, daß die Ballettdirektorin der Bayerischen Staatsoper in München (1978 bis 1980) sich ein Ps zulegte.

Sharif, Omar = Michael Chalhoub
*1932, ägypt. Filmschauspieler. »Lawrence von Arabien«; »Doktor Schiwago«; »Funny Girl« u.a.
Da ihm sein Vorname nicht gefiel (»so kann jeder heißen«), wählte er den orientalischen Namen Omar. Eigentlich wollte er sich »Sherif« (arab. Adelstitel) nennen, um Verwechslungen mit den US-Sheriffs zu vermeiden, nannte er sich dann »Sharif«.

Sharkey, Jack = Joseph Paul Zukauskas
1902-1983, amerik. Schwergewichtsboxer. Seltsames Ps! »Shark« kann »Haifisch«, aber auch »Schwindler« heißen.

Sharp, Dee Dee = Diana LaRue
*1945, amerik. Popsängerin. »Mashed Potato Time«

Shaw, Artie = Arthur Archawsky
1910-1989, amerik. Jazzklarinettist und Bandleader.
Sein Ps ist aus der zweiten Silbe seines richtigen Namens gebildet.

Shaw, Sandy = Sandra Goodrich
*1947, engl. Schlagersängerin. Gewann mit dem Lied »Puppet on the string« 1967 den Grand Prix Eurovision de la Chanson in Wien.
Viele Hits in verschiedenen Sprachen.

Shute, Neville = Neville Shute Norway
1899-1960, engl. Schriftsteller und Flugingenieur. Lebte in Australien. »Einsamer Weg«; »Diamanten im Meer«; »Die Rose und der Regenbogen«; »Eine Stadt wie Alice« u.a. Romane über Flugtechnik und Atomkrieg.

Signeur Messmahl >FUGSHAIM, Melchior Sternfels von >GREIFENSHOLM, Erich Stainfels von >HARTENFELS, Simon Lenfrisch von >HIRSCHFELT, Samuel Greifensohn von >HUGENFELS, Israel Fromschmit von >SEHMSTORFF, Michael Reghulin von >SULSFORT, German Schleifheim von< = Hans Jacob Christoffel von Grimmelshausen.
1622-1676, dt. Schriftsteller. [»Der abentheurliche Simplicissimus Teutsch«]. s. HIRSCHFELT, Samuel Greifensohn von

Signoret, Simone = Simone Henriette Charlotte Kaminker
1921-1985, franz. Theater- und Filmschauspielerin. »Die Frau mit dem Goldhelm«; »Der

Reigen«; »Der Weg nach oben« (als beste Darstellerin erhielt sie 1959 den Oscar) u.a.
Das Ps ist der Name ihrer franz. Großmutter. Ihr Vater war Pole.

Silone, Ignazio = Secondino Tranquilli
1900–1978, ital. Schriftsteller. Als Kommunist mußte er ins Exil (Schweiz). Dort brach er mit der Partei und rechnete literarisch mit ihr ab. Seine Werke erschienen zuerst in dt. Sprache. »Brot und Wein« (Roman); »Die Kunst der Diktatur« (Essay).

Sim, Georges = Georges Simenon
1903–1989, belg.-franz. Schriftsteller. Schuf die Figur des Detektivs »Maigret«. Viele seiner Bücher aus dieser Serie wurden verfilmt.
Bevor der erste »Maigret«-Roman erschien (1929) schrieb er Hunderte von Erzählungen unter den verschiedensten Ps. Am häufigsten unter Georges Sim. (Einige andere: Christian Brulles, Jean du Perry, Jacques Rome). Insgesamt veröffentlichte er über 300 Romane unter mehr als 22 Ps und seinem richtigen Namen.

Sinclair, Emil = Hermann Hesse
1877–1962, dt. Schriftsteller. Erhielt 1946 den Nobelpreis, 1955 den Friedenspreis des deutschen Buchhandels. [»Der Steppenwolf«; »Das Glasperlenspiel«; »Narziß und Goldmund«].
Den Roman »Demian, Geschichte einer Jugend« schrieb Hesse in der Ich-Form unter dem Namen der Hauptperson Emil Sinclair. Es handelt sich also um ein literarisches Ps.

Sintjohn, John = John Galsworthy
1867–1933, engl. Schriftsteller und Dramatiker. Erhielt 1932 den Nobelpreis. [»Die Forsyte Saga«].
Als er noch Rechtsanwalt mit eigener Kanzlei war, schrieb er einige literarische Arbeiten unter diesem Ps.

Sir Galahad = Berta Helene Eckstein-Diener
1874–1948, österr. Schriftstellerin. Schrieb kulturgeschichtliche Bücher und Romane. »Mütter und Amazonen«.
Ihr Ps ist der Name des letzten Gralsritters.

Sirin = Vladimir Vladimirovic Nabokov
1899–1977, amerik. Schriftsteller russ. Abstammung. [»Lolita«].
Bis 1940 schrieb Nabokov in russ. Sprache. Um in dieser Zeit nicht mit seinem Vater verwechselt zu werden, der politisch engagiert war, bediente er sich dieses Ps.
»Sirin« ist der Name eines legendären Paradiesvogels der russ. Folklore.

Sirk, Douglas = Hans Detlef Sierck
1900 (a.Q.1895)–1987, amerik. Filmregisseur dän. Herkunft.

»Zu neuen Ufern«; »Duell in den Wolken«; »Zeit zu leben und Zeit zu sterben« u.a.

Sling = Paul Schlesinger
1878-1928, dt. Publizist, Journalist und Gerichtsberichterstatter. »Richter und Gerichtete«.
Sein Ps ist eine gekonnte Zusammenziehung von fünf Buchstaben seines Familiennamens.
Er ist der Bruder des Dirigenten Bruno WALTER.

Sodoma = Giovanni Antonio Bazzi
1477-1549, ital. Maler. Talentierter Fresken-Maler und Rivale Raphaels.
Ein aufschlußreiches Ps, mit dem Bazzi seine Bilder signierte. Es dokumentiert unverhohlen seine abartigen sexuellen Neigungen.

Sokolowa, Lydia = Hilda Munnings
1896-1974, engl. Ballettänzerin.
Ein weiteres russ. Ps für eine Tänzerin.

Sologub, Fjodor = F. Kasmitsch Teternikow
1863-1927, russ. Schriftsteller. Schrieb die Romane: »Der kleine Dämon«; »Süßer als Gift«.
Das Ps ist aufschlußreich, weil es einen adligen russ. Schriftsteller (1813-1882) gab, der mit richtigem Namen S. hieß, allerdings mit zwei »l« geschrieben.

Somers, Jane = Doris May Lessing

*1919, engl. Schriftstellerin. Eine der anerkanntesten Autorinnen der Gegenwartsliteratur. [»Das goldene Notizbuch«].
Sie benutzte das Ps für einzelne Erzählungen zu Beginn ihrer literarischen Karriere.

Sommer, Elke = Elke Schletz
*1940, dt. Filmschauspielerin. »Am Tag, als der Regen kam«; »Das Totenschiff«; »Einer von uns beiden« u.a.

Sonnleitner, A.Th. = Alvis Tluchor
1869-1939, österr. Schriftsteller. Schrieb Jugendromane, Märchen und Gedichte. Hauptwerk: »Die Höhlenkinder«.
Verstand sein Ps als Programm: »Der, der zum Licht führt«.

Sorel, Jean = Jeande Rochbrune
*1934, franz. Filmschauspieler. »Julia, du bist zauberhaft«; »Belle de jour – Schöne des Tages« u.a.
Für die Herkunft dieses Ps gibt es gleich drei Möglichkeiten: 1) Agnes S. hieß die Geliebte Karls VII. 2) Charles S. hieß ein franz. Schriftsteller um 1640. 3) Georges S. hieß ein franz. Sozialist um 1900. Auf alle Fälle klingt das Ps besser, als sein richtiger Name, der auf deutsch etwa »Braunfels« bedeutet.

Sorma, Agnes = Martha Karoline Zaremba
1865-1927, dt. Theaterschauspielerin. »Meine schönste Nora«, hat Ibsen von ihr gesagt, und die Duse hat diese Rolle nie mehr gespielt, nachdem sie die

Sorma als Nora gesehen hatte. Bei diesem Ps ist interessant, daß es in der dt. Sprache kein Wort gibt, das mit den vier Buchstaben »Sorm« beginnt.

Sousa, John Philip = Siegfried Ochs
1854–1932, amerik. Komponist. Komponierte Opern und Märsche. »Stars and Stripes«.
Das bevorzugte Blechblasinstrument amerik. Militärkapellen, das Sousaphon, ist nach ihm benannt.

Spalatin, Georg = Georg Burkhardt
1484–1545, dt. Humanist. Wirkte als Mittelsmann zwischen Luther und Friedrich III.
Sein Ps ist die Latinisierung seines Geburtsortes Spalt.

Spencer, Bud = Dr. Carlo Pedersoli
*1935, ital. Filmschauspieler. Tritt meist in Filmen mit Terence Hill als schlagkräftiger, bärtiger Raufbold mit goldenem Herzen auf. »Zwei Himmelhunde auf dem Weg zur Hölle« u.a.
Eines der amerik. Ps, wie sie zur Zeit der Spaghetti-Western und Actionfilme in Mode kamen.

Speyer, Georg von = Georg Hohermuth
ca. 1500–1540, dt. Konquistador.
Entdecker des Hinterlandes von Venezuela; Statthalter der Welserkolonie Venezuela.
Sein Ps wählte er nach seinem Geburtsort Speyer.

Spillane, Mickey = Frank Morrison
*1918, amerik. Kriminalautor und Schauspieler. Schrieb »Ich, der Richter«; »Blut in der Sonne« u.a. Krimis.

Spinalba, C. > HUFNAGL, Max < = Karl Spindler
1796–1855, dt. Schriftsteller. Zog als Schauspieler mit dem »Grünen Wagen« durch die Lande. Aus finanzieller Not schrieb er unter diesen beiden Ps historische Romane.
Herausgeber des vielgelesenen Almanachs »Vergißmeinnicht«.

Spinoza, Benedictus = Baruch Bento Despinoza
1632–1677, holl. Philisoph jüd. Herkunft.
Seine berühmte »Ethik, nach geometrischer Methode dargelegt« (entstanden ab 1662) wurde erst nach seinem Tode veröffentlicht.

Springfield, Dusty = Mary Isobel Catherina Bernadette O'Brien
*1940, engl. Schlagersängerin. »I close my eyes and count to ten«.
Ihr Ps hat sie der Gruppe »The Springfield« entnommen; Dusty ist ein Spitzname.

Stack, Robert = Robert Modini
*1919, amerik. Filmschauspieler. »The High and the Mighty«; »Written on the Wind« (für den Oscar nominiert) u.a. Durch die TV-Serie »Die Unbestechlichen« wurde er weltweit bekannt.

Stalin, Iossif (Josef) Wissarionowitsch > KOBA <= Iossif Wissarionowitsch Dschugaschwili
1879–1953, sowj. Politiker. Erst nach Lenins Tod (1924) konnte er seine Stellung als Generalsekretär des ZK ausbauen. Seit 1927 Diktator mit Terror und »Säuberungen« als Wahrzeichen seiner Herrschaft.
Sein Ps bedeutet soviel wie »Stahl«.

Stanislawsky, Konstantin = Konstantin Sergeewitsch Alekseyew
1865–1938, russ. Theaterschauspieler und -produzent. Begründete den modernen, realistischen Inszenierungsstil: die Bühnenöffnung als vierte Wand.
In »Das Geheimnis des schauspielerischen Erfolges« hat er seine Theorie zusammengefaßt.

Stanley, Sir Henry Morton = John Rowlands
1841–1904, engl. Journalist und Afrika-Forscher. Er fand den in Afrika verschollenen Forscher David Livingstone, erforschte das Kongo-Becken sowie andere afrikanische Gebiete.
Er wuchs im Armenhaus auf und wurde später Schiffsjunge. Den Namen Stanley nahm er als Journalist an; der Adelstitel wurde ihm für seine Forschungsreisen verliehen.

Stanwyck, Barbara = Ruby Stevens
*1907, amerik. Filmschauspielerin. »Baby Face«; »Annie Oakley«; »Frühstück für zwei«. Spielte auch in mehreren TV-Serien, u.a. in »Die Dornenvögel«.
Nach vier Oscar-Nominierungen erhielt sie 1981 einen Ehren-Oscar.

Stardust, Ziggy > BOWIE, David < = David Robert Hayward-Jones
*1946, engl. Popsänger und Filmschauspieler.
Welch ein Ps: es bedeutet »Sternenstaub«!

Starr, Ringo = Richard Starkey
*1940, engl. Schlagzeuger. Bandmitglied der legendären »Beatles«.
Nach der Auflösung der Gruppe versuchte er eine Solokarriere als Sänger und Schauspieler. Seine Mutter nannte ihn Ringo, weil er als Kind gerne Ringe trug; den Nachnamen hat er nur verkürzt und verstärkt.

Steinberg, Saul = Saul Jacobson
*1914, in Rumänien geb. amerik. Karikaturist und Illustrator.

Steinway, Henry Engelhard = Heinrich Engelhard Steinweg
1797–1871, dt. Pianofabrikant. Gründete 1835 die dt. Klavierfabrik »Grotrian-Steinweg« und 1853 die amerik. »Steinway & Sons«, die vor allem nach der Erfindung des kreuzsaitigen Flügels weltweites Ansehen fand. Einfache Anglisierung eines Namens, der zu einem weltweit bekannten Ps und Markennamen geworden ist.

Stendhal = Marie Henry Beyle
1783-1842, franz. Schriftsteller. Schrieb die Romane »Rot und schwarz«; »Die Kartause von Parma« und den Essay »Über die Liebe«.
Soll sein Ps nach der Geburtsstadt des dt. Archäologen J.J. Winckelmann, den er bewunderte, gewählt haben.

Steno = Stefano Vanzina
1917-1988, ital. Filmregisseur. »Sie nannten ihn Plattfuß«; »Dr. Jekylls unheimlicher Horrortrip«; »Bonny und Clyde auf italienisch«.

Stevens, Cat = Steven Demetri Georgiou
*1948, engl. Popmusiker griech.-schwed. Herkunft. »Morning has broken«.

Stevens, Shakin = Mike Barrat
*1951, engl. Rock-'n-Roll-Sänger. Sein erster Erfolg war die Titelrolle in dem Musical »Elvis« in England. Danach waren seine Schallplatten und Konzerte Verkaufsschlager in der ganzen Welt.

Stille, C.A. >BRUDER FATALIS >KOSMAS >ROSENFELD< = Ignaz Franz Castelli
1781-1862, österr. Schriftsteller. Über 100 Unterhaltungsstücke und Dialektromane.
Um seine überquellende Produktion zu verbergen, legte er sich ständig neue Ps zu.

Sting = Gorden Matthew Sumner
*1952, engl. Popsänger (ehemaliger Lehrer) der Gruppe »The Police«. »Moon over Bourbon Street«; »The dream of the blue turtles«; »If you love somebody set them free«.

Stirling, Arthur = Upton Beall Sinclair
1878-1968, amerik., sozial engagierter Schriftsteller. [»Der Sumpf« oder »Der Dschungel«; »So macht man Dollars«; »Singende Galgenvögel«].
Mußte sich schon früh sein Geld mit Drei-Groschen-Romanen verdienen, die er unter diesem Ps schrieb.

Stirner, Max = Johann Kaspar Schmidt
1806-1856, dt. Philisoph. Predigte extremen Individualismus. »Der Einzige und sein Eigentum«.
Sein Ps ist bewußt von »Stirn« abgeleitet und soll die Denkfähigkeit betonen.

Stoppard, Tom >BOOT, William< = Tom Straussler
*1937, brit. Dramatiker und Theaterkritiker. »Rosenkranz und Güldenstern«; »Wahre Kommissare«.
Ps nach seinem Stiefvater Major Kenneth Stoppard.

Stratas, Teresa = Anastasia Strataki
*1938, kan. Opernsängerin. Kind griech. Einwanderer. Sie wurde durch ihre klassischen Musikrollen ein internationaler Star und begeisterte Millionen in dem Film »La Traviata«.

Streff, Ernst = Ernst Elias Niebergall

1815-1843, dt. Schriftsteller. Schrieb Dramen und Erzählungen. [»Des Burschen Heimkehr« (Erzählung); »Datterich« (Drama)].
Um seine Tätigkeit als Lehrer nicht durch seine literarischen Produktionen zu belasten, wählte er anfangs dieses Ps.

Streuvels, Stijn = Frank Lateur 1871-1969, fläm. Romanschriftsteller. »Knecht Jan«; »Liebesspiel in Flandern«; »Des Lebens Blütezeit«.
Da das Hauptthema seines literarischen Schaffens der Kampf der flämischen Bauern war, legte er seinen franz. Namen zugunsten eines flämischen Ps ab.

Stuart, Cäsar = Cäsar Flaischlen 1864-1920, dt. Schriftsteller. [»Graf Lothar« (Drama); »Von Alltag und Sonne« (Lyrik); »Jost Seyfried« (Roman)].
Er benutze das Ps während seiner Zeit als Redakteur bei der Zeitschrift »Pan«. Gelegentlich zeichnete er seine Artikel auch C.F.Stuart.

Sturges, Preston = Edmund Preston Biden
1898-1959, amerik. Filmregisseur und Drehbuchautor. »Der große McGinty« (1940 Oscar für das Drehbuch); »Sullivans Reisen«; »Hail the Conquering Hero« u.a.

Styne, Jule = Jule Stein
*1905, engl. Theaterintendant dt. Abstammung, Komponist von Musicals.
Bei diesem Ps ändert sich zwar die Schreibweise des richtigen Namens, die Aussprache bleibt jedoch die gleiche.

Sue, Eugené = Marie-Joseph Sue 1804-1857, franz. Schriftsteller. »Die Geheimnisse von Paris«; »Der ewige Jude« u.v.a. Romane.

Sulsfort, German Schleifheim von >FUGSHAIM, Melchior Sternfels von >GREIFENSHOLM, Erich Stainfels von >HARTENFELS, Simon Lenfrisch von >HIRSCHFELT, Samuel Greifensohn von >HUGENFELS, Israel Fromschmit von >SEHMSTORFF, Michael Reghulin von >SIGNEUR MESSMAHL <= Hans Jacob Christoffel von Grimmelshausen.
1622-1676, dt. Schriftsteller. [»Der abentheurliche Simplicissimus Teutsch«]. s. HIRSCHFELT, Samuel Greifensohn von

Suppé, Franz von = Francesco Ezechiele Ermenegildo Suppé-Demelli
1819-1891, österr. Komponist. Komponierte Orchester-, Kammer- und Kirchenmusik. Berühmt wurde er mit seinen Operetten: »Die schöne Galathee«, »Boccaccio«.
Seinen ital. Namen – er ist in Split geboren – paßte er geschickt dem dt. Sprachgefühl an.

Svensson, Jón = Jón Stefán Sveinsson, gen. Nonni
1857-1944, isl. Schriftsteller. Schrieb kath. Jugendbücher. »Nonni«; »Zwischen Eis und

Feuer«; »Die Stadt am Meer«; »Wie Nonni das Glück fand«.

Svevo, Italo = Ettore Schmitz
1861–1928, ital. Schriftsteller. »Ein Mann wird älter«; »Ein gelungener Scherz«; »Kurze sentimentale Reise«. Sein Ps heißt »italienischer Schwabe« und bringt seine Gefühle als »Bastard« zum Ausdruck: er schrieb in ital. Sprache, hatte die österr. Staatsangehörigkeit und war dt. Abstammung.

Swanson, Gloria = Josephine Swenson
1897–1983, amerik. Filmschauspielerin. »Indiskret« (1930); »Sunset Boulevard«; »Airport«. Kompliment für das sichere Gespür, dem eigenen Namen durch einen anderen Vornamen und dem Tausch eines Buchstabens Melodie und Größe zu geben.

Swedenborg, Emanuel = Emanuel Svedberg
1688–1772, schwed. Wissenschaftler, Philosoph und Theosoph. »Regnum animale«; »Arcana coelestia«.

T

Tagore, Rabindranath = R. Thakur
1861-1941, ind. Dichter und Philosoph. »Das Heim und die Welt«; »Die Religion des Menschen«; »Die Gabe des Liebenden« u.a. Betrachtungen.
»Tagore« ist die engl. Schreibweise von »Thakur«.

Talvio, Maila = Maila Mikkola-Winter
1871-1952, finn. Schriftstellerin. Schrieb Romane. »Die Kraniche«; »Der Verlobungsring«; »Die Glocke« u.a.

Tandem, Carl Felix = Carl Spitteler
1845-1924, schweiz. Schriftsteller und Journalist. Erhielt 1919 den Nobelpreis. [»Olympischer Frühling«; »Imago«].
Ob er bei seinem Ps an das lateinische »tandem« = »endlich« dachte oder an das Doppelfahrrad gleichen Namens? Er benutzte es während seiner Zeit als Feuilleton-Redakteur bei der »Neuen Zürcher Zeitung«.

Tati, Jacques = Jacques Tatischeff
1908-1982, franz. Filmregisseur, Drehbuchautor und Schauspieler. »Die Ferien des Monsieur Hulot«; »Mein Onkel«; »Playtime«; »Traffic«.
Das Ps sind die ersten vier Buchstaben des russ. Familiennamens. Zu seinem Darstellungsstil gehörte es, nie ein Wort zu sprechen.

Tauber, Richard = Ernst Seifert
1891-1948, österr. Tenor. Wurde weltberühmt als lyrischer Tenor, u.a. durch die Gestaltung der Rollen, die Lehár für ihn schrieb.

Taylor, Robert = Spangler Arlington Brough
1911-1969, amerik. Filmschauspieler. »Broadway Melodie«; »Die Kameliendame«; »Waterloo Bridge«.
Der MGM-Chef Louis B. Mayer machte ihn 1934 zu »Mr. Schneider«.

Tcherina, Ludmilla = Monique Tchemerzina
*1924, franz. Tänzerin russ. Abstammung.
Ihr Ps gibt dem Familiennamen internationalen Touch.

Terry-Thomas = Thomas Terry Hoar-Stevens
*1911, engl. Theater- und Filmkomiker. »Bruchpiloten«; »Die tollkühnen Männer in ihren fliegenden Kisten«; »Die wundervolle Welt der Gebrüder Grimm« u.a.
Wie einfach! Für sein Ps verband er seine beide Vornamen durch einen Bindestrich, der im Englischen ungewöhnlich ist.

Terz, Abraham = Andrej Sinjawski
*1925, russ. Exil-Schriftsteller. »Der Prozeß beginnt«; »Gedanken hinter Gittern«; »Glatteis«.

Als Systemkritiker mußte er seine Werke zuerst in Paris veröffentlichen, wohin er nach längerer Zwangsarbeit emigrieren durfte.

Tetmajer, Kasimir = Kasimierz Przerwa
1865-1940, poln. Schriftsteller. Schrieb Romane und Erzählungen.
»Der hochwürdige Herr Kanonikus«; »Der Todesengel«; »Tatra-Legenden«.

Thévenin, Denis = Georges Duhamel
1884-1966, franz. Schriftsteller und Arzt. Mitglied der Académie française 1935. [»Zivilisation« (Prix Goucourt); »Die Chronik der Familie Pasquier«; »Schrei aus dem Abgrund«].
Bis 1914 war Duhamel praktischer Arzt und veröffentlichte seine literarischen Arbeiten unter diesem Ps.

Thompson, Carlos = Juan Carlos Mundanschaffter
*1916, argent. Schauspieler und Schriftsteller. »Flammende Sinne« (Roman); »Zwischen Zeit und Ewigkeit« (Roman).
Oh ja, mit diesem Familiennamen macht man weder als Schauspieler noch als Schriftsteller Karriere.

Thorwald, Jürgen = Heinz Bongartz
*1916, dt. Schriftsteller. Schrieb Sachbücher und Romane. »Das Jahrhundert der Detektive«; »Das Jahrhundert der Chirurgen« u.a.

Tibber, Robert = Rosemary Friedman
*1929, engl. Schriftstellerin. Schrieb Romane. »Nur kein Arzt«; »Kleiner Kummer, großer Kummer«; »Der kleine Sündenfall«.

Tiger, Dick = Dick Itehu
1929-1971, nigerianischer Boxer.
Wer weiß, vielleicht heißt »Tiger« auf nigerianisch »Itehu«; dann wäre das Ps erklärt.

Tiger, Theobald >HAUSER, Kaspar >PANTER, Peter >WROBEL, Ignaz< = Kurt Tucholsky
1890-1935 (Freitod), dt. Schriftsteller und Journalist.
Eines seiner vier Ps. Er benutzte es für seine politisch engagierten Artikel.

Tilden, Jane = Marianne Tuch
*1910, österr. Film- und Theaterschauspielerin.
Burgtheater-Mitglied; TV-Serie »Forellenhof« und zahlreiche Filme.

Ting, Ling (Ding) = Chiang Wei-Wen oder Ping-Chic
*1907, chin. Schriftstellerin. Die bekannteste kommunistische Schriftstellerin Chinas.
Sicher gab es tausend gute Gründe für ihr Ps. Aber um auch nur einen davon zu verstehen, müßte man Chinesisch können.

Tintoretto = Jacopo Robusti
1518-1594, ital. Maler. Malte religiöse Motive und Porträts.
Sein Ps bedeutet »der kleine Färber«.

Tirso de Molina = Gabriel Téllez
1571–1648, span. Dramatiker. Unter seinen 300 Stücken ragen »Don Gil von den grünen Hosen« und »Don Juan von Sevilla« heraus.
Sein Ps bedeutet »Tirso von der Mühle«.

Tito, Josip = Josip Broz
1892–1980, jug. Marschall und Politiker. Organisator des Partisanenkampfes gegen die dt.-ital. Besatzung. 1945 Ministerpräsident, 1953 Staatspräsident (seit 1963 auf Lebenszeit). Abkehr vom Stalinismus, Wortführer der »Blockfreien«.
»Ti to« heißt im Serbokroatischen soviel wie »du tust das«, und genau das hat er während des Partisanenkampfes seinen Leuten gegenüber oft gebraucht. Er selbst sagte jedoch, dieses Ps sei aus den Vornamen zweier Schriftsteller gebildet, deren Werke er während des Zweiten Weltkriegs gelesen hat.
Aus Gründen der Tarnung benutzte er mehrere Ps.

Tizian = Tiziano Vecellio
um 1477–1576, ital. Maler. »Himmel und irdische Liebe«; »Himmelfahrt Mariens«; »Danae« u.a. Gemälde.

Todd, Michael = Avrom Hirsch Goldbogen (a. Q. Goldenborgen)
1907–1958, amerik. Theater-, Revue- und Filmproduzent. Erfinder des Todd-A-O-Verfahrens (70-mm-Kopien). Mehrere erfolgreiche Broadway-Revuen. Für »In 80 Tagen um die Welt« erhielt er als Produzent 1956 den Oscar.

Toorop, Charly = Annie Caroline Pontifex
1891–1955, holl. Malerin. Malte Bildnisse, Stilleben, Stadtansichten und Blumen in einem monumentalen, expressiven Stil.
Ein männliches Ps für eine Malerin – das ist selten.

Topol = Chaim Topol
*1935, isr. Theater- und Filmschauspieler. »Fiddler on the roof« (»Anatevka«). Sowohl in London auf der Bühne wie im Film spielte er den Milchmann Tevje und wurde für diese Rolle für den Oscar nominiert.

Torberg, Friedrich = Friedrich Kantor-Berg
1908–1979, österr. Schriftsteller und Übersetzer. Schrieb die Romane »Der Schüler Gerber«; »Hier bin ich, mein Vater«; »Süßkind von Trimberg«.
Sein Ps bildete er aus der letzten Silbe seines ersten und seinem letzten Familiennamen.

Toto = Antonio de Curtis Gagliardi Ducas Comnuno di Bisanzio
1897–1967, ital. Filmkomiker und Zirkusclown. Spielte in mehr als 115 Filmen, u.a. in »Das Gold von Neapel«; »Der Mantel« (nach Gogol).
Sein Ps stammt aus seinen Anfangsjahren beim Varieté.

Traven, B. = ein bis heute nicht mit Sicherheit enttarntes Ps

1890–1969, Schriftsteller, wahrscheinlich dt. Abstammung. »Das Totenschiff«; »Der Schatz der Sierra Madre«; »Rebellion der Gehenkten« u.a.
Einige Theorien, wer sich hinter dem Ps versteckt haben soll:
- Ein Krimineller, der seine Identität nicht preisgeben durfte;
- ein Sammelname für mehrere Schriftsteller (Jack London habe mitgeschrieben und Ambrose Bierce und der mex. Staatspräsident Adolfo López);
- hinter dem Ps verstecke sich ein Hohenzollernsproß, illegitim von Wilhelm II. gezeugt.

Traven selbst behauptete, er sei in San Francisco geboren. Eine geschickte Tarnbehauptung, denn das Erdbeben von 1906 hat alle Geburtsregister vernichtet. Dagegen steht die Aussage seiner mex. Witwe, er sei Skandinavier gewesen und habe Traven Torsvan geheißen. Andere wollen wissen, Traven sei ein Deutscher namens Richard Maurhut gewesen, der sich als anarchistisch-pazifistischer Schriftsteller zwischen 1917 und 1921 Ret Marut nannte und Herausgeber der anarchistischen Zeitschrift »Der Ziegelbrenner« war. Zum Tode verurteilt, soll er nach Mexiko geflohen sein und dort das Ps Traven angenommen haben.
Jüngste Theorie, von einem BBC-Team recherchiert: Travens richtiger Name lautet Hermann Albert Otto Maximilian Feige, geb. 1882 in Schwiebus bei Frankfurt/Oder als Sohn eines Ziegelbrenners (!). Diese Angaben bestätigten zwei Geschwister von Feige/Traven, die in einem niedersächsischen Dorf lebten.
Ist damit »das größte literarische Geheimnis dieses Jahrhunderts« gelöst oder hat der Mann, der sich Traven nannte, die Identität eines ihm gut bekannten (oder gar verwandten) Mannes nur benutzt, um seine Herkunft noch mehr zu verschleiern?
Das Ps Traven ist auch 1989 noch nicht enttarnt.

Trinkolo, Boatswain >BEADLE, Tom >BOND, William >DEFOE, DANIEL >QUIXOTA, Donna Arine <= Daniel Foe um 1660–1731, engl. Schriftsteller. Der Vorname des Ps bedeutet »Bootsmann«. Er benutzte das Ps für einen Vorschlag zur Altersversorgung von Seeleuten. Einen anderen Artikel in gleicher Sache zeichnete er mit Jeremiah Dry-Boots (»Matrosenstiefel«).

Troll, Thaddäus = Dr. Hans Bayer
1914–1980, dt. Schriftsteller. Schrieb heitere Erzählungen, Romane, Feuilletons, Essays und Theaterkritiken. »Deutschland deine Schwaben«; »Der himmlische Computer« u.a.

Ein Troll ist in der nordischen Mythologie ein Unhold. Der Vorname ist wegen des Rhythmus gewählt.

Trollmund, Felix = Arthur Schopenhauer
1788-1860, dt. Philosoph.
Unter diesem Ps übersetzte er Garciáns »Handorakel«.

Trotzendorf, Valentin = Valentin Friedland
1490-1556, dt. Pädagoge. Er erneuerte das dt. Schulwesen und führte an seiner Schule die Schülerselbstverwaltung nach antikem Vorbild ein.
Sein Ps ist nach seinem Geburtsort Troitschendorf bei Görlitz entstanden.

Trotzki, Leo (Lew) = Leib Dawidowitsch Bronstein
1879-1940, russ. Revolutionär und Politiker. Schuf 1918 die Rote Armee und damit die Voraussetzungen für den Sieg der Bolschewiki im Bürgerkrieg 1917-22. Nach dem Tod Lenins erbitterter Feind Stalins; wurde 1925-27 aus allen politischen Ämtern entfernt. In seinem Exil in Mexiko von R. Mercader (Ps: Jacson, Frank) ermordet.
Die Herkunft seines Ps ist ungeklärt. Nach einer Theorie soll es vom dt. »Trotz« kommen.

Troyat, Henry = Léon (Leo, Lew) Tarassow
*1911, franz. Schriftsteller russ. Herkunft. Schrieb Romane. »Die Giftspinne«; »Solange die Welt besteht«; »Onkel Sams Hütte«.

Tulin, K. >FREY, William >IVANOW, Konstantin Petrowitsch >KUPRIANOW, B. >LENIN, W.I. <= Wladimir Iljitsch Uljanow. 1870-1924, russ. Revolutionsführer. s. LENIN, W.I.

Turner, Georg >KESTNER, René >PHILLIPS, Sydney< = Hans José Rehfisch
1891-1960, dt. Schriftsteller, Richter, Syndikus einer Filmgesellsch., Theaterdirektor, Dozent und Rechtsanwalt. [»Wer weint um Juckenack?«; »Die Affäre Dreyfus«; »Wasser für Canitoga«].
Während seiner Emigration in vielen Ländern und in noch mehr Berufen tätig. Dieser Vielfalt entspricht auch das Arsenal seiner Ps, die er oft erfand, damit nicht gleich offenkundig wurde, daß ein neues Stück von ihm war. Später gab er allen seinen richtigen Namen.

Turner, Sammy = Samuel Black
*1932, amerik. Popsänger. »Lavender-Blue«.

Turner, Tina = Annie Mae Bullock
*1938, amerik. Rocksängerin. »Love Explosion«; »What's love got to do with it«.

Twiggy = Lesley Hornby
*1950, engl. Mannequin, Filmschauspielerin und Sängerin.
Da sie die typische schlanke Mannequinfigur hat, wurde sie Twiggy, von »twig« = »Zweig«, genannt. Ein Spitzname für sehr schlanke Personen. Sie jedoch wurde zu *der* Twiggy.

U

Uccello, Paolo = Paolo di Dono
1397–1475, ital. Maler. Mitbegründer des Renaissancestils. Sein Ps bedeutet »Vogel«.

Überzwerch, Wendelin = Kurt Fuß
1893–1962, dt. Schriftsteller. »Aus dem Ärmel geschüttelt« (Gedichte); »Das Viergestirn« (Roman). Sein Ps bedeutet »überquer«, »unangenehm«, »nicht passend«.

Utrillo, Maurice = Maurice Valadon
1883–1955, franz. Maler.
Und so kam der franz. Maler zu einem so unfranzösischen Nachnamen:
Er war der Sohn von Suzanne Valadon und dem Maler Boissy. Im Alter von acht Jahren adoptierte ihn der span. Kunstkritiker Miguel Utrillo.

V

Vadim, Roger = Roger Vadim Plemiannikow
*1928, franz. Filmregisseur. Mitbegründer der »neuen Welle«, Entdecker von Brigitte BARDOT. »Und Gott erschuf die Frau«; »Gefährliche Liebschaften«; »Der Reigen« u.a.

Valens, Ritchie = Richard Valenzuela
1941-1959, amerik. Popgitarrist. »Donna«.

Valentin, Barbara = Uschi Ledersteger
*1940, österr. Filmschauspielerin. Begann ihre Karriere als blondes Busenstarlet. »In Frankfurt sind die Nächte heiß«; »Angst essen Seele auf«; »Looping« u.a.

Valentin, Karl = Valentin Ludwig Fey
1882-1948, dt. Volksschauspieler und Schriftsteller. Trat mit seiner langjährigen Partnerin Lisl KARLSTADT (Ps) in der Kleintheater- und Kabarettszene in München auf.
Seine selbstgeschriebenen Szenen, die voll Ironie und scharfer Zeitkritik sind, beeinflußten u.a. Bertolt Brecht, der für ihn den Begriff des »Linksdenkers« fand.

Valentino, Rudolph = Rodolpho Alfonzo Raffaelo Pierre Filibert Guglielmi di Valentina d'Antonguolla
1895-1926, in Italien geb. amerik. Filmschauspieler. Idol der Frauen der 20er Jahre, hatte in Hollywood den Spitznamen »die rosarote Puderquaste«. »Die vier apokalyptischen Reiter«; »Der Scheich« u.a.
Sein Ps ist die dezimierte Form seines langen Familiennamens.

Valli, Alida = Alida Maria Altenburger
*1921, ital. Filmschauspielerin. »Der dritte Mann«; »Manon Lescaut«; »Der Fall Paradin« u.a.

Valli, Frankie = Frank Castelluccio
*1937, amerik. Rockmusiker. »Grease«.

Valmy, Alfred de >BUCHHOLZ, Wilhelmine< = Julius Stinde
1841-1905, dt. Schriftsteller. [»Die Familie Buchholz«].
Unter diesem adligen Ps nach dem franz. Ort Valmy, der durch die »Kanonade von Valmy« bekannt wurde, schrieb er dramatische Versuche.

Van der Meersch, Maxence = Joseph Cardijn
1907-1951, franz. Schriftsteller flämischer Herkunft. »Das Haus in den Dünen«; »Leib und Seele«; »Das reine Herz«.
Sein Ps wählte er, um seine flämische Herkunft zu betonen.

Vee, Bobby = Robert Thomas Velline
*1943, amerik. Popsänger. »Take good care of my baby«.

Veidt, Conrad = Conrad Weidt
1893–1943, dt. Theater- und Filmschauspieler. »Das Kabinett des Dr. Caligari«; »Der Kongreß tanzt«; »Casablanca« u.a.

Venezis, Elias = Elias Mellos
1904–1973, griech. Schriftsteller.
Schrieb Romane. »Friede in attischer Bucht«; »Äolische Erde«; »Die Boten der Versöhnung«.

Ventura, Lino = Angelo Borrini
1919–1987, in Italien geb. franz. Schauspieler. Wurde 1950 Europameister im Ringen (Mittelgewicht) und begann erst nach einem Beinbruch seine Schauspielerkarriere. Jacques Becker holte ihn zum Film. Spezialität: Gangster und Kommissare. »Der Clan der Sizilianer«; »Fahrstuhl zum Schafott«; »Das Verhör« u.a.
Erstaunlich, daß er dieses Ps gewählt hatte, denn es gab ja bereits Ray Ventura, den weltberühmten Bandleader.

Vercors = Jean Bruller
*1902, franz. Schriftsteller der Résistance. »Das Schweigen des Meeres« (anonym veröffentlicht); »Die Waffen der Nacht«.
Sein Ps ist der Name eines verkarsteten Kalkgebirges in den franz. Voralpen, zwischen Grenoble und dem Drôme-Tal.

Verneuil, Henri = Achod Malakian
*1920, franz. Filmregisseur türk. Abstammung. »Staatsfeind Nr. 1«; »Der Clan der Sizilianer« u.a., darunter mehrere Filme mit Belmondo.

Vernon, Konstanze = Konstanze Herzfeld
*1939, dt. Ballettänzerin. Primaballerina an der Bayerischen Staatsoper.

Veronese, Paolo = Paolo Cogliari (a. Q. Caliari)
1528–1588, ital. Maler. Mußte sich wegen angeblicher Profanierung biblischer Themen vor der Inquisition verantworten.
Sein Ps ist aus seinem Geburtsort Verona gebildet.

Verrocchio, Andrea del = Andrea di Michele-Cioni
1435–1488, ital. Bildhauer, Maler und Bronzegießer. Er schuf das erste für die Aufstellung im Freien gedachte Denkmal.
Sein Ps ist der Name des Goldschmieds Guiliano del Verrocchio, dessen Schüler er war.

Versois, Odile = Militza de Poliakoff-Baidarow
1930–1980, franz. Filmschauspielerin russ. Abstammung. »Herrscher ohne Krone«.
Sie war die Schwester von Marina VLADY.

Vicomte de Launay = Delphine Gay
1804–1855, franz. Schriftstellerin.
Gedichte und Romane mit politischer Tendenz schrieb sie unter diesem männlichen Ps.

Vieira, Luandino = José Vieira Matevs da Grasa

*1936, port. Schriftsteller. Für seinen Erzählungsband »Luanda« erhielt er 1965 einen Literaturpreis des Freien Schriftstellerverbandes. Nach der Verleihung stellte sich heraus, daß sich hinter dem Ps der zu 14 Jahren Haft verurteilte weiße Angolaner da Grasa verbarg.

Vigo, Jean = Jean Almereyda
1905–1934, franz. Filmregisseur. »Zéro de conduite« (»Betragen ungenügend«); »L'Atalante«.
Als Sohn eines franz. Anarchisten wurde er unter diesem Ps in ein Internat geschickt. Er ist heute eine Kultfigur des neuen franz. Films.

Villa, Pancho = Doroteo Arango
1878–1923, mex. Revolutionär und Guerillaführer.

Villon, François = François de Montcorbier (a. Q. des Loges)
um 1431–1463, franz. Dichter und Liedermacher. Schuf u.v.a. sechs Balladen. »Das kleine Testament«; »Das große Testament«.
Sein Ps ist nach dem Namen seines Wohltäters Kaplan Guillaume de Villon geprägt, der ihn erzog und an der Sorbonne studieren ließ.

Villon, Jacques = Gaston Duchamp
1875–1963, franz. Maler und Graphiker. Begann als Gebrauchsgraphiker, beeinflußt von den Kubisten und den »Fauves«. Malte seit 1919 abstrakt, in hellen Farbkompositionen mit geometrischer Gliederung.
Ein Ps, das ein Programm ist, denn schließlich ist es das Ps eines ungebändigten Sängers und Dichters, der von ca. 1431 bis 1463 lebte: François VILLON.

Vitti, Monica = Maria Luisa Cesiarelli
*1932, ital. Filmschauspielerin. »L'Aventura«; »Die Nacht«; »Die rote Wüste« u.a.

Vivarini, Antonio = Antonio da Murano
um 1415–1476 (oder später), ital. Maler.
Begründer der Muraneser Malerschule; arbeitete zusammen mit seinem Schwager Giovanni de Alamagna. Hauptwerke sind die Marienkrönung in San Zaccaria und die Madonna mit Heiligen in der Akademiegalerie in Venedig. Als selbständige Arbeit gilt ein Altar in der Vatikanischen Pinakothek.
Eines der seltenen Maler-Ps jener Zeit, das auf die Herkunftsangabe im (richtigen) Namen verzichtete.

Vlady, Marina = Marina de Poliakoff-Baidarow
*1938, franz. Filmschauspielerin russ. Abstammung. »Tage der Liebe«; »Die Wölfe«; »Die blonde Hexe« u.a.
Sie ist die Schwester von Odile VERSOIS.

Völz, Wolfgang = Aaron Treppengeländer
*1930, dt. Theater- und Film-

Voltaire, John

schauspieler. »Banktresor 713«; »Unser Wunderland bei Nacht«; »Frau Cheney's Ende«.

Voltaire >Dr. Obern >Dreamer, John< = François Marie Arouet
1694–1778, franz. Philosoph und Schriftsteller.
Sein Ps benutzte er erstmals 1718 für sein Drama »Oedipe«. Damals nannte er sich Arouet de Voltaire, später nur noch Voltaire. Das Ps soll ein Anagramm aus »Arovet l.i.« (»le jeune«=»der Junge«) sein. Voltaire hat sich nicht dazu geäußert. Aus Angst vor Polizei und Zensur bediente er sich, wie viele Schriftsteller seiner Zeit, zahlreicher Ps.

W

Wagstaff = William Makepeace Thackeray
1811-1863, engl. Schriftsteller. [»Henry Esmond« (Roman)].
Dieses Ps gefiel Thackeray offenbar so gut, daß er es über Jahre hinweg mit den verschiedensten Vornamen benutzte. Es ist ohne Sinn und nur des Wohlklangs wegen gebildet.
Da er das väterliche Vermögen rasch verspielt hatte, mußte er Geld mit dem Schreiben von Glossen für die Zeitschrift »Punch« verdienen. Hierzu bediente er sich vieler Ps.

Walbrook, Anton = Adolf Wohlbrück
1900-1968, österr. Filmschauspieler. »Maskerade«; »Der Student von Prag«; »Der Reigen« u.a.
Als Wohlbrück 1937 nach England ging, paßte er seinen dt. Namen der engl. Sprechweise an, und daß er in jener Zeit gern auf seinen Vornamen Adolf verzichtete, kann man verstehen.
Anton ist ein weiterer richtiger Vorname von ihm.

Waldau, Gustav = Gustav Theodor Clemens Robert Freiherr von Rummel
1871-1958, dt. Theater- und Filmschauspieler. »Eine kleine Nachtmusik«; »Karneval der Liebe«; »Der schweigende Engel« u.a.
Vom Berufsoffizier über den Journalismus zu Bühne und Film - eine solche Karriere verlangte ein bürgerliches Ps.

Walden, Herwarth = Georg Lewin (a. Q. Levin)
1878-1941, dt. Schriftsteller und Journalist. War Redakteur mehrerer literarischer Zeitschriften, besonders »Der Sturm«, der sich für den Expressionismus einsetzte. Näherte sich dem Kommunismus an, emigrierte in die UdSSR, wo er 1941 verhaftet wurde und im Gefängnis starb.
Sein Ps stammt von Else Lasker-Schüler, die er 1903 heiratete.
Die Lyrikerin gab vielen Künstlern »fürstliche Titel«.

Walden, Mat(t)hias = Eugen Wilhelm Otto Freiherr von Sass
1927-1984, dt. Publizist. 1950 von der DDR nach Berlin gekommen. Stellvertretender Chefredakteur beim Sender Freies Berlin, seit 1981 neben Axel Springer Mitherausgeber der Zeitung »Die Welt«.
Sein Ps-Vorname wird unterschiedlich geschrieben.

Wallburg, Otto = Otto Emil Wasserzieher
1890-1934 (KZ Auschwitz), dt. Theater- und Filmschauspieler. »Der Kongreß tanzt«; »Bomben auf Monte Carlo«; »Weekend im Paradies« u.a.

Walter, Bruno = Bruno Walter Schlesinger
1876–1962, dt. Dirigent. Als er nach den USA emigrieren mußte, ließ er seinen Familiennamen in der alten Heimat zurück und nahm ihn nach seiner Rückkehr 1947 nicht wieder auf. Er ist der Bruder von SLING.

Walton, Joseph >FORZANO, Andrea >HANBURY, Victor< = Joseph Losey
1909–1984, amerik. Filmregisseur. »The intimate Stranger« (»Der bekannte Fremde«).
Da er während der Kommunistenverfolgung in den USA auf die »schwarze Liste« gesetzt wurde, drehte er Gebrauchsfilme in Italien und England unter drei verschiedenen Ps.

Wanger, Walter = Walter Feuchtwanger
1894–1968, amerik. Filmproduzent. Zu den von ihm hergestellten Filmen gehören: »Königin Christine«; »Shanghai«; »Stagecoach«.
Sein Ps kostete ihn die erste Silbe seines dt. Namens und die Namensgleichheit mit einem großen Schriftsteller.

Warhol, Andy = Andrew Warhola
1927–1987, amerik. Künstler und Filmemacher. Gilt als Initiator und führender Vertreter der »Pop-art«. In seiner New Yorker »Fabrik« entstanden ca. 80 sog. »Untergrundfilme« wie z.B. »Schlaf«, »Flesh«, »Trash«.

Sein Ps ist die Anpassung seines tschech. Namens an die amerik. Sprechweise.

Warner, Harry Morris = Harry Morris Eichelbaum
1881–1958, und

Warner, Jack L. = Jack L. Eichelbaum
1892–1978, amerik. Filmproduzenten.
Beide Brüder änderten ihren Namen in gleicher Weise und gründeten gemeinsam die »Warner-Brother-Filmgesellschaft«, die eine der drei größten Hollywoods wurde.

Warwick, Dionne = Marie Dionne Warrick
*1941, amerik. Popsängerin. »Heartbreaker«.

Washboard, Sam = Robert Brown
*1910, amerik. Waschbrett-Instrumentalist und Bluessänger. Sein Ps ermöglicht es, bei Programmankündigungen zu schreiben: »Am Washboard - Washboard«.

Wast, Hugo = Gustavo Martinez Zuviria
1883–1962, argent. Schriftsteller. »Lucia Miranda«; »Der Weg der Lamas«. Einer der meistgelesenen Autoren Südamerikas.

Wayne, John = Marion Michael Morrison
1907–1979, amerik. Filmschauspieler. War Footballspieler, Requisiteur und wurde einer der erfolgreichsten Westerndarsteller des amerik. Films.

»Stagecoach« (legendärer Western, 1939); »Rio Bravo«; »True Grit«; »Der Marschall«; (als bester Darsteller den Oscar 1969) u.a.
Sein Ps erhielt er von dem Regisseur Raoul Walsh und dem Produzenten Sheehan. Amerik. Fans nannten ihn mit seinem Spitznamen »Duke«; der stammte aus seiner Kindheit – sein Airdaleterrier hieß so.

Webb, Clifton = Webb Parmelee Hollenbeck
1893-1966, amerik. Filmschauspieler. »Der Knabe auf dem Delphin«; »Der Mann, den es nie gab« u.a.

Webster, Jean = Alice Jean Chandler
1876-1916, amerik. Schriftstellerin. Schrieb Erzählungen. »Daddy Langbein«; »Lieber Feind«.

Wedi, E. >CARMEN SILVA< = Elisabeth, Königin von Rumänien, geb. Pauline E. Ottilie Luise, Prinzessin zu Wied
1843-1916, Schriftstellerin.
Die Frau von König Carlos I. war eine geb. Prinzessin Elisabeth zu Wied. Aus diesem Geburtsnamen ist dieses Ps abgeleitet, das sie für Übersetzungen von rumän. Dichtungen in die dt. Sprache benutzte.

Weinberg, Steven = Josey Regental
*1933, amerik. Astrophysiker. Erhielt 1979 den Nobelpreis für Physik. Durch sein populärwissenschaftliches Buch »Die ersten drei Minuten«, in dem er die Anfänge des Universums, den »Urknall« beschreibt, einem großen Publikum bekannt.
Was mag den klugen Mann bewogen haben, seinen Namen zu ändern? Aber fraglos ist ein Weinberg schöner als ein Regental.

Weiss, Ferdl = Ferdinand Weisheitinger
1883-1949, Münchner Lokalkomiker und Filmschauspieler. »Der müde Theodor«; »Der arme Millionär«.
Bei seinem Ps wurde immer der Hauptname vor dem Vornamen geschrieben und genannt.

Welch, Raquel = Raquel Tejada
*1940, amerik. Filmschauspielerin. »Das älteste Gewerbe der Welt«; »Die drei Musketiere«; »Ein irrer Typ« u.a.

Welk, Ehm = Thomas Trimm
1884-1966, dt. Romanschriftsteller. »Die Heiden von Kummerow«; »Die Lebensuhr des Gottlieb Grambauer«; »Die Gerechten von Kummerow«; »Der wackere Kühnemann aus Puttelfingen«.
Warum ein Autor mit einem so einprägsamen Namen sich ein Ps zulegt?
Ganz einfach: Trimm war Chefredakteur im Ullstein-Verlag als er seinen ersten Roman schrieb und wollte dessen Erfolg oder Mißerfolg nicht mit seinem Namen verkoppeln.

Werner, Ilse = Ilse Charlotte Still
*1921, auf Java geb. dt. Schauspielerin. Sie ist besonders durch das Pfeifen von Schlagern bekannt geworden. »Wir machen Musik«; »Die schwedische Nachtigall«; u.a. »Rivalen der Rennbahn« (TV-Serie).
Verständlich, daß eine so quirlige Sängerin nicht ausgerechnet »Still« heißen durfte.

Werner, Oskar = Josef Bschließmayer
1922-1984, österr. Theater- und Filmschauspieler. »Entscheidung vor Morgengrauen«; »Der letzte Akt«; »Jules und Jim« u.a.
Wählte sein Ps aus Verehrung für Werner Krauß.

West, Nathaniel = Nathan Wallenstein Weinstein
1903-1940, amerik. Schriftsteller und Drehbuchautor. Schrieb die Romane: »Schreiben Sie, Miss Lonelyhearts«; »Eine glatte Million«; »Der Tag der Heuschrecke«.
Das Ps ist insofern erstaunlich, weil es zu seinen Erfolgszeiten bereits die ebenfalls erfolgreiche Rebecca WEST gab.

West, Rebecca >LYNX<= Cecily Isabel Fairfield, verh. Andrews
1892-1983, in Irland geb. engl. Schriftstellerin und Schauspielerin. »Der Brunnen fließt über« (Roman); »Die Zwielichtigen« (Roman); »D.H. Lawrence« (Biographie).
Wählte ihr Ps nach dem Namen der Heldin von Ibsens »Rosmersholm«, deren Rolle sie gespielt hatte.

Westmacott, Mary >CHRISTIE, Agatha< = A. Mary Clarissa Miller, verh. Mallowan
1890-1976, engl. Schriftstellerin.
Unter diesem Ps veröffentlichte die bekannte Kriminalautorin sechs romantische Liebesgeschichten.

Westrum, Hans = Hans Baumann
1914-1988, dt. Schriftsteller und Lyriker.
Unter dem Ps reichte er, auf Veranlassung seines Verlegers, 1959 ein Theaterstück zum Gerhart-Hauptmann-Preis der Freien Volksbühne Berlin ein. Er erhielt den ersten Preis, vor der Verleihung wurde jedoch bekannt, daß sich hinter dem Ps der Hitlerjugend-Liederschreiber B. (»Es zittern die morschen Knochen...«; »Hohe Nacht der klaren Sterne«) versteckte und die Preisverleihung wurde ausgesetzt.

Wetcheek, J.L. = Lion Feuchtwanger
1884-1958, dt. Schriftsteller. [»Der tönerne Gott«; »Jud Süß«; »Geschwister Oppenheim«].
Er mußte 1933 nach Frankreich emigrieren. Das Ps benutzte er für seine ersten Arbeiten in den USA, wo er ab 1941 lebte.
Sein Ps ist die freie Übersetzung seines Namens (»feuchte Wange«) in die engl. Sprache.

Whiles, Dennis = Georg Gärtner
*1921, dt. Kriegsgefangener.
1946 gelang ihm die Flucht aus einem amerik. Lager in New Mexico. Fast 40 Jahre lang lebte er unter seinem Ps in den USA.

White, Jack = Horst Nussbaum
*1944, dt. Discjockey und Schlagerkomponist. Komponierte Erfolgshits für Jürgen Marcus, Roberto Blanco, Tony Marshall u.a.
Freunde scherzen, sein Ps bedeute »weiße Jacke«.

Wigman, Mary = Marie Wiegmann
1886-1973, dt. Ballettänzerin und Choreographin.
Obgleich nur in Deutschland tätig, gab sie ihrem Namen durch kleine Korrekturen einen angloamerik. Touch. Die Nazis mochten weder dies noch sie selbst. Sie ging in die Schweiz.

Wilder, Billy = Samuel Wilder
*1906, amerik. Filmregisseur österr. Herkunft. War vor 1933 in Berlin als Journalist und Drehbuchautor tätig. Emigrierte über Frankreich in die USA. »Das verlorene Wochenende« (1945 Oscar für die beste Regie); »Sunset Boulevard« (1950 Oskar für das beste Drehbuch); »Das Appartement« (1960 Oscar für die beste Regie) u.v.a.

Williams, Tennessee = Thomas Lanier Williams
1914-1983, amerik. Dramatiker. »Die Glasmenagerie«; »Endstation Sehnsucht« (Pulitzerpreis 1948); »Plötzlich letzten Sommer«.
Sein Ps soll darauf zurückzuführen sein, daß er ein Nachkomme von John Williams, dem ersten Senator des Staates Tennessee, war.

Winters, Shelley = Shirley Schrift
*1922, amerik. Theater- und Filmschauspielerin. »Das Tagebuch der Anne Frank« (1959 Oscar für beste Nebenrolle); »Lolita«; »A patch of blue« (1956 Oscar für beste Nebenrolle) u.a.

Wittenbourg, Jacob = Friedhelm Werremeier
*1930, dt. Schriftsteller und Journalist. Kriminologische Sachbücher und Kriminalromane, die alle den Hauptkommissar Trimmel zum Helden haben und für die Sendereihe »Tatort« verfilmt wurden.
Sein Ps ist nach seinem Geburtsort Witten gebildet.

WOLS = Alfred Otto Wolfgang Schulze
1913-1951, dt. Maler. 1932 Aufenthalt in Paris, 1933 Studium am Bauhaus. Seit 1937 in Frankreich, illustrierte Werke von Kafka, Sartre u.a. Einer der Hauptvertreter des Tachismus.
Sein Ps ist aus den ersten drei Buchstaben seines dritten Vornamens und dem Anfangsbuchstaben seines Allerweltsfamiliennamens gebildet.

Wonder, Stevie = Steveland Judkins
*1950, amerik. (blinder) Pop-

sänger und -musiker. »I just call to say I love you« u.v.a.

Wong, Anna May = Wong Liu-Tsong
1902–1960, amerik. Filmschauspielerin chin. Abstammung. »Der Dieb von Bagdad«; »Shanghai-Express« u.a.
Ein typisches Hollywood-Ps. Es klingt chin., ist aber für amerik. Zungen leicht auszusprechen.

Wood, Natalie = Natascha Gurdin
1938–1981 (ertrunken), amerik. Filmschauspielerin russ. Abstammung. »Denn sie wissen nicht, was sie tun« (Oscar-Nominierung 1955); »West Side Story«; »Gypsy« u.a.
Als sie mit acht Jahren ihre erste Filmrolle spielte, gaben ihr die Produzenten William Goetz und Leo Spitz dieses Ps in Erinnerung an den Regisseur Sam Wood.

Wrobel, Ignaz > HAUSER, Kaspar > PANTER, Peter > TIGER, Theobald < = Kurt Tucholsky
1890–1935 (Freitod), dt. Schriftsteller und Journalist.
Unter diesem Ps schrieb Tucholsky hauptsächlich kritische Anmerkungen zur dt. Justiz.

Wyman, Jane = Sarah Jane Fulks
*1914, amerik. Filmschauspielerin. »Mein Mann Godfrey«; »Das verlorene Wochenende«; »Johnny Belinda« (1948 Oscar als beste Darstellerin); »Falcon Crest« (TV-Serie).

Y

Yorick = Pietro Ferrigni-Coccoluto
1836-1895, ital. Schriftsteller und Journalist. Schrieb humorvolle Bücher über Florenz und Reiseberichte.
Als Ps wählte er den Namen des Helden Yorick aus Laurence Sternes Roman »Yoricks sentimentale Reise«.

York, Susannah = Susannah Fletcher
*1941, engl. Filmschauspielerin. »Freud«; »Tom Jones«; »Nur Pferden gibt man den Gnadenschuß«.

Young, Gig = Byron Ellsworth Barr
1917-1978, amerik. Theater- und Filmschauspieler. Bekam für seine Rolle des Conférencier in dem Film »Nur Pferden gibt man den Gnadenschuß« 1969 den Oscar.
Sein Ps ist der Name der Rolle, die er in dem Film »The Gay Sisters« spielte (1942).

Young, Loretta = Gretchen Belzer
*1913, amerik. Filmschauspielerin. »Vor Blondinen wird gewarnt«; »Der Fremde«; »The Farmer's Daughter« (1947 Oscar als beste Darstellerin) u.a. Wer hätte gedacht, daß sich hinter diesem Ps ein dt. Gretchen versteckt!

Yourcenar, Marguerite = M. de Crayencour
1903-1987, franz. Schriftstellerin. »Ich zähmte die Wölfin«; »Alexis oder Der vergebliche Kampf«. 1980 als erste Frau in die Académie française gewählt.
Ihr Ps ist aus den Buchstaben ihres richtigen Namens gebildet.

Z

Zico = Artur Antunes Coimbra
*1954, bras. Fußballer. Er wird
»der weiße Pele« genannt.
Das Ps haben ihm seine Fans
gegeben.

Zorn, Fritz = Fritz Angst
1944–1976, schweiz. Germanist. Er schrieb ein einziges Buch, das nach seinem Tode von Adolf Muschg veröffentlicht wurde: »Mars« – das Bekenntnisbuch eines Sterbenden, der mit denen abrechnet, die ihm im Leben nicht helfen konnten.
Sein Namenswechsel ist ein Programm: statt Angst predigt er in seinem Buch Zorn.

Und so heißen sie richtig

In diesem Register sind die wirklichen
(richtigen) Namen alphabetisch erfaßt. Hinter diesen
stehen die Pseudonyme. Dies erleichtert das
Auffinden von Pseudonymen, die nur einmal oder für
spezielle Arbeiten benutzt wurden.

A

Aacklitzen, Konstantin = Schwarz, Berthold
Aaken, Hieronymus van = Bosch, Hieronymus
Aaron, Adolf = L'Arronge, Adolf
Abraham, Otto = Brahm, Otto
Ahenobarbus, Lucius Domitius = Nero, Claudius Drusus Germanicus Caesar
Akerman, John Yonge = Pindar, Paul
Albach, Rosemarie Magdalena = Schneider, Romy
Alcayaga, Lucila Godoy de = Mistral, Gabriela
Alekseyew, Konstantin Sergeewitsch = Stanislawsky, Konstantin
Allegri, Antonio = Correggio
Allen, Ronald = Ayckbourn, Alan
Almereyda, Jean = Vigo, Jean
Altenburger, Alida Maria = Valli, Alida
Alverio, Rosita Dolores = Moreno, Rita
Ambrogini, Angelo = Poliziano, Angelo
Anagnostopoulos, Spiro Theodore = Agnew, Spiro
Ancel (eigtl. Antschel), Paul = Celan, Paul
Anderson, Gary = Bonds, Gary (U.S.)
Andrieux, Louis = Aragon, Louis; Colère, François la
Angelo, Donato d' = Bramante, Donato
Angst, Fritz = Zorn, Fritz
Antel, Franz = Legrand, François
Anzengruber, Ludwig = Gruber, Ludwig
Arambillet, Fernando Casado = Rey, Fernando
Arango, Doroteo = Villa, Pancho
Arbuckle, Roscoe (»Fatty«) = Goodrich, William
Ardizzone, Edward Jeffrey Irving = Diz
Arias, Margot Foneyn de (geb. Margaret Hookham) = Fonteyn, Margot
Armstrong, Helen Porter (geb. Mitchell) = Melba, Nellie
Arnim, Bettine (Elisabeth) von = Sankt Albin
Aron, Siegfried = Arno, Siegfried
Arouet, François Marie = Dr. Obern; Dreamer, John; Voltaire
Arrom, Cecilia de (geb. Böhl de Faber) = Caballero, Fernán
Arshawsky, Arthur = Shaw, Artie
Auersperg, Anton Alexander von = Grün, Anastasius
Augstein, Rudolf = Daniel, Jens
Austerlitz, Frederik = Astaire, Fred
Avallone, Francis = Avalon, Frankie
Averlino (auch Averalino), Antonio di Pietro = Filarete
Aznavourian, Charles = Aznavour, Charles

B

Bak, Vivi = Bach, Vivi
Baker (oder Mortenson), Norma Jean = Monroe, Marilyn
Balanschiwadse, Georgy Melitonowitsch = Balanchine, George
Baline, Israel Isidore = Berlin, Irving
Balsamo, Giuseppe = Cagliostro, Allessandro Graf von
Balzac, Honoré = Balzac, Honoré de
Bamberger, L. Gottfried Heinrich = Berger, Ludwig
Bannah, Hassan Sabri al = Abu Nidal
Barabeytschik, Ischok Israelewitsch = Dobrowen, Issay
Barbieri, Giovanni Francesco = Guercino, Giovanni Francesco
Barboni, Enzo = Clucher, Enzo B.
Bargone, Drédéric-Charles-Pierre-Edouard = Farrère, Claude
Barker Jr., Alexander Crichlow = Barker, Lex
Barr, Byron Ellsworth = Young, Gig
Barrat, Mike = Stevens, Shakin
Barrie, James Matthew = Ogilvy, Gavin
Barrow, Joseph Louis = Louis, Joe
Barthel, Kurt = Kuba
Baruch, Löb = Börne, Ludwig
Baruch, Moses = Auerbach, Berthold; Chauber, Theobald
Basie, William = Basie, Count
Bastard, Lucien = Estang, Luc
Batavio, Margret Annemarie = March, Peggy

Bathiat, Arlette-Léonie = Arletty
Bauer, Georg = Agricola, Georgius
Bauer, Herbert Dr. phil. = Balázs, Béla
Baum, Robert = Amberg, Lorenz; Fortridge, Allan G.; Jungk, Robert
Baumann, Hans = Westrum, Hans
Baumgartner, James = Garner, James
Bayer, Hans Dr. = Troll, Thaddäus
Bazzi, Giovanni Antonio = Sodoma
Beaty, Shirley Maclean = MacLaine, Shirley
Beaty, Warren = Beatty, Warren
Beauchamp, Kathleen (verh. Murry) = Mansfield, Katherine
Beedle, William Franklin jr. = Holden, William
Behrens, Bertha von = Heimburg, Wilhelmine
Békessy, János = Habe, Hans
Bellemare, Eugène Louis Ferry Gabriel de = Ferry, Gabriel
Bellotto, Bernardo = Canaletto
Belzer, Gretchen = Young, Loretta
Benci, Antonio = Pollaiuolo, Antonio
Benedictsson, Victoria Maria = Ahlgren, Ernst
Bergauer, Conrad = Auberger, Georg
Berger, Maurice-Jean de = Béjart, Maurice

Bernard, Henriette-Rosine = Bernhardt, Sarah
Berrettini, Pietro = Cortona, Pietro da
Betto Bardi, Donato di Niccolo di = Donatello
Beverloo, Cornelius van = Corneille
Beyer, Hanne Karin = Karina, Anna
Beyle, Marie Henry = Stendhal
Bickel, Frederick McIntyre = March, Fredric
Bickle, Phyllis = Calvert, Phyllis
Biden, Edmund Preston = Sturges, Preston
Bierbaum, Otto Julius = Möbius, Martin
Bigordi (auch Bigardi), Domenico di Tommaso = Ghirlandaio, Domenico
Biolcati, Maria Ilva = Milva
Birnbaum, Nathan = Burns, George
Bisanzio, Antonio de Curtis Gagliardi Ducas Comnuno di = Toto
Bitzius, Albert = Gotthelf, Jeremias
Bjelke, Ernst = Low, Bruce
Black, Samuel = Turner, Sammy
Black, Susan = Beaumont, Susan
Blaich, Hans Erich Dr. = Owlglass, Dr.; Ratatöskr
Blair, Eric Arthur = Orwell, George
Blairfindie, Allen Charles Grant = Power, Cecil
Blamauer, Karoline = Lenya, Lotte
Blauermel, Karin = Baal, Karin
Blixen-Finecke, Baronin Karen Christence = Andrézel, Pierre; Blixen, Tania; Dinesen, Isac; Osceola
Blume, Claire = Bloom, Claire
Blythe, Ethel = Barrymore, Ethel
Blythe, Herbert = Barrymore, Maurice
Blythe, John = Barrymore, John
Blythe, Lionel = Barrymore, Lionel
Bockelmann, Udo Jürgen = Jürgens, Udo
Boden, Wilhelm Emil = Bendow, Wilhelm
Bodenstedt, Friedrich = Schaffy, Mirza
Bötticher, Georg = Leutnant Versewitz
Bötticher, Hans = Ringelnatz, Joachim
Bötticher, Paul Anton = Lagarde, Paul Anton de
Boex, J.H. = Rosny, Joseph Henri
Boex, S.J.F. = Rosny, Joseph Henri
Bogaerde, Derek van den = Bogarde, Dirk
Bogen, Alexander = Scholtis, August
Bollstädt, Graf von = Albertus Magnus
Bondy, Fritz = Scarpi, N.O.
Bongartz, Heinz = Thorwald, Jürgen
Bonvicino, Alessandro = Moretto, Brescia da
Borchardt, Georg Hermann = Hermann, Georg
Borrini, Angelo = Ventura, Lino
Bosetzky, Horst Dr. = -ky
Boularan, Jacques = Deval, Jacques

Bourcharrouba, Mohammed = Boumédienne, Houari (Bumedienne, Huari)
Bourgeois, Jeanne-Marie = Mistinguett
Boutelleau, Jacques = Chardonne, Jacques
Bowyer-Yin, Leslie Charles = Charteris, Leslie
Bradley, Graham = Bonney, Graham
Briod, Betty (geb. Eymann) = Saint-Hélier, Monique
Bris, Pierre de = Brice, Pierre
Brix, Hermann = Bennett, Bruce
Brofeldt, Johan = Aho, Juhani
Bronner, Ferdinand = Adamus, Franz
Bronstein, Leib Dawidowitsch = Trotzki, Leo (Lew)
Brontë, Anne = Bell, Acton
Brontë, Charlotte = Bell, Currer
Brontë, Emily = Bell, Ellis
Brough, Spangler Arlington = Taylor, Robert
Brown, Robert = Washboard, Sam
Brown, Zenith Jones = Ford, Leslie; Frome, David
Broz, Josip = Tito, Josip
Bruch, Cornelia = Borchers, Cornell
Bruller, Jean = Vercors
Bruni, P.F. Caletti = Cavalli, Pier Francesco
Brusso, Noah = Burns, Tommy
Bryner, Youl = Brynner, Yul
Bschließmayer, Josef = Werner, Oskar
Buber, Paula (geb. Winkler) = Munk, Georg
Buchinsky, Charles = Bronson, Charles
Buck, Pearl S(ydenstricker) = Sedges, John
Bülow, Vicco Christoph-Carl von = Loriot
Bullock, Annie Mae = Turner, Tina
Bundsmann, Emil = Mann, Anthony
Bunterberg, Elisabeth Carlotta Helena Eulalia = Andersen, Lale
Buonarroti-Simoni, Michelangiolo di Ludovico di Lionardo di = Michelangelo
Burckhardt, Johann Ludwig = Ibrahim Ibn Abd Allah
Burggraf, Waldfried = Forster, Friedrich
Burkhardt, Georg = Spalatin, Georg
Burkhardt, Johannes = Kalenter, Ossip
Burns, John = Gillespie, Dizzi
Burns, Katherine = Hepburn, Katharine
Burroughs, William S. = Lee, William
Busche, Hermann von dem = Pasiphilus
Byrd, Robert = Day, Bobby

C

Calder, Nigel = Clarke, Arthur Charles
Calvin, John = Noon, Jeremiah
Camenzind, Josef Maria = Rigisepp
Canale, Giovanni Antonio = Canaletto
Cansino, Marguerita Carmen = Hayworth, Rita
Caponi, Alphonso = Capone, Al
Carcopino-Tusoli, François = Carco, Francis
Cardijn, Joseph = Van der Meersch, Maxence
Cardona, Florencia Bisenta Casillas Martinez = Carr, Vikki
Carette, Louis = Marceau, Félicién
Caron, Pierre Augustin = Beaumarchais, Caron de
Carroll, Daniel Patrick = Rue, Danny la
Carrucci, Jacopo = Pontormo, Jacopo
Carter, Charlton = Heston, Charlton
Casey, John = O'Casey, Sean
Cassotto, Walden Robert = Darin, Bobby
Cassou, Jean = Noir, Jean
Castelfranco, Giorgio da = Giorgione
Castelli, Francesco = Borromini, Francesco
Castelli, Ignaz Franz = Bruder Fatalis; Kosmas; Rosenfeld; Stille, C.A.
Castelluccio, Frank = Valli, Frankie
Cebutaru, Maria = Cebotari, Maria
Cernick, Al = Mitchell, Guy
Cesiarelli, Maria Luisa = Vitti, Monica
Chalhoub, Michael = Sharif, Omar
Chalupiec, Barbara Apolonia = Negri, Pola
Chambers, James = Cliff, Jimmy
Chandler, Alice Jean = Webster, Jean
Charpentier, Suzanne = Annabella
Chartier, Emile-Auguste = Alain
Chassagne, Micheline = Presle, Micheline
Chateaubriand, François René Vicomte de, Chevalier de Combourgh = Sagne, Jean David de la
Chatterton, Thomas = Rowley, Thomas
Chauchoin, Lily Claudette = Colbert, Claudette
Chaumette, René = Clair, René
Chevalier, Maurice Edouard Saint-Léon = Chevalier, Maurice
Chevalier, P. Sulpice = Gavarni, Paul
Chiang Wei-Wen oder **Ping-Chic** = Ting, Ling (Ding)
Chlumberg, Hans Bardach Edler von = Chlumberg, Hans von
Christofferson, Martin F. = Böök, Fredrik
Ciccione, Louise Veronica = Madonna

Cini, Alfred = Martino, Al
Clarke, William Alexander = Bustamente, (Sir) Alexander
Claudius, Matthias = Asmus
Clay, Cassius Marcellus = Muhammed, Ali
Clemens, Samuel Langhorne = Mark Twain
Cliburn, Harvey Lavan = Cliburn, Van
Cocozza, Alfredo Arnold = Lanza, Mario
Cody, William Frederick = Buffalo Bill
Cogliari (oder Caliari), Paolo = Veronese, Paolo
Cohen, Morris = Brandes, Georg
Cohn, Emil Ludwig = Ludwig, Emil
Coimbra, Artur Antunes = Zico
Cole, Janet = Hunter, Kim
Coles, Nathaniel Adam = Cole, Nat King
Colette, Gabrielle-Sidonia = Colette
Colombat, Claire = Laage, Barbara
Conegliano, Emmanuele = Ponte, Lorenzo da
Conneau, Jean = Beaumont, André
Connery, Thomas = Connery, Sean
Constandin, Fernand Joseph Désiré = Fernandel
Cooper, Emma = Field, Michael
Cooper, Frank J. = Cooper, Gary
Cornwell, David John Moore = le Carré, John
Cortesi, F. = Bom
Coryell, John R. = Carter, Nick
Cournand, Evelyne = Galina, Anna
Courths-Mahler, Hedwig = Relham, Hedwig
Crane, Randolph = Scott, Randolph
Crayencour, M. de = Yourcenar, Marguerite
Cristillo, Louis = Costello, Lou
Crocetti, Dino = Martin, Dean
Crosby, Harry Lillis = Crosby, Bing
Cruz-Bosen, Jens = Cruze, James
Cunati, Edwige Caroline = Feuillère, Edwige
Czell, Carl = Merz, Carl
Cziffra, Geza von = Pirat, Fritz

D

D'Agnolo, Andrea Dominico = Sarto, Andrea del
Dannay, Frederic = Queen, Ellery; Ross, Barnaby
Dannenberger, Hermann = Reger, Erik
D'Antonguolla, Rodolpho Alfonzo Raffaelo Pierre Filibert Guglielmi di Valentina = Valentino, Rudolph
Daudet, Alphonse = Isle, Jean de l'
Daumer, Georg Friedrich = Emmeran, Eusebius; Hafis
Davis, Miles = Prince
Day, Margaret Mary = Lockwood, Margaret
Dekker, Eduard Douwes = Multatuli
Delacroix, Henri-Edmond = Cross, Henri-Edmond
Demsky, Yssur Danielowitsch = Douglas, Kirk
Deneller, Uta = Danella, Uta
Derr, Kätherose = Dor, Karin
Descartes, René = Cartesius, Renatus
Desnitzki, Ivan = Desny, Ivan
Despinoza, Baruch Bento = Spinoza, Benedictus
Destouches, Louis Fuch = Céline, Louis-Ferdinand
Deutsch, Ernst = Dorian, Ernest
Deutschendorf, John Henry = Denver, John
Dickens, Charles John Huffam = Boz
Dietz, Gertrud (verh. Dorn) = Fussenegger, Gertrud
Dimucci, Dion = Dion
Dinicola, Joe = Dee, Joey
Ditzen, Rudolf = Fallada, Hans
Dixon, Eugene = Chandler, Gene
Dodgson, Charles Lutwidge = Carroll, Lewis
Döblin, Alfred Dr. med. = Linke Poot
Dohrenkamp, Jürgen = Lippe von der, Jürgen
Dongen, Frits van = Dorn, Philip
Dono, Paolo di = Uccello, Paolo
Dorléac, Catherine = Deneuve, Catherine
Doroslovac, Milutin = Dor, Milo
Dorsey, Gerry = Engelbert
Doudy, Reginald = Garrick, John
Draghi, Giovanni Battista = Pergolesi, Giovanni Battista
Dresser, David = Halliday, Brett
Dreyfus, Jean-Paul = Chanois, Jean-Paul le
Dronniez, Sonja = Lazlo, Viktor
Dschugaschwili, Iossif Wissarionowitsch = Koba; Stalin, Iossif (Josef) Wissarionowitsch
Duchamp, Gaston = Villon, Jacques
Duhamel, Georges = Thévenin, Denis
Dukinfield, William Claude = Criblecoblis, Otis; Fields, W.C.; Jeeves, Mahatma Kane
Dumarchey, P. = MacOrlan, Pierre
Dunne, Mary Chavelita = Egerton, George
Dupin, Amandine Lucile Aurore (verh. Baronin Dudevant) = Sand, George

Durrell, Lawrence = Norden, Charles

Dwight, Reginald Kenneth = John, Elton

E

Ebenstein, Erich = Hruschka, Annie
Eberst, Jakob = Offenbach, Jacques
Eckstein-Diener, Berta Helene = Sir Galahad
Eich, Hans Dr. = Quercu, Matthias Dr.
Eichberger, Willy = Esmond, Carl
Eichelbaum, Harry Morris = Warner, Harry Morris
Eichelbaum, Jack L. = Warner, Jack L.
Eichendorff, Joseph Frhr. von = Florens
Einzinger, Ditta Tuza = Lolita
Eisler, Egon = Eis, Egon
Eitzert von Schach, Rosemarie = Caspari, Tina; Jonas, Claudia
Elisabeth, Königin von Rumänien (geb. Pauline E. Ottilie Luise, Prinzessin zu Wied) = Carmen Sylva, Wedi, E.
Ellington, Edward Kennedy = Ellington, Duke
Emmrich, Curt Dr. med. = Bamm, Peter; Clausewitz, Detlev
Engländer, Richard = Altenberg, Peter
Ericson, Walter = Fast, Howard Melvin
Ernsting, Walter = Darlton, Clark; McPatterson, Fred
Espinasse, Albert Pierre = Brasseur, Pierre
Ettel, Elisabeth = Bergner, Elisabeth
Evans, Ernest = Checker, Chubby
Evans, Mary Ann = Eliot, George

F

Fabricius, Sara = Sandel, Cora
Fabry, Wilhelm = Fabricius, Hildanus
Faes, Pieter van der = Lely, Peter
Fainzilberg, I. Arnoldowitsch = Ilf, Ilja
Fairfield, Cecily Isabel (verh. Andrews) = Lynx; West, Rebecca
Falkner, William Harrison = Faulkner, William
Falla y Matheu, Manuel Maria de = Falla, Manuel de
Farigoule, Louis = Romains, Jules
Fechner, Gustav Theodor = Dr. Mises
Ferrigni-Coccoluto, Pietro = Yorick
Fessenden, Beverly = Garland, Beverly
Feuchtwanger, Lion = Wetcheek, J.L.
Feuchtwanger, Walter = Wanger, Walter
Fèvres d'Estaples, Jacques le = Faber, Jakob
Fey, Valentin Ludwig = Valentin, Karl
Ficker. Roberta Sue = Farrell, Suzanne
Fidanza, Johannes = Bonaventura
Fiedman, William = Fox, William
Fielding, Henry = Drawcansir, Alexander Sir
Filipepi, Allessandro di Mariano = Botticelli, Sandro
Finklea, Tula Ellice = Charisse, Cyd
Fitzsimmons, Maureen = O'Hara, Maureen
Flaischlen, Cäsar = Stuart, Cäsar
Flake, Otto = Kotta, Leo F.
Flatow, Curth = Barett, C.A.
Fletcher, Susannah = York, Susannah
Fliegel, Helmut = Heym, Stefan
Fluck, Diana Mary = Dors, Diana
Foe, Daniel = Beadle, Tom; Bond, William; Defoe, Daniel; Quixota, Donna Arine; Trinkolo, Boatswain; (Abigail); (Dry-Boots, Jeremiah)
Folengo, Teofilo = Coccajo, Merlino
Ford, Thelma Booth = Booth, Shirley
Fouqué, Friedrich Baron de la Motte = Pellegrin
Fournier, Henri Alban = Alain-Fournier
Frahm, Herbert Ernst = Brandt, Willy; Gaasland, Gunnar
Franconera, Concetta = Francis, Connie
Frédérix, Jacques = Feyder, Jacques
Freund, John Lincoln = Forsythe, John
Friedländer, Salomo = Mynona
Friedland, Valentin = Trotzendorf, Valentin
Friedman, Rosemary = Tibber, Robert
Friedmann, Egon = Friedell, Egon
Fross, Wilhelm = Forst, Willi
Fulks, Sarah Jane = Wyman, Jane

Furnier, Vincent Damon = Cooper, Alice
Furphy, Joseph = Collins, Tom
Furry, Elda = Hopper, Hedda
Fuss, Kurt = Überzwerch, Wendelin

G

Gabor, Sari = Gabor, Zsa Zsa
Gärtner, Georg = Whiles, Dennis
Gaius Julius Caesar Germanicus = Caligula
Galsworthy, John = Sintjohn, John
Gandhi, Mohandas Karamchand = Mahatma Gandhi
García-Sarmiento, Félix Rubén = Darío, Rubén
Gardner, Erle Stanley = Fair, A.A.
Garfinkle. Julius = Garfield, John
Gassion, Edith Giovanna = Piaf, Edith
Gautsch, Françoise Annette = Arnoul, Françoise
Gay, Delphine = Vicomte de Launay
Geisman, Ella = Allyson, June
Gelée, Claude = Lorrain Claude
Gendre, Louis = Jourdan, Louis
Gensfleisch zur Laden, Johannes = Gutenberg, Johannes
George IV., König von ͟ngland = Florizel
Georgiou, Steven Demetri = Stevens, Cat
Gérard, Ignace Isidore = Grandville
Gerhards, Gerhard (auch Geert Geerts) = Erasmus, Desiderius
Gerschovitz, Jacob = Gershwin, George
Gerson, Kurt = Gerron, Kurt
Gettmann, Lesli = Brooks, Leslie
Gevergeyewa, Tamara = Geva, Tamara
Gholson, Anderson = Glasgow, Ellen
Gift, Therese = Giehse, Therese
Gigliotti, Yolande Christina = Dalida
Gilbert, Maria Dolores Eliza Rosanna = Montez, Lola
Girard, Gabrielle = Delorme, Danielle
Girotti, Mario = Hill, Terence
Gladstone, Williem Ewart = Bouverie, B.
Glassbrenner, Adolf = Brennglas, Adolf
Gloux, Olivier = Aimard, Gustave
Godeffroy, Ottilie = Durieux, Tilla
Goedsche, Hermann = Retcliffe, John Sir
Goercke, Günther Dr. = Morlock, Martin
Goethe, Johann Wolfgang von = Miller, Philipp
Goggan, John Patrick = Patrick, John
Goldbogen (oder Goldenborgen), Avrom Hirsch = Todd, Michael
Goldenberg, Emmanuel = Robinson, Edward G.
Goldfish, Samuel = Goldwyn, Sam
Goldmann, Max = Reinhardt, Max
Goldoni, Carlo = Glodoci, Loran
Goldschmidt, Jenny = Lind, Jenny
Goldschmied, Georg = Fabricius, Georg
Goldsmith, Oliver = Lien Chi Altangi

Golonbinoff, Serge G. = Golon, Anne
Golonbinoff, Simone (geb. Changense) = Golon, Anne
Golssenau, Arnold Friedrich Vieth von = Renn, Ludwig
Gonzalez, José Victoriano = Gris, Juan
Goodman, Thedosia = Bara, Theda
Goodrich, Samuel Griswold = Parley, Peter
Goodrich, Sandra = Shaw, Sandy
Gossaert, Jan = Mabuse
Gothart, Mathis (Matthäus), gen. Nithart (Neidhardt) = Grünewald, Matthias
Gottar, Karal = Gott, Karel
Gottfried, Johann Ludwig = Abelin, Johann Philipp
Goussanthier, Margarethe = Buchela (Madame); Madame Buchela
Grainger, Francis Edward = Hill, Headon
Greene, Gladys = Arthur, Jean
Greif, Andreas = Gryphius, Andreas
Griffith, John = London, Jack
Grimmelshausen, Hans Jacob Christoffel von = Fugshaim, Melchior Sternfels von; Greifensholm, Erich Stainfels von; Hartenfels, Simon Lenfrisch von; Hirschfelt, Samuel Greifensohn von; Hugenfels, Israel Fromschmit von; Sehmstorr, Michael Reghulin von; Signeur Messmahl; Sulsfort, German Schleifheim von
Grindel, Eugène = Eluard, Paul
Grinewskij, Alexander Stepanowitsch = Grin, Alexander Stepanowitsch
Grizeau, Josiane = Séverine
Grossel, Ira = Chandler, Jeff
Grossman, Arthur = Freed, Arthur
Gruen, David = Ben Gurion, David
Gründgens, Gustav = Gründgens, Gustaf
Grumbach, Jean-Pierre = Melville, Jean-Pierre
Günther, Heinz = Bekker, Jens; Doerner, Stefan; Konsalik, Heinz Günther; Nikolai, Boris; Pahlen, Henry
Günther, Ida von = Ivogün, Marie
Guiche, Dorothy de = Gish, Dorothy
Guiche, Lillian de = Gish, Lillian
Guidi, Tommaso di Giovanni di Simone = Maasaccio, Tommaso
Gujonsson, H.W. = Laxness, Halldór Kiljan
Gumm, Frances Ethel = Garland, Judy
Gumppenberg, Hans Theodor Karl Wilhelm Freiherr von = Jodok; Prof. Tiefbohrer
Gundelfinger, Friedrich = Gundolf, Friedrich
Gurdin, Natascha = Wood, Natalie
Gurk, Paul = Grau, Franz
Gustafsson, Greta Lovisa = Garbo, Greta

H

Habeck, Fritz Dr. jur. = Gordon, Glenn

Häring, Wilhelm = Alexis, Willibald

Halle, Karl = Hallé, Charles Sir

Hallgrimson, Jansson = Kamban, Gudmundur

Hamer, Gertrud (geb. von Sanden) = Kennicott, Mervyn Brian

Hansen, Emil = Nolde, Emil

Hardenberg, Friedrich Freiherr von = Novalis

Harmensen, Jakob = Arminius, Jacobus

Harris, Christopher = Fry, Christopher

Harris, Derek = Derek, John

Harris-Bradley, Katharine = Field, Michael

Harrison, Reginald Carey = Harrison, Rex

Hartleben, Otto Erich = Erich, Otto; Ipse, Henrik

Hartley, Vivian Mary = Leigh, Vivien

Haschkowitz, Ferdinand = Marian, Ferdinand

Haubenstock, Harry = Meyen, Harry

Havilland, Joan de Beauvoir de = Fontaine, Joan

Hawthorne, Nathaniel = Aubépine, M. de

Hayward-Jones, David Robert = Bowie, David; Stardust, Ziggy

Heckscher, Carl-Dieter = Heck, Dieter »Thomas«

Heemstra, Edda Hepburn van = Hepburn, Audrey

Heflin, Emmett Evan jr. = Heflin, Van

Heilwart, Isidor Edler von = Neumann, Isidor

Heine, Heinrich (eigtl. Harry) = Riesenharf, Sy Freudhold

Helphand, Alexander Dr. = Parvus

Hemmerdinger, Martine = Parmain, Martine

Henried, Paul Julius von = Henreid, Paul

Henschke, Alfred = Klabund

Hermann, Max = Hermann-Neiße, Max

Hermeken, Thomas = Kempis, Thomas

Hernandez, José Garcìa = Alcántara, Francisco José

Herrmann, Gerhard = Mostar, Gerhart Hermann

Herzfeld, Helmut = Heartfield, John

Herzfeld, Konstanze = Vernon, Konstanze

Herzog, Emile Salomon Wilhelm = Maurois, André

Herzog, Franz = Herczeg, Ferencz

Hesse, Hermann = Sinclair, Emil

Hesselberg, Melvyn = Douglas Melvin

Heun, Karl Gottlieb Samuel = Clauren, Heinrich

Heuss, Theodor = Brackheim, Thomas

Hicks, Dolores = Hart, Dolores

Hiebel, Henriette Margarethe = La Jana

Higgins, Henry = Canadas
Hilger, Herbert Anton = Marshall, Tony
Hirtreiter, Ludwig Alexander = Gildo, Rex
Hitchcock, Reginald Ingram Montgomery = Ingram, Rex
Hoar-Stevens, Thomas Terry = Terry-Thomas
Hödl, Karl-Johann = Holt, Hans
Hoeflich, Eugen = Ben-Gavriél, Mosde Ya'akov
Höllerich, Gerd = Black, Roy
Hölzl, Johann = Falco
Hoffmann, August Heinrich = Hoffmann von Fallersleben
Hoffmann, Ernst Theodor Wilhelm = Hoffmann, Ernst Theodor Amadeus
Hoffmann, Ferenc = Kishon, Ephraim
Hofkirchner, Wilhelm Arpad Peter = Hoven, Adrian
Hofmannsthal, Hugo von = Levis; Loris; Melikow; Morren, Theophil
Hohenheim, Theophrastus Bombastus von = Paracelsus, Philippus Aureolus Theophrastus
Hohermuth, Georg = Speyer, Georg von
Holberg, Ludvig = Mikkelsen, Hans
Hollenbeck, Webb Parmelee = Webb, Clifton
Holt, Patricia = Labelle, Patti
Holz, Arno = Holmsen, Bjarne P.
Hommel, Lebrecht = Melchior, Lauritz
Hoop, Edward = Henricks, Paul
Hope, Leslie Townes = Hope, Bob
Hornby, Lesley = Twiggy
Hosemann, Andreas = Ossiander, Andreas
Hoskins, Cyris Henry = Dr. Kuan-Sue; Rampa, Lobsang
Hovick, Rose Louise = Lee, Gypsy Rose
Hoyer, Gelina von = Rachmanowa, Alja
Hrda, Doris = Nicki
Huber, Dietrich = Kasper, Hans
Huc, Philippe = Derème, Tristan
Huch, Ricarda = Hugo, Richard
Huerta, Baldemar = Fender, Freddy
Hugensz (oder Jacobsz), Lucas = Lucas van Leyden
Hungerbühler, Eberhard = Huby, Felix
Hunt, Lucille = Ball, Lucille

I

Ibsen, Henrik = Bjarme, Brynjolf
Inglis, James = Maori
Irving, Washington = Agapida, Friar Antonio; Crayon, Geoffrey; Knickerbocker, Diedrich
Isley-Walker, Phyllis (verh. Selznick) = Jones, Jennifer
Isreel, Moritz Gottlieb = Saphir, Moritz Gottlieb
Italiano, Anna Maria Louisa = Bancroft, Anne
Itehu, Dick = Tiger, Dick

J

Jackson, Henry = Armstrong, Henry
Jacob, Leo = Cobb, Lee J.
Jacobson, Alfred Dr. = Jay, Fred
Jacobson, Saul = Steinberg, Saul
Janenz, Theodor Friedrich Emil = Jannings, Emil
Janke, Amalie = Putti, Lya de
Jarczyk, Max Andreas = Jary, Michael
Javachoff (a. Q. JAVACHEFF), Christo = Christo
Javal, Camille = Bardot, Brigitte
Jeanneret, Charles-Edouard = Le Corbusier
Jefferson, Arthur Stanley = Laurel, Stan
Jenkins, Richard Walter = Burton, Richard
Jens, Walter = Momos
Jensen, Holst = Scott, Gabriel
Jezernitzki, Yitzhak = Schamir (auch Shamir), Yitzhak
Jörns, Brunhilde Maria Alma Herta = Raky, Laya
Johansson, Lars (Lasse) = Lucidor, Lasse
John, Eugenie Friedericke Charlotte Christiane = Marlitt, Eugenie
Johnson, Birgit Gun = Johns, Bibi
Johnson, Lucy = Gardner, Ava
Jones, Ruth = Gordon, Ruth
Josaphat, Israel Beer = Reuter, Paul Julius Freiherr von
Judd, Nadine = Nerina, Nadia
Judkins, Steveland = Wonder, Stevie
Julier, Johann = Moser, Hans
Jung, Johann Heinrich = Jung-Stilling, Johann Heinrich

K

Kacev, Romain = Gary, Romain
Kästner, Erich = Bürger, Berthold; Kurtz, Melchior; Neuner, Robert
Kalckreuth, Elfie von = Anthes, Eva
Kamau, Johnstone = Kenyatta, Jomo
Kaminker, Simone Henriette Charlotte = Signoret, Simone
Kaminsky, David Daniel = Kaye, Danny
Kaminsky, Melvyn = Brooks, Mel
Kamsky, N.A. = Bom
Kantor-Berg, Friedrich = Torberg, Friedrich
Kappelhoff, Doris = Day, Doris
Katz, Noel = Grey, Joel
Kaumeyer, Dorothy = Lamour, Dorothy
Kazanjoglou, Elia = Kazan, Elia
Keaton, Joseph Francis = Keaton, Buster
Keckeis, Gustav = Muron, Johannes
Keiler, Ronald = Kaiser, Roland
Kellner, Sandro = Korda, Alexander Sir
Kemal (Pascha), Mustafa = Atatürk, Mustafa Kemal
Kemp, Alan = Lana
Kemperer, Peter de = Campana, Pedro de
Kempner, Alfred = Kerr, Alfred
Kerner, Gabriele = Nena
Kertesz, Mihaly = Curtiz, Michael
Kesselaar, Rudolf Wijbrand = Carrell, Rudi
Kessler, Helene = Kahlenberg, Hans von
Khan, Abdullah Jaffa Anver Bey = Jeffrey, Robert
Kherlakian, Gérard Daniel = Gérard, Danyel
Kiehtreiber, A. Conrad = Gütersloh, Albert Paris
Kienzle, Raymond Nicholas = Ray, Nicholas
Kieschner, Sidney = Kingsley, Sidney
Kiesler, Hedwig = Lamarr, Hedy
Kinau, Hans = Fock, Gorch
Kipling, Rudyard = Avatar of Vishnuland
Kippenberg, Anton = Papentrigk, Benno
Kläber, Kurt, = Held, Kurt
Klammer, Karl = Ammer, K.L.
Klau, Christoph = Clavius, Christoph
Klein, Ursula Natalie = Herking, Ursula
Klusacek, Christian = Roberts, Chris
Kmet, Vera = Molnar, Vera
Knef, Hildegard = Neff, Hildegard
Knoblauch, Edward = Knoblock, Edward
Koebsel, Eberhard = Laar, Clemens
Königsberg, Allen Stewart = Allen, Woody
Köselitz, Heinrich = Gast, Peter
Kohler, Rainer = Gordy (Mary und Gordy)
Kohn, Fritz Nathan = Kortner, Fritz

Kolacny, Hildegard = Krahl, Hilde
Kollodziezski, René = Kollo, René
Kollodziezski, Walter = Kollo, Walter
Kornstadt, Gerthe = Parlo, Dita
Kosmanowski, Kurt = Eisner, Kurt
Kosterlitz, Hermann = Koster, Henry
Kostrowitsky-Flugi, Wilheim Apollinaris de = Apollinaire, Guillaume
Kowalczyk, Viktor Paul Karl = Kowa, Viktor de
Krämer, Karl Emerich Dr. = Forestier, George; Jontza, Georg
Kramm, Heinz-Georg = Heino
Krampf, Max = Adalbert, Max
Kranz, Jake = Cortez, Ricardo
Krausenecker, Peter = Kraus, Peter
Krebs, Nikolaus (auch Nikolaus von Kues oder Nikolaus Chrypffs) = Cusanus, Nikolaus
Kremer, Gerhard = Mercator, Gerhardus
Kristoffer, Magnus = Berg, Bengt
Krolow, Karl = Kröpcke, Karol
Krüger, Hardy = Andreas, Stephan
Krüss, James = Polder, Markus; Ritter Felix
Krupicka, Marianne = Mendt, Marianne
Kümpfel-Schliekmann, Ilse = Ponkie
Küpper, Christian E.M. = Doesburg, Theo van
Kuhhorn, Martin = Bucer, Martin (auch Butzer)
Kujnir-Herescu, Nadia = Gray, Nadia

L

Labrunie, Gérard de = Nerval, Gérard de
Lacroix, Jean Paul = Jacob, P.L.
Lafontaine, August Heinrich Julius = Freier, Gustav
Landau, M.A. = Aldanow, Mark Alexandrowitsch
Landesmann, Heinrich = Lorm, Hieronymus
Lane, Ralph Norman Angell = Angell, Norman Lane
Langehanke, Lucille = Astor, Mary
Larralde, Romulo = Brent, Romney
LaRue, Diana = Sharp, Dee Dee
Lassal, Ferdinand = Lassalle, Ferdinand
Lateur, Frank = Streuvels, Stijn
Laudenbach, Pierre-Jules-Louis = Fresnay, Pierre
Lawrence, David H. = Davidson, Lawrence Herbert
Lawrie, Marie McDonald McLaughlin = Lulu
Leach, Archibald Alexander = Grant, Cary
Lécavelé, Roland = Dorgelès, Roland
Leder, Rudolf = Hermlin, Stephan
Ledersteger, Uschi = Valentin, Barbara
Lee, Manfred B. = Queen, Ellery; Ross, Barnaby
Lee Yuen Kam = Lee, Bruce
Lefebvre, Germaine = Capucine
Léger, Marie-René-Auguste-Alexis = Saint-John Perse
Leininger, Harald (Adoptivname) = Munk, Kaj s.a. Petersen, Harald
Leitch, Danovan Philip = Donovan
Lejeune, François = Effel, Jean
Lelouarn, Yvan Francis = Chaval
Lemberger, Leopold = Lindberg, Leopold
Lessing, Doris May = Somers, Jane
Leuvielle, Gabriel = Linder, Max
Levitch, Joseph = Lewis, Jerry
Lévy, Jacques Fromental Éli = Halévy, Fromental
Levy, Marion = Goddard, Paulette
Lewin, (a.Q. Levin), Georg = Walden, Herwarth
Lewinbuk, Daliah = Lavi, Daliah
Lewis, Barbara Geddes = Bel Geddes, Barbara
Lewis, Cecil Day = Blake, Nichola
Lewis, Florence (geb. Graham) = Arden, Elizabeth
Lewis, Mary Christiane Milne = Brand, Christianna
Lieber (auch Liebler), Thomas = Erastus, Thomas
Lilitte, Marta Maria = Dagover, Lil
Lillebakken, J. Petter = Falkberget, Johan
Lipsius, Ida Marie = La Mara
Lissbauer, Rudolf = Godden, Rudi
Livi, Ivo = Montand, Ives
Li Yun-Ho = Chiang Ch'ing; Lan P'in

Liewellyn, Frederick = Bartholomew, Freddie
Löwenstein, Laszlo = Lorre, Peter
Logau, Friedrich von = Golaw, Salomon von
Lombino, Salvatore A. = McBain, Ed
Lopez-Cima, Victoria = Los Angeles, Victoria de
Lorenzini, Carlo = Collodi, Carlo
Lorenzo, Piero di = Cosimo, Piero di
Losch, Maria Magdalena von = Dietrich, Marlene
Losey, Joseph = Forzano, Andrea; Hanbury, Victor; Walton, Joseph
Louis, Franz Heinrich = Corinth, Lovis
Louis, Séraphine = Séraphine
Louis, Pierre = Bilitis
Lubowitz, Mike = Mann, Manfred
Lüddeckens, Werner Louis Georg = Alexander, Georg
Lugacs, Paul = Lukas, Paul
Lutero, Giovanni di = Dossi, Dosso
Luther, Martin = Fregosus, Fredericus; Junker Jörg

M

MacLeod, Margaretha Geertruida (geb. Zelle) = Mata Hari
MacMasters, Luke = Haystacks, Giant
Mai(e)r, Johannes aus Egg = Eck, Johannes
Maiersperg, Valérie Pajer Edle von = Martens, Valerie von
Makkey, Peter = Maffay, Peter
Malakian, Achod = Verneuil, Henri
Malleson, Lucy Beatrice = Gilbert, Anthony; Meredith, Anne
Malraux, André = Berger, André
Mandel, Joseph = May, Joe
Manganella, Renato Eduardo = Ambra, Lucio d'
Mangel, Marcel = Marceau, Marcel
Manuel, Nikolaus = Deutsch, Nikolaus Manuel
Marcel, Eugène = Prévost, Marcel
Marchegiano, Rocco Francis = Marciano, Rocky
Marek, Kurt W. = Ceram, C.W.
Marrener, Edythe = Hayward, Susan
Martin, Johann = Schnüffis (oder Schniffis), Laurentius von
Martinez-Ruiz, José = Azorin
Marx, Adolph Arthur = Marx, Harpo
Marx, Herbert = Marx, Zeppo
Marx, Julius Henry = Marx, Groucho
Marx, Leonhard = Marx, Chico
Marx, Milton = Marx, Gummo
Massaryk (auch Masareck), Friederike = Massary, Fritzi

Matevs da Grasa, José Vieira = Vieira, Luandino
Matthews, Pauline = Dee, Kiki
Matthias, Günther = Quercu, Matthias Dr.
Matuschanskavasky, Walter = Matthau, Walter
Maudet, Christian Albert François = Christian-Jaques
Maupassant, Guy de = Prunier, Joseph
Mauriac, François = Berger, François; Forez
Mavor, Osborne Henry = Bridie, James; Henderson, Mary
Maxpherson, James = Ossian
Mayer, Christian = Améry, Carl
Mayer, Hans = Améry, Jean
Mayer, Werner = Egk, Werner
Mayer-Boerckel, Ferdinand = Mayne, Ferdy
Mayr (Mair, Mayer), Simon = Marius, Simon
Mazzola, Francesco = Parmigianino
McGrew, Harlean = Harlow, Jean
McMath, Virginia Katherine = Rogers, Ginger
Medico, Paola del = Paola
Megerle, Johann Ulrich = Abraham a Sancta Clara
Meissen, Heinrich von = Frauenlob
Mellos, Elias = Venezis, Elias
Meneghini, Cecilia Sophia Anna (geb. Kalogeropoulos) = Callas, Maria
Mercader, Ramón del Rio = Jacson, Frank; Mornard-Vandendreschd, Jacques

Mérimée, Prosper = Gazul, Clara; L'Etrange, Joseph; Maglanowitsch, Hyazinth
Mersouris, Maria Amalia = Mercouri, Melina
Meyer, Alfred Richard = Munkepunke
Meyer, Gustav = Meyring, Gustav
Meyer-Beer, Jakob Liebmann = Meyerbeer, Giacomo
Michele-Cioni, Andrea di = Verrocchio, Andrea del
Micklewhite, Maurice Joseph = Caine, Michael
Middleton, Peggy Yvonne = Carlo, Yvonne de
Mieps (a.Q. MIEBS), Angela = Charell, Marlene
Mikeleitis, Edith = Schumann, Edzar
Mikkola-Winter, Maila = Talvio, Maila
Millay, Edna St. = Boyd, Nancy
Miller, A. Mary Clarissa (verh. Mallowan) = Christie, Agatha; Westmacott, Mary
Miller, Gary Neil = Dunn, Michael
Mischwitzky, Holger = Praunheim, Rosa von
Mitchell, William = Finch, Peter
Modini, Robert = Stack, Robert
Moering, Richard = Gan, Peter
Moineaux, Georges Victor Marcel = Courteline, Georges Victor Marcel
Mokiejewski, Jean = Mocky, Jean-Pierre
Moncorgé, Jean Alexis = Gabin, Jean
Monka, Josef = Meinrad, Josef
Montcorbier, François de (oder des Loges) = Villon, François
Montgomery, Bruce = Crispin, Edmund
Montgomery, Leslie Alexander = Doyle, Lynn
Moor, Anthonis = Moro, Antonio
Morrison, Frank = Spillane, Mickey
Morrison, Jeanette Helen = Leigh, Janet
Morrison, Marion Michael = Wayne, John
Mourer, Maryse = Carol, Martine
Mouskos, Michail Christedoulos = Makarios III.
Müller, Ernst Lothar = Lothar, Ernst
Müller, Friedrich = Maler Müller
Müller, Johann = Regiomontanus
Müller, Lukas = Cranach, Lukas d.Ä.
Müller-Marein, Josef = Molitor, Jan
Münch-Bellinghausen, Eligius Franz-Joseph Freiherr von = Halm, Friedrich
Münchhausen, Börries Freiherr von = Albrecht, H.
Mundanschafter, Juan Carlos = Thompson, Carlos
Munnings, Hilda = Sokolowa, Lydia
Munroe, Hector Hugh = Saki
Muraccioli, Antoine = Antoine
Muraire, Jules-Auguste-César = Raimu
Murano, Antonio da = Vivarini, Antonio
Muschg, Hanna = Johansen, Hanna
Myerson, Goldie (geb. Mabowitsch) = Meir, Golda

N

Nabokov, Vladimir Vladimirovic = Sirin

Nakszynski, Claus Gunther = Kinski, Klaus

Nalèche, Françoise Bandy de = Rosay, Françoise

Naleçz-Korczeniowski, Theodor Joseph Konrad = Conrad, Joseph

Nascimento, Edson Arantes do = Pelé

Nefedov, Alexandra Doris = Alexandra

Nelson III., Hary Edward = Nilsson

Nemoto, Naoko = Ratna Dewi

Nepveu, André = Durtain, Luc

Nerlich, Marcel = Rys, Jan

Neuberger, Andreas R. = Fernau, Rudolf

Neumayer, Peter = Alexander, Peter

Nguyen That Tanh = Ho Chi Minh

Nidl-Petz, Franz Eugen Helmuth Manfred = Quinn, Freddy

Niebergall, Ernst Elias = Streff, Ernst

Norway, Neville Shute = Shute, Neville

Notre-Dame, Michel de = Nostradamus

Nowych, Grigori Jefimowitsch = Rasputin, Grigori Jefimowitsch

Nusbaum, Nathan Richard = Nash, N. Richard

Nussbaum, Horst = White, Jack

Nutt, Charles = Beaumont, Charles

Nwia-Kofi, Francis = Nkrumah, Kwame

O

O'Beachain, Breandain = Behan, Brendan
O'Brien, Mary Isobel Catherina Bernadette = Springfield, Dusty
O'Brien-Thompson, Estelle Merle = Oberon, Merle
Ochs, Siegfried = Sousa, John Philip
Ockenfuß, Lorenz = Oken, Lorenz
Odemar, Erich = Ode, Erik
O'Donnovan, Michael = O'Connor, Frank
Ölschläger, Adam = Olearius, Adam
Oesterreich, Axel Eugen Alexander von = Ambesser, Axel von
Oettinger, Louella = Parsons, Louella O.
O'Fearna, Sean Aloysius = Ford, John
Ohser, Erich = Plauen, O.E.
Olander, Joan Lucille = Doren, Mamie van
Oliven, Fritz = Rideamus
Olsen, Rolf (eigtl. Rudolf) = Fox, Emerson
O'Malley, Mary Dolling (geb. Sanders) = Bridge, Ann
Omiccioli, Palmina = Rossi-Drago, Eleonora
Ompteda, Georg Freiherr von = Egestorff, Georg
Ondraková, Anna Sophie = Ondra, Anny
Onions, Oliver = Oliver, George
Oppenheimer, Maximilian = Ophüls, Max
Orléans, Louis Philippe Joseph Herzog von = Egalité, Philippe
Ornstein, Richard = Oswald, Richard
Orowitz, Eugene Maurice = Landon, Michael
Osterwalder, Rolf E. = Osterwald, Hazy
Ostlere, Gordon = Gordon, Richard
Otero y Cintrón, José Vincente Ferrer = Ferrer, José
Otte, Paul Alfred = Bornhagen, Adalbert

P

Pagès, Phillippe = Claydermann, Richard
Palanuik, Vladimir (oder Walter) = Palance, Jack
Palmer, Vera Jayne = Mansfield, Jane
Papadiamantópoulos, Joannis = Moréas, Jean
Papathanassiou, Vassiliki (verh. Baronin Ruffin) = Leandros, Vicki
Pape, Lilian = Harvey, Lilian
Parker, Robert Le Roy = Cassidy, Butch
Pascale, Antonietta de = Lualdi, Antonella
Paul, Bruno = Kellermann, E.
Pauli, Magdalena = Berck, Marga
Payelle, Raymond Gérard = Hériat, Philippe
Peay, Benjamin Franklin = Benton, Brook
Pedersen, Knud = Hamsun, Knut
Pedersoli, Carlo Dr. = Spencer, Bud
Pehm, Joseph = Mindszenty, Jozsef
Peichl, Gustav = Ironimus
Peiser, Lillie Marie = Palmer, Lilli
Penick, Mary Frances = Davis, Skeeter
Pepo, Bencivienti (auch Cenni) di = Cimabue
Perez, Lazlo Luis = Hammond, Albert
Perske, Betty Joan = Bacall, Lauren
Peschkow, Alexej Maximowitsch = Gorki, Maxim
Peters, Jane Alice = Lombard, Carole
Petersen, Harald (Geburtsname) = Munk, Kaj s. a. Leininger, Harald
Petersen, Karin = Ma Prem Pantho
Petiot, Henri = Daniel-Rops
Pevsner, Naum Neemia = Gabo, Naum
Philip, Gérard = Philipe, Gérard
Phillips, Dennis John Andrew = Chambers, Peter; Chester, Peter
Phlacheta, Günther Dr. med. = Philipp, Gunther
Picariello, Frederick Anthona = Cannon, Freddie
Pickel (auch Bickel), Konrad = Celtes (auch Celtis), Konrad
Pieralisi, Virna = Lisi, Virna
Pierangeli, Anna Maria = Angeli, Pier
Piere, Cherilyn Sarkasia la = Cher
Pietro, Guido di = Angelico, Fra (auch Beato)
Pietro-Monaro, Andrea di = Palladio, Andrea
Pilu, François Gabriel = Perier, François
Pinkas, Julius = Pascin, Jules
Pinkerle (auch Picherle), Alberto = Moravia, Alberto
Pisano, Antonio = Pisanello
Plangman, Patricia = Highsmith, Patricia
Plemiannikow, Roger Vadim = Vadim, Roger
Plievier, Theodor = Plivier, Theodor

Plumpe, Friedrich Wilhelm = Murnau, Friedrich Wilhelm
Poe, Edgar = Poe, Edgar Allan
Poirier, Louis = Gracq, Julien
Polak, Alfred = Polgar, Alfred
Poliakoff-Baidarow, Marina de = Vlady, Marina
Poliakoff-Baidarow, Militza de = Versois, Odile
Ponte, G.I. da = Bassano, Giacomo Iacopo
Pontifex, Annie Caroline = Toorop, Charly
Pope, Alexander = Distich, Dick
Popow, Alexander Serafimowitsch = Serafimowitsch, Alexander
Poquelin, Jean Baptiste = Molière
Porter, William Sidney = Henry, O.
Postl, Karl Anton = Sealsfield, Charles
Pratt, Charles Edward = Karloff, Boris
Pretzel, Raimund = Haffner, Sebastian
Preusse, Georg = Mary (Mary und Gordy)
Prevost, Antoine François = Prévost, Abbé
Pringle, John = Gilbert, John
Prokhorowa, Violetta = Elvin, Violetta
Przerwa, Kasimierz = Tetmajer, Kasimir

Q

Quiroga, Maria Casares = Casarés, Maria
Quoirez, Françoise = Sagan, Françoise

R

Raabe, Wilhelm = Corvinus, Jakob
Rabbinowicz, Schalom = Scholem, Alejchem
Rabelais, François = Nasier, Alcofribas
Rabinowitz, Jerome = Robbins, Jerome
Radvanyi, Netty (geb. Reiling) = Seghers, Anna
Raimann, Ferdinand = Raimund, Ferdinand
Raimbourg, Andre = Bourvil
Ramée, Pierre de la = Ramus, Petrus
Ramistella, John = Rivers, Johnny
Ramstetter, Michael = Maichelböck, Emil K.
Ranft, George = Raft, George
Rapagnetta, Gabriele = Annunzio, Gabriele d'
Raschke, Edith Gertrud Meta = Rahl, Mady
Raspe, Rudolf Erich = Münchhausen, Karl Friedrich Hieronymus Freiherr von
Raupach, Ernst = Lentner, Ernst
Rausch, Albert = Benrath, Henry
Raymond, George = George, Georgeous
Raymond, René = Chase, James Hadley
Regental, Josey = Weinberg, Steven
Rehfisch, Hans José = Kestner, René; Phillips, Sydney; Turner, Georg
Reinecker, Herbert = Berg, Axel; Dührkopp, Herbert
Reiner, Karl Dr. jur. = Reinl, Harald
Reizenstein, Elmer Lion = Rice, Elmer
Rejment, Wladyslaw Stanislaw = Reymont, Wladyslaw Stanislaw
Remark, Erich Paul = Remarque, Erich Maria
Reyes, Mario Moreno = Cantinflas
Reyes-Basoalto, Neftali Ricardo do = Neruda, Pablo
Rhein, Eduard = Hellborn, Klaus; Hellmer, Klaus; Horster, Ulrich; Hülsen, Adrian
Richet, Charles = Epheyre, Charles
Richter, Elisabeth = Gast, Lise
Richter, Johann Paul Friedrich = Jean Paul
Riggs, Mary Elizabeth = Brent, Evelyn
Rippert, Hans-Rolf = Rebroff, Iwan
Rivett, Edith Caroline = Lorac, E.C.R.; (Carnack, Carol)
Robinson, Ray Charles = Charles, Ray
Robusti, Jacopo = Tintoretto
Rochbrune, Jeande = Sorel, Jean
Rosario, Antonio Martinho do = Santareno, Bernardo
Rosenberg, Lew Samoilowitsch = Bakst, Léon
Rosenfeld, Sándor Friedrich = Aaba Aaba; Roda Roda, Alexander
Rothkowitsch, Marcus = Rothko, Mark

Rothschild, Dorothy = Parker, Dorothy
Roussel, Simone = Morgan, Michèle
Rowlands, John = Stanley, Henry Morton Sir
Rozenfeld, Lew Borisowitsch = Kamenew, Lew Borisowitsch
Rudnitsky, Emmanuel = Ray, Man
Rückert, Friedrich = Raimar, Freimund
Ruiz y Picasso, Pablo = Picasso, Pablo
Rummel, Gustav Theodor Clemens Robert Freiherr von = Waldau, Gustav

S

Sacher-Masoch, Leopold Ritter von = Arand, Charlotte; Rodenbach, Zoë van

Sachsen, Amalie Herzogin von = Heiter, Amalie

Sachsen, Johann König von = Philaletes

Salo, Lugee = Christie, Lou

Salzmann, Siegmund = Salten, Felix

Samaniegos, José Ramón Gil = Novarro, Ramon

Samosch, Gertrude = Gert, Valeska

Sanatayana Y Borrais, Jorge Ruiz de = Santayana, George

Sánchez, Illich Ramirez = Carlos

Sánchez, Manuel Laureano Rodriguez = Manolete

Sandeau, Léonard Sylvain Jules = Sand, Jules

Santi (Sanzio), Raffaello = Raphael (Raffael)

Sass, Eugen Wilhelm Otto Freiherr von = Walden, Mat(t)ias

Saulus = Paulus

Sauser-Hall, Frédéric = Cendrars, Blaise

Saux, Sophie de (geb. de Boutellier) = Browne, Henriette

Scafone, Jack = Scott, Jack

Schaake, Ursula (verh. Horbach) = Cordes, Alexandra

Scheffler, Johann = Angelus Silesius

Scheidt, Walter = Gierer, Berchtold

Schemseddin Muhammed = Hafis

Scherer, Jean Maurice = Rohmer, Eric

Scherer, Roy Harold jr. = Hudson, Rock

Schikeneder, Johann Joseph = Schikaneder, Emanuel

Schinzel, August = Anders, Christian

Schittenhelm, Brigitte Eva Gisela = Helm, Brigitte

Schlaf, Johannes = Holmsen, Bjarne P.

Schlesinger, Bruno Walter = Walter, Bruno

Schlesinger, Paul = Sling

Schletz, Elke = Sommer, Elke

Schliewen, Rosefelicitas (verh. Moersberger) = Rose, Felicitas

Schloss, William = Castle, William

Schluderpacheru, Herbert Charles Angelo Kuchazwitsch = Lom, Herbert

Schlüter, Margarete = Böhme, Margarete

Schmid, Eduard = Edschmid, Kasimir

Schmidt, Johann Kaspar = Stirner, Max

Schmidt, Otto Ernst = Ernst, Otto

Schmidt, Wilhelm = Schmidtbonn, Wilhelm

Schmitz, Ettore = Svevo, Italo

Schmitz, Franz Theodor = Lingen, Theo

Schnabel, Johann Gottfried = Gisander

Schneeberger, Irmgard = Paretti, Sandra

Schneider (Schnitter), Johann = Agricola, Johannes
Schnitzler, Eduard = Emin Pascha, Mehmet
Schömig, Martha = Harell, Marte
Schönherr, Robert Arthur = Roberts, Ralph Arthur
Schopenhauer, Arthur = Trollmund, Felix
Schopfer, Jean = Anet, Claude
Schreiber, Helmut = Kalanag
Schreiber, Hermann = Bassermann, Lujo; Bühnau, Ludwig; Molitor, Marc
Schrift, Shirley = Winters, Shelley
Schroeder, Henry = Butterworth, William
Schulman, Evelyn = Lear, Evelyn
Schultheiss, Michael = Praetorius, Michael
Schulz, Georg Heinrich = George, Heinrich
Schulze, Alfred Otto Wolfgang = Wols
Schumann, Robert = Eusebius; Florestan
Schwab, Karl Heinz Dr. = Bendix, Ralf
Schwab, Marianne Rosemarie = Roos, Mary
Schwartz, Bernard = Curtis, Tony
Schwartzendorf, Johann Paul Aegidius = Martini, Jean Egide Paul
Schwarzert, Philipp = Melanchton, Philipp
Scicolone, Sofia = Loren, Sofia
Scott, Walter = Cleisbotham, Jedediah
Seabra, António Nogueira de = Pessoa, Fernando
Searges, Aleandre Pierre = Guitry, Sacha
Seidel, Georg Heinrich Balthasar = Ferber, Christian; Glas, Simon
Seifert, Ernst = Tauber, Richard
Seitz, Franz Xaver = Laforet, Georg
Sekulowich, Mladew = Malden, Karl
Seligmann, Walter Dr. jur. = Serner, Walter
Serge, Dino = Pitigrilli
Serna, Consepción Espina de = Espina, Concha
Serra, Ernesto Guevara de la = Guevara, Che
Seuffert, Brigitta = Cetto, Gitta von
Shaffer, Anthony Joshua = Antony, Peter
Shaffer, Peter Levin = Antony, Peter
Sharp, William = MacLeod, Fiona
Shaw, George Bernard = Corno di Bassetto
Siciliano, Angelo = Atlas, Charles
Sierck, Hans Detlef = Sirk, Douglas
Silly, François = Bécaud, Gilbert
Simenon, Georges = Sim, Georges
Simons, Hendrix Nikolaus Theodor = Heintje
Sinclair, Upton Beall = Stirling, Arthur
Sinjawski, Andrej = Terz, Abraham

Sinnott, Michael = Sennett, Mack
Skikne, Laruschka Mischa = Harvey, Laurence
Skrjabin, Wjatscheslaw Michailowitsch = Molotow, Wjatscheslaw Michailowitsch
Smet, Jean Philippe = Hallyday, Johnny
Smith, Gladys Mary = Pickford, Mary
Smith, Walker = Robinson, Sugar Ray
Sneperer, Hans = Rosenplüt, Hans
Sobelsohn, Karl = Radek, Karl
Sorya, Françoise = Aimée, Anouk
Sparanero, Franco = Nero, Franco
Spieler, Joachim = Hansen, Joachim
Spindler, Karl = Hufnagel, Max; Spinalba, C.
Spitteler, Carl = Tandem, Carl Felix
Spitzer, Rudolf = Lothar, Rudolf
Sprigg, Christopher St. John = Caudwell, Christopher
Springbett, Lynn Berta = Seymour, Lynn
Stäglich, Oswalda = Oswalda, Ossi
Stahr, Fanny = Lewald, Fanny
Stainer, Leslie = Howard, Leslie
Staller, Ilona = Cicciolina
Stand, Friedrich = Muliar, Fritz
Stanewsky, Mechislaw Antonowitsch = Bom
Stangeland, Katharina (geb. Bech) = Michaelis, Karin
Starkey, Richard = Starr, Ringo
Stefano, Francesco di = Pesellino
Stein, Jule = Styne, Jule
Steinberger, Helmut = Berger, Helmut
Steinbömer, Gustav = Hillard, Gustav
Steinschneider, Hermann = Hanussen, Erik Jan
Steinweg, Heinrich Engelhard = Steinway, Henry Engelhard
Steng, Klaus = Brandauer, Klaus Maria
Stenval, Aleksis = Kivi, Aleksis
Stern, Günther = Anders, Günther
Stern, Heidi = Rush, Jennifer
Stevens, Ruby = Stanwyck, Barbara
Stewart, Alfred Walter = Connington, J.J.
Stewart, James Lablache = Granger, Stewart
Stewart, John Innes Mackintosh = Innes, Michael
Still, Ilse Charlotte = Werner, Ilse
Stinde, Julius = Buchholz, Wilhelmine; Valmy, Alfred de
Stipetic, Werner = Herzog, Werner
Stöckl, Helene = Franken, Konstanze von
Stowasser, Friedrich = Hundertwasser, Friedensreich
Stramm, Brigitte = Mira, Brigitte
Strataki, Anastasia = Stratas, Teresa
Straussler, Tom = Boot, William; Stoppard, Tom
Streckfus-Persons, Truman = Capote, Truman
Strehlenau, Nikolaus Franz Niembsch Edler von = Lenau, Nikolaus

Stroock, Geraldine = Brooks, Geraldine
Strother, David Hunter = Porte-Crayon
Strube, Erna = Fleming, Joy
Strübe, Hermann = Burte, Hermann
Stuart, Ian = MacLean, Alistair
Sture-Vasa, Mary Alsop = O'Hara, Mary
Suchanek, Alice Paula Marie = Hauff, Angelika
Suckert, Kurt = Malaparte, Curzio
Sue, Marie-Joseph = Sue, Eugené
Südfeld, Max Simon = Nordau, Max Simon
Süleyman der Prächtige oder der Große = Muhibbi
Sueur, Lucille le = Crawford, Joan
Sumner, Gorden Matthew = Sting
Suppé-Demelli, Francesco Ezechiele Ermenegildo = Suppé, Franz von
Svedberg, Emanuel = Swedenborg, Emanuel
Sveinsson, Jón Stefán (gen. Nonni) = Svensson, Jón
Swenson, Josephine = Swanson, Gloria
Swift, Jonathan = Bickenstaff, Isaac; Drapier, M.B.
Szöke, Eva Ivanowa = Bartok, Eva
Szymanski, Gisela = Collins, Corny

T

Tagger, Theodor = Bruckner, Ferdinand
Taliaferro, Dellareese (geb. Early) = Reese, Della
Tarassow, Léon (Leo, Lew) = Troyat, Henry
Tatischeff, Jacques = Tati, Jacques
Tatti, Jacopo = Sansovino, Jacopo
Tchemerzina, Monique = Tcherina, Ludmilla
Tejada, Raquel = Welch, Raquel
Téllez, Gabriel = Tirso de Molina
Temüdzin, Temüjin = Dschingis Chan
Tessier, Ernste Maurice = Dekobra, Maurice
Teternikow, F. Kusmitsch = Sologub, Fjodor
Thackeray, William Makepeace = Wagstaff
Thakur, R. = Tagore, Rabindranath
Thelen, Albert = Fabrizius, Leopold
Theotokopulos, Domenikos = El Greco
Thibault, Jacques François-Anatole = France, Anatole
Thoma, Ludwig = Schlemihl, Peter
Thornburg, Elisabeth Jane = Hutton, Betty
Tieck, Ludwig = Färber, Gottlieb; Lebrecht, Peter
Tluchor, Alvis = Sonnleitner, A.Th.
Topol, Chaim = Topol
Tournachon, Gaspar Félix = Nadar, Gaspar Félix
Tranquilli, Secondino = Silone, Ignazio
Trapassi, Pietro Antonio Domenico Bonaventura = Metastasio, Pietro
Treppengeländer, Aaron = Völz, Wolfgang
Trimm, Thomas = Welk, Ehm
Truscott-Jones, Reginald = Milland, Ray
Tschierschnitz, Gerhard = Carol, René
Tuch, Marianne = Tilden, Jane
Tucholsky, Kurt = Hauser, Kaspar; Panter, Peter; Tiger, Theobald; Wrobel, Ignaz
Tucker, Abraham = Search, Edward
Tulloch, W.W. = Bridge, Bonar
Turmair, Johannes = Aventinus
Tuvim, Judith = Hollyday, Judy

U

Uljanow, Wladimir Iljitsch = Frey, William; Ivanow, Konstantin Petrowitsch; Kuprianow, B.V.; Lenin, W.I.; Tulin, K.
Ulman, Douglas = Fairbanks, Douglas
Unverhau, Ingrid = Andree, Ingrid

Ureña, Leopoldo Alas y = Clarín
Ursulyak, Galina = Samtsowa, Galina
Ustinow, Nicolai = Gedda, Nicolai
Utermann, Wilhelm = Racker, Mathias; Roggersdorf, Wilhelm

V

Valadon, Maurice = Utrillo, Maurice
Valde-Grâce (Baron de Cloots), Jean Baptiste du = Cloots, Anacharis
Valenzuela, Richard = Valens, Ritchie
Vanucci, Pietro di Christoforo = Perugino, Pietro
Vanzina, Stefano = Steno
Vargas, Teresa = Berganza, Teresa
Vecellio, Tiziano = Tizian
Velline, Robert Thomas = Vee, Bobby

Vesely, Raimund Friedrich = Raymond, Fred
Vidal, Gore = Box, Edgar
Villain-Marais, Jean = Marais, Jean
Villemont, Chevalier de = Pascal, Jean-Claude
Viltzak, Nikolay Josifowitsch = Bom
Vischer, Friedrich Theodor = Allegoriowitsch; Mystifizinsky; Schartenmeier, Philipp Ulrich
Vogt, Carl Henry = Calhern, Louis

W

Walbeck, Alexander = Kröger, Hannes
Waldseemüller, Martin = Hylacomylus
Wallach (auch Finkelstein), Maksim Maksimowitsch = Litwinow, Maksim Maksimowitsch
Walter, Lothar = Holm, Michael
Ward, Arthur Sarsfield = Rohmer, Sax
Ward, Seth = Dean, Jimmy
Warhola, Andrew = Warhol, Andy
Warren, Arthur = Hughes, Richard
Warrick, Marie Dionne = Warwicke, Dionne
Wasserzieher, Otto Emil = Wallburg, Otto
Watson, Reatha = La Marr, Barbara
Webb, Brenda Gayle = Gayle, Crystal
Webb, Harry Roger = Richard, Cliff
Weerdenburg, Loetje van = Burg, Lou van
Wegener, Doris = Manuela
Wehner, Herbert = Funk, Kurt
Weidt, Conrad = Veidt, Conrad
Weiler, Phyllis = Brooks, Phyllis
Weinstein, Nathan Wallenstein = West, Nathaniel
Weisenborn, Günther = Foerster, Eberhard; Munk, Christian
Weisenfreund, Meshulom Muni = Muni, Paul
Weisheitinger, Ferdinand = Weiß, Ferdl
Weiss, Tito = Gobbi, Tito
Wellano, Elisabeth = Karlstadt, Lisl
Wells, Julia Elizabeth = Andrews, Julie
Werlberger, Hans = Kades, Hans
Werremeier, Friedhelm = Wittenbourg, Jacob
Werschkul, Gordon M. = Scott, Gordon
Wettach, Adrian Dr. = Grock
Wetzel, Friedrich Gottlob = Bonaventura
Weyrauch, Wolfgang = Scherer, Joseph
Wheeler, Hugh = Quentin, Patrick
White, Wilfred = Hyde-White, Wilfred
Wiegnann, Marie = Wigman, Mary
Wiesengrund, Theodor = Adorno, Theodor W.
Wilde, Oscar = Melmoth, Sebastian
Wilder, Samuel = Wilder, Billy
Wilkens, Maybritt = Britt, May
Williams, Myrna = Loy, Myrna
Williams, Thomas Lanier = Williams, Tennessee
Winterfeld, Max = Gilbert, Jean
Witkiewicz, Karin = Ebstein, Katja
Wittkowski, Felix Ernst = Harden, Maximilian
Wochinz, Hans = Reinmar, Hans
Wodolowitz, Siegfried = Lowitz, Siegfried
Wogau, B. Andrejewitsch = Pilnjak, Boris

Wohlbrück, Adolf = Walbrook, Anton
Wojtek, Emerich Josef = Emo, E.W.
Wollschläger, Alfred Erich = Johann, A.E.
Wong Liu-Tsong = Wong, Anna May
Woodward, Thomas Jones = Jones, Tom
Worloou, Lambros = Guétary, Georges
Wright, Willard Huntington = Dine, S.S. van

Y

Yates, Alan Geoffrey = Brown, Carter
Yeats, William Butler = Ganconagh
Yoelson, Asa (oder Rosenblatt, Joseph) = Jolson, Al
Yule, Joe = Rooney, Micky

Z

Zaccari, Anna Radius = Neera
Zaremba, Martha Karoline = Sorma, Agnes
Zerquera, Roberto = Blanco, Roberto
Ziegler, Joseph = Offenbach, Joseph
Zimmer, Egon Maria = Bergius, C.C.
Zimmermann, Robert Alan = Dylan, Bob
Zukauskas, Joseph Paul = Sharkey, Jack
Zuviria, Gustavo Martinez = Wast, Hugo

Alles über Pseudonyme

Eine Bibliographie, zusammengestellt von Ulrich Dopatka

Wer mehr über Tarn-, Spiel-und Decknamen wissen möchte, der findet in dieser Aufstellung die wichtigsten Bücher zu diesem Thema und zur Geschichte der Pseudonyme. Gleichzeitig ist sie der Quellennachweis für die in diesem Lexikon zusammengetragenen Informationen.

Abatt, William: *The cooloquial who's who. An attempt to identify the many authors... who have used pen-names, initials. (1600–1924),* Tarrytown, N.Y. 1925.
Alphabetisches Verzeichnis der in Kloss' Bibliographie der Freimaurerei und Taute's Maurerischer Bücherkunde angeführten anonymen Schriften, München 1898.
Andersen, Christopher P.: *The Book of People,* New York 1981.
Arana, Diego Barros: *Notas para una bibliografía de obras anónimas i seudónimas sobre la historia, la jeografía i la literatura de América,* Santiago de Chile 1882.
Ashley, Mike: *Who's Who in Horror and Fantasy Fiction,* New York 1977.
Atkinson, Frank: *Dictionary of Pseudonyms and Pen-Names,* London 1975.
–: *Dictionary of literary pseudonyms a selection of popular modern writers in English,* London 1977.
Audet, Francis J. und Malchelosse, Gerard: *Pseudonymes canadiens,* Montreal 1936.
The Author's and Writer's Who's Who, London 5 1963, 6 1971.
Barbier, Antoine Alexandre: *Dictionnaire des ouvrages anonymes et pseudonymes composés, traduits ou publiés en français,* Paris 1806–1809, erw. und verb. Aufl. 1902.
Bates, Susannah: *The pendex and index of pen names and house names in fantastic thriller and series literature,* New York 1981.
Bawden, Liz-Anne: *rororo Filmlexikon, Personen,* Reinbek b. Hamburg 1978.
Brauneck, Manfred: *Autorenlexikon deutschsprachiger Literatur des 20. Jahrhunderts,* Reinbek b. Hamburg 1984.
Brockhaus Enzyklopädie, 17., völlig neubearb. Aufl., Wiesbaden 1966–1976.
Brooks, Lillie: *Dictionary of pseudonyms and sobriquets,* Bakersfield, C.A. 1963.
Browning, D.C.: *Everyman's Dictionary of Literary Biography, English and American,* London 1969.
Büchting, Adolph: *Bibliographische Nachweisungen aus dem deutschen Buchhandel: 1866.* Nordhausen 1867.
Busby, Roy: *The British Music Hall: an Illustrated Who's Who from 1850 to the Present Day,* London 1976
Bygdén, [Anders] Leonard: *Svenskt anonymoch pseudonym-lexicon,* Upsala 1898–1915.

Case, Brian und Britt, Stan: *The Illustrated Encyclopedia of Jazz*, London 1978.
Catalogue alphabétique des auteurs et des ouvrages anonymes de la Bibliothèque de Neuchâtel, Neuchâtel 1861.
Chaneles, S. und Wolsky, A.: *The Movie Makers*, London 1974.
Claghorn, Charles Eugene: *Biographical Dictionary of American Music*, West Nyack, N.Y. 1973.
Clarke, Joseph, F.: *Pseudonyms - The names behind the names*, London 1977.
Clauer, Pierre [Pseud. = Carlos Sommervogel]: *Une poignée de pseudonymes français recueillis dans la Bibliotheca personata du p. Louis Jacob de Saint-Charles*, Lyon 1877.
Colombo, John, Robert: *Names and Nicknames*, Toronto 1978.
Coston, Henry: *Dictionnaires des Pseudonymes*, Paris 1965 (Bd. I), 1969 (Bd. II).
Cotgreave, [Alfred]: *A selection of pseudonyms, or fictitious names, used by well known authors, with real names given*, 1891.
Cottle, Basil: *The Penguin Dictionary of Surnames*, Penguin Books 1967.
Courtney, William Prideaux: *The secrets of our national literature. Chapters in the history of the anonymous and pseudonymous writings of our countrymen*, 1908.
Cushing, William: *Anonyms. A dictionary of revealed autorship*, Cambridge 1889, Nachdruck: Hildesheim 1969.
Da Fonseca, Martinho Augusto [Ferreira]: *Subsidios para um diccionario de pseudonymos, inicaes e obras anonymas de escriptores portuguezes*, Lissabon 1896.
Dahlmann, Peter: *Schauplatz der masquirten und demasquirten gelehrten bey ihren verdeckten und nunmehro entdeckten schrifften*, Leipzig 1710.
Dawson, Lawrence H.: *Nicknames and Pseudonyms*, Reprint der Aufl. von 1908, Detroit 1974.
Dela Montagne, V[ictor] A[lexis]: *Vlaamsche pseudoniemen*, Roeselaere 1884.
Doorninck, J[an] I[zaak] van: *Bibliotheek van nederlandse anonymen en pseudonymen*, 's Gravenhage 1867–1870.
Dunkling, Leslie Alan: *First Names First*, London 1977.
–: *Our Secret Names*, Prentice-Hall 1982.
Durán, Leopoldo: *Contribución a un diccionario de seudónimos en la Argentina*, Buenos Aires 1961.
Ersch, Johann Samuel: *Verzeichnis aller anonymen schriften und aufsätze in der vierten ausgabe des Gelehrten Teutschlands, und deren erstem und zweytem nachtrage*, Lemgo 1788, *fortgesetzt aus dem dritten und vierten nachtrage*, 1794, *fortgesetzt aus dem fünften nachtrage*, 1796.
Franklin, Alfred [Louis Auguste]: *Dictionnaire des noms, surnoms, et pseudonymes latins de l'histoire littéraire du moyen âge (1100 à 1530)*, 1875.
Franklyn, Julian: *A Dictionary of Nicknames*, London 1962, New York 1963.
Frattarolo, Renzo: *Anonimi e pseudonimi. Repertorio delle bibliografie nazionali, con un dizionario degli scrittori italiani (1900–1934)*, Roma 1955.
G., C.W.P.: *Virorum eruditorum onomatomorphosis, das ist: Etlicher gelehrter männer gebrauchte nahmensveränderung, insonderheit aber derjenigen, welche ihre nahmen mit griechischen wörtern verwechselt haben*, Franckenhausen 1720.

Garófalo y Mesa, Manuel García: *Diccionario de seudónimos de escritores, poetas y periodistas villaclareños,* Havanna 1926.

Geissler, Friedrich: *Larva detracta, h.e. brevis expositio nominum sub quibus scriptores aliquot pseudonymi recentiores imprimis latere voluerunt,* Veriburgi 1670.

Giebisch, Hans und Gugitz, Gustav: *Bio-bibliographisches Literaturlexikon Österreichs,* Wien 1964.

Gribbin, Lenore S.: *Who's Whodunit,* Reprint der Aufl. von 1969, Ann Arbor, Mich. 1978.

Halkett, Samuel und Laing, John: *A dictionary of the anonymous and pseudonymous literature of Great Britain, including the works of foreigners written in or translated into the english language,* Edinburgh 1882–1888, Neuaufl. Edinburgh 1926–1956 Ergänzungsbd.; 3. überarb. und erw. Auflage London 1980.

Hamst, Olphar [Pseud. = Ralph Thomas]: *Handbook of fictitious names: being a guide to authors, chiefly in the lighter literature of the XIXth century, who have written under assumed names,* Reprint der Aufl. von 1868, Detroit 1969.

Hardy, Phil und Laing, Dave: *Encyclopedia of Rock: 1955–75,* London 1977.

Harenberg, Bodo: *Das große Personen-Lexikon zur Weltgeschichte in Farbe,* Dortmund 1983.

Hart, James D.: *The Oxford Companion to American Literature,* New York 1965.

Hartnoll, Phyllis: *Concise Companion to the Theatre,* Oxford 1972.

Harvey, Paul: *The Oxford Companion to English Literature,* Oxford 1967.

– und Heseltine, J.E.: *The Oxford Companion to French Literature,* Oxford 1961.

Haynes, Edward John: *Pseudonyms of authors; including anonyms and initialisms,* New York 1882.

Helms, Siegmund: *Schlager in Deutschland,* Wiesbaden 1972.

Heylli, Geoges d' [Pseud. = Poinsot, Edmond Antoine] Heilly, Georges d' *Dictionnaire des pseudonymes,* 1868; Neuaufl. 1887; Nachdruck: Hildesheim 1977.

Holzmann, Michael und Bohatta, Hanns: *Deutsches Anonymen-Lexikon,* Weimar 1902–1928.

Hughes, James Pennethrone: *How You Got Your Name: the Origin and Meaning of Surnames,* London 1959.

–: *Is Thy Name Wart? The Origins of Some Curious and Other Surnames,* London 1959.

Hury, Carlo: *Dictionnaire de pseudonymes d'auteurs luxembourgeois,* Luxembourg 1960.

Josling, J.F.: *Change of Name,* London 1972.

Krassovsky, Dimitry M[ikhailovich]: *Russian pseudonyms, initials, etc. Materials for the dictionary,* Stanford 1948.

Kraushaar, Elmar: *Rote Lippen – die ganze Welt des deutschen Schlagers,* Reinbek b. Hamburg 1983.

Kürschners Deutscher Literaturkalender, Berlin (div. Jahrgänge bis) 1984.

León Freyre, Eduardo Ponce de und Lucas, Tino Zamora: *00 seudónimos modernos de la literatura española (1900–1942),* Madrid 1942.

Maignien, Edmond: *Dictionnaire des ouvrages anonymes et pseudonymes du Dauphiné,* Grenoble 1892; Reprint Marseille 1976.

Marchmont, Frederick: *A concise handbook of ancient and modern literature, issued either anonymously, under pseudonyms, or initials,* 1896.

Margreiter, Hans: *Beiträge zu einem tirolischen Anonymen- und Pseudonymen-Lexikon,* 1912

–: *Tiroler Anonymen- und Pseudonymen-Lexikon,* 1930.

McGhan, Barry: *Science fiction and fantasy pseudonyms with 1973 supplement,* Dearborn, MI 1973.

Meyers enzyklopädisches Lexikon, Mannheim, Wien, Zürich 1971–1981.

Morgan, Jane, O'Neill, Christopher und Harré, Rom: *Nicknames: their Origins and Social Consequences,* London 1979.

Morris, Adah V.: *Anonyms and pseudonyms,* Chicago 1934.

Namenschlüssel: Die Verweisungen zu Pseudonymen, Doppelnamen und Namensabwandlungen, Berlin 1930; 1941; Ergänzungsbd. 1968.

Noble, Vernon: *Nicknames Past and Present,* London 1976.

Pataky, Sophie: *Verzeichnis der Pseudonyme welche von deutschen frauen der feder seit etwa 200 jahren gebraucht worden sind,* Berlin 1898; erw. und erg. Aufl. Hildesheim 1983.

Petit Larousse Illustré, Paris 1978.

Pettersen, Hjalmar: *Anonymer og pseudonymer i den norske literatur, 1678–1890,* Kristiania 1890; 2. Aufl. *Norsk anonym- og pseudonym-lexicon,* Kristiana 1924.

Pine, L.G.: *The Story of Surnames,* Newton Abbot 1969.

Quercu, Matthias, Dr. (Ps für Dr. Hans Eich) und Günter Matthias: *Falsch aus der Feder geflossen. Lug, Trug und Versteckspiel in der Weltliteratur,* München 1974.

Rassmann, Christian Friedrich: *Kurzgefaßtes Lexicon deutscher pseudonymer Schriftsteller von der älteren bis auf die jüngste Zeit aus allen Fächern der Wissenschaften,* Leipzig 1830; Neuausg. Leipzig 1971.

Reaney, P.H.: *A Dictionary of British Surnames,* London [2]1976.

Reboul, Robert [Marie]: *Anonymes, pseudonymes et supercheries littéraires de la Provence ancienne et moderne,* Marseille 1878.

Rees, Nigel und Nobel, Vernon: *Who is who of Nicknames,* London 1985.

Reichow, Joachim und Hanisch, Michael: *Filmschauspieler A–Z,* Berlin 1977.

Reyna, Ferdina: *Concise Encyclopedia of Ballet,* London 1974.

Room, Adrian: *Naming Names: Stories of Pseudonyms and Name Changes with a Who's who,* Jefferson, NC 1981.

Rosenthal, Harold und Warrack, John: *The Concise Dictionary of Opera,* Oxford [2]1979.

Roxon, Lillian: *Rock Encyclopedia,* New York 1971.

Santi, Aldo: *Dizionario pseudonimico degli enigmografi italiani,* Modena 1956.

Scadding, Henry: *Some canadian noms-de-plume identified,* Toronto 1877.

Schmidt, Andreas Gottfried: *Gallerie deutscher pseudonymer schriftsteller vorzüglich des letzten jahrhunderts,* Grimma 1840.

Sharp, Harold S.: *Handbook of Pseudonyms and Personal Nicknames,* Metuchen, N.J. 1972, 1982.

Shu, Austin C.W.: *Modern Chinese authors: a list of pseudonyms,* 2. neu bearb. Aufl., Taipei 1971.

Söhn, Gerhard: *Literaten hinter Masken. Eine Betrachtung über das Pseudonym in der Literatur,* Berlin 1974.

Stambler, Irwin: *Encyclopaedia of Pop, Rock and Soul,* New York 1976.

Stevens, Andy: *World of Stars: Your 200 Favourite Personalities,* London 1980.

Taylor, Archer und Mosher, Frederic J.: *The bibliographical history of anonyma and pseudonyma,* Chicago 1951.

Unbegaun, B.O.: *Russian Surnames,* Oxford 1972.

Verstappen, Peter: *The Book of Surnames,* London 1980.

Wagner, Leopold: *Names and their meanings,* London 1892.

Weller, Emil [Ottokar]: *Die maskirte literatur der älteren und neueren sprachen. I. Index pseudonymorum,* Leipzig 1856–1867; 2. Aufl.: *Lexicon pseudonymorum,* Regensburg 1886.

Zec, Donald: *Some Enchanted Egos,* London 1972.

Zeitlin, W[ilhelm]: *Anagramme, Initialen und Pseudonyma neu-hebräischer Schriftsteller und Publizisten,* Frankfurt a.M. 1905.

Heyne Report...

Bundesrepublik Deutschland – gesundes Land??

Welche Regionen sind vom Waldsterben am stärksten betroffen? Wo fällt am meisten Müll an, und wie beseitigen wir ihn? Welche Krebsart ist wo die verbreitetste? Wo stehen die Atomkraftwerke?

Technischer und wirtschaftlicher Fortschritt und seine Begleiterscheinungen, Umweltkatastrophen und ihre Folgen verursachen in immer stärker werdendem Maße Unsicherheit und Unwissenheit in der Bevölkerung. Die unüberschaubare Informationsflut der Medien erschwert den Zugang zu Wesentlichem und Wissenswertem: Fragen bleiben offen. Auf diese gibt der **Öko-Atlas Bundesrepublik Deutschland** durch informative Karten und Tabellen, Übersichten und Statistiken eine anschauliche Antwort.

Bernhard Michalowski/
Gerhard Theato:
**Öko-Atlas
Bundesrepublik
Deutschland**
Originalausgabe
10/31 – DM 24,80

Wilhelm Heyne Verlag München

FITNESS-SPASS STATT FITNESS-STRESS

Fit sein heißt:
Mehr Körper- und Selbstwertgefühl
mehr Spannkraft und Gesundheit.

08/9181

08/9196

08/9153

08/9180

08/9145

08/9160

WILHELM HEYNE VERLAG MÜNCHEN

Große Anthologien mit Texten von berühmten Autoren und Autorinnen im Heyne-Taschenbuch

Das Lesebuch der Deutschen
448 Seiten
Originalausgabe
01/7733

Das Heyne Jubiläums-Lesebuch
732 Seiten
Originalausgabe
01/7600

Das deutsch-deutsche Lesebuch
384 Seiten
Originalausgabe
01/7803

Wilhelm Heyne Verlag München

HEYNE
FILMBIBLIOTHEK

Themenbände, die sich mit bestimmten Filmarten, wichtigen Epochen und Kategorien beschäftigen.

32/130

32/123

32/90

32/124

32/87

32/96

32/127

32/102

Manfred Barthel

An den Gestaden der Götter

352 Seiten, Leinen gebunden, Schutzumschlag

Mit dem erfahrenen Manfred Barthel als Führer unternimmt der Leser eine ebenso amüsante wie informative Reise zu den Geburtsstätten unserer heutigen Kultur.
Wer weiß zum Beispiel, daß Heinrich Schliemann einige seiner Funde manipuliert hat?
Wer kennt die einst olympische Diszplin der spartanischen »Schenkelzeigerinnen«?
Wer schuf die unproportionierten »Asterix-Figuren« am Tempelfries zu Paestum?
Welche Geheimnisse verbargen sich hinter den »Sieben Weltwundern«?
Der Erfolgsautor Manfred Barthel entblättert 24 Mythen, Sagen und Legenden der Antike, und zeigt auf,
daß manches an der gängigen Überlieferung nicht stimmt und vieles mit neuen Augen gesehen werden muß.

ECON Verlag
Postfach 30 03 21 · 4000 Düsseldorf 30